ANDREAS PITTLER
Mischpoche

WIENER KRIMINALAKTEN Wien im Jahre 1933, das Ende der ersten Österreichischen Republik. Der Polizeibeamte David Bronstein muss weisungsgemäß bei der Ausschaltung des Österreichischen Nationalrats zugegen sein. Er spürt, dass hier etwas zerbricht, und fragt sich unwillkürlich, wie es überhaupt so weit kommen konnte, liegt doch die Aufbruchstimmung nach dem Ersten Weltkrieg noch gar nicht so lange zurück …

In 14 Geschichten ermittelt Bronstein von der Wiener Mordkommission, der Abteilung »Leib und Leben«, in realen Verbrechen aus der Zeit der ersten Österreichischen Republik von 1919 bis 1933. Er und sein Ermittlerteam werden mit illustren Persönlichkeiten konfrontiert, von denen die überwältigende Mehrzahl historisch verbürgte Charaktere sind. Die Palette reicht von Bundeskanzler Johannes Schober über den Schriftsteller Hugo Bettauer bis zu Wiens Bürgermeister Karl Seitz. Verwicklungen in politische Ränkespiele der Zeit bleiben für Bronstein folglich nicht aus.

Andreas Pittler, Jahrgang 1964, studierte Geschichte, Germanistik und Politikwissenschaft und arbeitete als Redakteur bei verschiedenen österreichischen Tages- und Wochenzeitungen. Seit 1994 ist er in der Pressestelle des österreichischen Parlaments in Wien tätig. Pittler hat zahlreiche Sachbücher und Kriminalromane veröffentlicht. Für sein schriftstellerisches Schaffen wurde er 2006 mit dem »Silbernen Ehrenzeichen für Verdienste um die Republik Österreich« ausgezeichnet. Mit »Mischpoche« erscheint sein erster Kriminalroman im Gmeiner-Verlag, es ist der fünfte der »Bronstein«-Serie.

ANDREAS PITTLER

Mischpoche

14 Wiener Kriminalgeschichten

GMEINER *Original*

Besuchen Sie uns im Internet:
www.gmeiner-verlag.de

© 2011 – Gmeiner-Verlag GmbH
Im Ehnried 5, 88605 Meßkirch
Telefon 0 75 75/20 95-0
info@gmeiner-verlag.de
Alle Rechte vorbehalten
1. Auflage 2011

Lektorat: Claudia Senghaas, Kirchardt
Herstellung / Korrekturen: Julia Franze / xxxx
Umschlaggestaltung: U.O.R.G. Lutz Eberle, Stuttgart
unter Verwendung eines Fotos von Getty Images
Druck: Fuldaer Verlagsanstalt, Fulda
Printed in Germany
ISBN 978-3-8392-1188-5

1933: DAS ENDE

›Der Nationalrat ohne Präsidium. Dramatische Auseinandersetzungen im Parlament.‹ Marktschreierisch verkündete die Titelseite der Reichspost eine weitere Krise in dem ohnehin schon arg vom Schicksal gebeutelten Land. Polizeioberst David Bronstein konnte dennoch nicht anders, als die Zeitung zur Hand zu nehmen, um den Leitartikel zu lesen. Irgendwie lag es wohl im Naturell des Wieners, dass er selbst noch im Untergang das prickelnde Bedürfnis entwickelte, diesen ganz neugierig mitverfolgen zu müssen. Man lebte in der Stadt der ›schönen Leich'‹, in der nichts im Leben wichtiger schien, als möglichst pompös beerdigt zu werden. Wer den größten Trauerzug, die meisten Sargträger und die längsten Ansprachen bei seinem Begräbnis vorweisen konnte, der war Sieger. Posthum zwar, aber gewonnen war gewonnen, und das war die Hauptsache. Und so verwunderte es auch nicht, dass jeder simple Verkehrsunfall sofort für einen gewaltigen Auflauf sorgte, denn man durfte als Einwohner der Wienerstadt keineswegs ein mögliches Remasuri verpassen. Was konnte für einen Wiener schlimmer sein, als wenn alle über eine spektakuläre Bluttat redeten und man selbst war nicht dabei gewesen? Und gerade, weil der Wiener so einen nachhaltigen Hang zum Morbiden hatte, was wohl auch dem Umstand geschuldet war, dass er in einem Land lebte, dessen Exitus schon seit 1740 stets auf's Neue für die allernächste Zukunft prognostiziert worden war – und immer noch wurde –, und gerade, weil Bronstein ein echter Wiener war, war es alles andere als verwunderlich, dass Bronstein sich mit einem wohligen Schauer von der reißerischen Schlagzeile angezogen fühlte.

Aber natürlich tat er das mit der gebührenden Skepsis. Denn auch wenn jeder Wiener diese archetypische Lust am Verderben gleichsam genetisch in sich trug – nicht umsonst kannte das Wienerische gefühlte 120 Synonyme für das Wort ›sterben‹ –, so gab es kaum einen schlimmeren Fauxpas, als diese beinahe amikale Verbindung zum Thanatos öffentlich zu bekennen. Und wenn es einem auch hundertmal ein inneres Volksfest war, sich an fremdem Elend, gleich welcher Art, zu ergötzen, so durfte man unter gar keinen Umständen zu erkennen geben, dass man dieses Unglück ›leiwand‹ fand. Im Gegenteil: je größer die innere Erregung, umso deutlicher musste die äußerliche Gelassenheit zur Schau getragen werden. Einen Autounfall mit vier Toten hatte man in Wien gefälligst mit »Na, a scho wos!« zu kommentieren, ergänzt bestenfalls um den Hinweis, dass unlängst anderswo gleich fünf Menschen zu Tode gekommen seien, wobei damals dem Fahrer auch noch der Kopf abgetrennt worden war. Ein Brand ohne Personenschaden wurde allgemein schlimmer bewertet als eine verunglückte Burgtheaterpremiere, und recht eigentlich konnte man die Wiener Grundhaltung ganz einfach, auch ohne der Vogeldoktor vom Alsergrund zu sein, auf den simplen Punkt bringen, dass den Wiener jeder Tod deswegen so freudig stimmte, weil man sich darob, selbst trotz aller eigener Misere, so lebendig fühlen durfte. ›I war's ned, den der Quiqui g'holt hat‹, diese Erkenntnis war des Wieners bedeutendster Triumph. Der aber, wie gesagt, mit vermeintlicher Teilnahmslosigkeit zelebriert werden musste.

Und so mimte an diesem Sonntagmorgen, an dem Bronstein gemeinsam mit seinem Kollegen Cerny Journaldienst hatte, der Herr Oberst auch äußerste Gelassenheit, als er gelangweilt die Schlagzeile der Reichspost kommentierte.

»Im Parlament haben s’ schon wieder g’stritten«, meinte er. Cerny sah auf, grinste schief und replizierte mit leicht falscher Silbenbetonung: »Im Parlament gab es wieder die üblichen hitzigen Debatten.« Bronstein kannte den Witz natürlich, doch da er in dieser Situation passte, verdiente er auch einen ansprechenden Lacher. »Ja, ja, wenn die Fetzen draußen sind, sind die Lumpen drinnen«, schob er gleich noch eine weitere Volksweisheit nach.

Doch Cerny hatte sichtlich das Interesse an den politischen Petitessen verloren und konzentrierte sich wieder auf seinen Bericht, den er am Montag im Präsidium abzugeben hatte. Bronstein sah ihm dabei noch eine Weile zu, doch als Cerny keine Anstalten machte, den Gesprächsfaden wieder aufzugreifen, blieb ihm nichts anderes übrig, als den Artikel doch zu lesen. Er zündete sich eine ›Donau‹, seine neue Leibmarke, an, und widmete sich dann den Zeitungsspalten.

Dreh- und Angelpunkt der jüngsten politischen Kalamitäten war, wie sich Bronstein, bestärkt durch die Lektüre, erinnerte, ein Streik der Eisenbahner gewesen. Die Regierung wollte die Streikführer rechtswidrig sanktionieren – noch gab es ja die Koalitionsfreiheit in diesem

9

Land, wie Bronstein als Vertreter der Exekutive wohl wusste –, die Opposition sah die Dinge naturgemäß gänzlich anders. Und anscheinend hatte die Regierung die Abstimmung am Vorabend verloren, was üblicherweise ihrem politischen Exitus gleichkam. Allerdings, so entnahm Bronstein dem Blatt, hatte sich der rote Hinterbänkler Scheibein vergriffen und irrtümlich einen Stimmzettel seines Banknachbarn eingeworfen, sodass es zwei Stimmen des Abgeordneten Abram, aber keinen des Abgeordneten Scheibein gab. Aus diesem Umstand schöpfte die todgeweihte Regierung neue Hoffnung, da sie die Abstimmung nur mit einer Stimme Mehrheit verloren hatte. Galt also Scheibeins Votum ob des falschen Stimmzettels als obsolet, dann herrschte Stimmengleichheit, dann war der Antrag abgelehnt, dann war die Regierung gerettet.

Nun hatte aber der Parlamentspräsident, welcher der Opposition angehörte, der Abstimmung als rechtskonform den Sanktus erteilt, was die Regierungsmandatare in Wutgeheul ausbrechen ließ. Dadurch wiederum fühlte sich der Präsident beleidigt, weshalb er sein Amt niederlegte. Und da es ihm im Zuge der Debatte seine zwei Stellvertreter gleichgetan hatten, war der Hort der österreichischen Demokratie mit einem Mal führerlos. ›Es ist nun Sache der maßgebenden Parteiführer und des Verfassungsdienstes, die Lösung der schwierigen Frage, was nun zu geschehen habe, zu finden‹, schloss der Artikel.

»Na, a scho wos«, kommentierte Bronstein, »ein weiterer Sturm im Wasserglas! Dass sich diese Wastln andauernd so wichtig nehmen.«

»Na ja, David, unterschätzen tät' ich das nicht«,
bemerkte Cerny, ohne von seinem Akt aufzublicken.

»Ah, ned? Na, was soll schon sein? Im schlimmsten
Fall hamma Neuwahlen! Und?«

»Nein, David«, und jetzt legte Cerny seinen Stift weg,
um sodann seinem Vorgesetzten direkt in die Augen zu
sehen, »im schlimmsten Fall haben wir kein Parlament
mehr. Wie seinerzeit in der Monarchie.«

»Ach was«, schnalzte Bronstein mit der Zunge und
legte die Zeitung nieder. »Lass dir das von einem alten
Hasen erklären, der schon die Zeit des Kurienwahlrechts
miterlebt hat. Das ist alles nur Schauspiel! Die machen das
absichtlich so dramatisch, damit dann alle nach der gütli-
chen Regelung der jeweiligen Angelegenheit sagen: ›Na,
Gott sei Dank!‹ Als wäre Gott für die jeweilige Regierung und den Unsinn, denn sie anstellt, verantwortlich –
oder auch nur für die überaus begrenzte Weisheit der
Mandatare.«

»Na, ich weiß nicht …«

»Aber ich weiß. Als anno 97 die fünfte Kurie eingeführt wurde, haben die Politiker geschrien: ›Jetzt geht
die Welt unter!‹ Und was ist passiert? Nix. Als zehn
Jahre später das allgemeine Männerwahlrecht umgesetzt
wurde, haargenau dasselbe. Na, und vor 14 Jahren das
Frauenwahlrecht? Wieder: Weltuntergang und dann gar
nix. Also glaub' mir: so ein Parlamentskriserl ist nix als
Theaterdonner.«

»Aber wenn man nach Deutschland …«

»Papperlapapp! Deutschland! Die Germanen sind ja
ganz anders als wir. Das kannst gar nicht vergleichen. Die
machen alles, was sie machen, mit deutscher Gründlich-

keit. Entweder sie haben ein Parlament, dann regiert auch nur das. Oder sie haben keins, dann fackeln sie's gleich ab. Bei uns ist immer alles lauwarm, bei uns heißt's nicht ›entweder- oder‹, sondern immer ›sowohl als auch‹ oder zumindest ›wenn schon, dann aber‹. Die Deutschen, die haben dieses Marschall-Vorwärts-Denken. Bei uns geht immer alles schön gemütlich. Wirst sehen: gar nix wird passieren. Die setzen sich morgen z'samm, und am Abend werden s' wieder verkünden, dass gestern eigentlich gar nix passiert ist. Würd' mich nicht wundern, wenn das sogar der Renner selber sagt, und das nur, damit er wieder Präsident sein darf. Krise! Ha, wenn ich das Wort Krise nur hör', dann krieg ICH die Krise. Dass ich ned lach'!«

»Du, ich weiß, wir sind Beamte und haben als solche quasi per definitionem unpolitisch zu sein, aber ich sag' dir, der Dollfuß, der ist ein unguter Patron. Der wird nach Italien und, wer weiß, nach dem heutigen Wahltag in Deutschland auch dorthin schauen, und dann wird er sich sagen, was brauch' ich ein Parlament. Da haben s' einen Führer, dort haben s' einen Führer, also bin ich ab sofort in Österreich der Führer.«

»Und warum, bitte schön, sollt' der Millimeternich so etwas machen?«

»Weil er Neuwahlen fürchten muss wie der Teufel das Weihwasser. Wenn es jetzt bei uns Neuwahlen gibt, dann zerbröselt's seine Koalitionspartner und wahrscheinlich auch seine eigene Partei, dann kommen die Nazis ins Parlament, und er kann seine Sachen packen und wieder in Niederösterreich Bauernbunddirektor spielen.«

Bronstein setzte eine skeptische Miene auf. Diese aber spornte Cerny zu weiteren Ausführungen an.

»Erinnere dich, wie das 1914 gewesen ist …«

»Da warst du noch keine …«

»Aber ich kann lesen, David. Auch wenn ich damals noch ein Dreikäsehoch war, so weiß ich doch, was damals alles passiert ist. Die Grund- und Freiheitsrechte wurden außer Kraft gesetzt, die Arbeitszeit auf 13 Stunden verlängert, Arbeitspausen und Sonntagsruhe abgeschafft, das Briefgeheimnis aufgehoben und, und, und. Und das alles unter dem Deckmantel eines vermeintlichen Staatsnotstandes. Was also soll den Dollfuß daran hindern, wieder von einer existenzgefährdenden Krise des Landes zu sprechen, die im Interesse der Sicherheit der Bürger solche Maßnahmen erforderlich mache? Er schwingt sich zum Diktator auf und lässt sich dabei noch als Retter des Vaterlandes feiern. DAS kann passieren, wenn es kein Parlament mehr gibt.«

»Cerny, Cerny! Du bist ein notorischer Schwarz-Seher. Kein Wunder bei deinem Namen übrigens. Aber ich sage dir, so heiß wird nix gegessen, egal, wie's gekocht wird. Die spielen halt jetzt alle ein bisserl mit den Muskeln, und dann werden sie sich schon wieder beruhigen. Gerade, weil sie wissen, was geschehen kann, wenn man auf Konfrontation statt auf Ausgleich setzt. Damals haben s' die Monarchie verspielt mit ihrer Starkmeierei. Glaubst du, die riskieren so etwas noch einmal?«

Cerny schwieg. Aber sein Gesichtsausdruck sprach Bände.

»Weißt was, schreib' lieber deinen Bericht«, trug ihm Bronstein indigniert auf, »ich erfülle in der Zwischenzeit meine staatsbürgerliche Pflicht.«

»Was jetzt genau heißt?«

13

»Ich geh' was essen.«

»Ah, und inwiefern ist das Erfüllung staatsbürgerlicher Pflicht?«

»Na, erstens nützt ein verhungerter Beamter niemandem, weil er seine amtlichen Obliegenheiten nicht erledigen kann, und zweitens kurble ich mit meiner Konsumation die Binnennachfrage an und stütze damit die heimische Volkswirtschaft.« Dabei grinste Bronstein breit.

»Das ist dir jetzt wieder peinlich, dass du solch unangenehme Arbeiten übernehmen musst, gell. Wenn's da keine dienstliche Weisung gäb' dafür, dann tät'st ja glatt hungern wie dieser indische Fakir da, der sich dauernd mit den Engländern anlegt.«

»Ach ja, der, der da dauernd irgendein Spinnradl dreht. Na, Cerny, keine Sorge, ich spinn' nicht. Ich sage nur: Mahlzeit!«

»Ja, du mich auch.«

Bronstein war schon fast bei der Tür, als er sich noch einmal umdrehte: »Soll ich dir was mitbringen?«

»Du, nein danke, ich hab' meine Vesper mit. Augsburger mit G'röste. Das passt schon. Aber danke, dass d' g'fragt hast.«

Neun Tage später saß Bronstein müde und verspannt an seinem Schreibtisch und blickte auf eine ereignisreiche Woche zurück. Am Dienstag hatte Dollfuß tatsächlich erklärt, das Parlament habe sich selbst ausgeschaltet, weshalb nun die Regierung genötigt sei, alle Kompetenzen an sich zu ziehen, um die Aufrechterhaltung von Ordnung und Sicherheit zu gewährleisten. Cernys ›Hab ich's nicht gesagt‹ hatte er an jenem Tag gebraucht wie den sprichwörtlichen Kropf. Er hasste es, wenn sein jüngerer Kollege recht hatte und er nicht. Der Kanzler berief sich dabei auf das sogenannte Kriegswirtschaftliche Ermächtigungsgesetz, das auf wundersame Weise den Untergang der Monarchie überlebt hatte. Diese Tatsache störte Bronstein gleichwohl wesentlich weniger als der Umstand, dass Cerny auf so erdrückende Weise recht behalten hatte.

Doch gar so leicht wollte die Opposition nicht klein beigeben. Der Dritte Präsident widerrief gleichsam seinen Rücktritt und stellte die Wiederaufnahme der Nationalratssitzung für den 15. März in Aussicht. Genau das schien die Regierung verhindern zu wollen, und genau deshalb war Bronstein verspannt. Wie alle anderen leitenden Beamten auch war er vom neuen Polizeipräsidenten Brandl zum Rapport befohlen worden. Was er dort erfahren hatte, schlug sich ihm nachhaltig auf den Magen.

»Schauen S', Herr Kollege. Die Sache ist vertrackt«, war Brandls Beginn gewesen, »die Regierung hat natürlich g'hört, was die Opposition will. Sie steht aber auf dem Standpunkt, dass man einen Rücktritt nicht widerrufen kann, dass es also keine rechtliche Möglichkeit gibt, die Sitzung vom 4. dieses Monats legal fortzusetzen. Wenn sich also morgen irgendwelche Abgeordnete im Parlamentsgebäude treffen, dann ist das, sagt die Regierung, nichts als eine nicht genehmigte Versammlung, die ergo ex lege von der Polizei, also uns, aufgelöst werden muss.«

»Meinen Sie das auch, Herr Präsident?«, hatte Bronstein sanft Widerspruch signalisiert.

»Was ich mein', ist da leider sekundär, Herr Kollege.«

15

Ein leichtes Zucken umspielte den Mund Brandls. Dann beugte er sich leicht nach vorn und begann zu flüstern: »Ich hab' mich eh ganz weit aus dem Fenster g'lehnt, als mir der Dollfuß aufgetragen hat, im Parlament Tabula rasa zu machen. Ich hab' nämlich g'fragt, ob das eine Weisung ist. Da hat er z'erst g'schaut wie ein Maikäfer, wenn's blitzt, und dann hat er so laut Ja gebrüllt, dass ich glaubt hab', das Haus fällt z'samm. Und stellen S' Ihnen vor«, und dabei grinste Brandl schief, »ich hab' mich nicht umblasen lassen, sondern hab noch g'meint: ›Gut, die hätt' ich dann aber gern schriftlich.‹ Na, mehr hab' ich nicht 'braucht.« Er machte eine ebenso bedeutungsschwangere wie verschwörerische Miene und lehnte sich zurück.

»Und haben Sie sie gekriegt?«

»Was?« Brandl zeigte sich verwirrt.

»Na, die schriftliche Weisung.«

»Ach so. Ja. Aber fragen Sie nicht, wie ich jetzt dasteh'. Und darum müssen wir jetzt die Anweisungen der Regierung auch punktgenau befolgen. Und zwar mit Mann und Maus. Da gibt's jetzt keine Extrawürscht mehr.«

Bronstein begann Übles zu schwanen. »Sie wollen, dass wir an der Verhinderung der Sitzung mitwirken?«

»Wollen? Von Wollen kann keine Rede mehr sein. Wir müssen! Und wie Sie sich vorstellen können, Herr Kollege, kann ich da jetzt nicht mehr den Bezirksinspektor Meier und den Revierinspektor Müller hinschicken, da müssen schon die Prätorianer ausrücken … Also unter anderen Sie, Herr Kollege.«

Bronstein starrte fassungslos auf den Präsidenten: »Herr Präsident, ich bin vom Mord. Sie glauben doch nicht ernsthaft, dass ich für so etwas …, ich mein', … das geht doch nicht! Da können S' mich ja gleich den Verkehr an der Opernkreuzung regeln lassen.«

Brandls Lächeln schlug nun ins Sardonische um: »Herr Kollege, das ist eine Weisung. Und die können S', wenn S' wollen, gerne schriftlich haben. Sie finden sich morgen um 14 Uhr vor dem Parlamentsgebäude ein. Die Leitung der Aktion hat der Kollege Steinhäusl als Leiter des Sicherheitsbüros. Bei dem melden Sie sich dort… Danke!«

In Brandls Büro waren die Temperaturen merklich gefallen. So frostig war es nicht einmal auf der Straße, und dass der Präsident Bronstein entließ, ohne ihm wenigstens einen guten Tag zu wünschen, ließ darauf schließen, wie verstimmt er war. Doch dieser Umstand bedrückte Bronstein weit weniger als der Hinweis, Steinhäusl würde der Kommandant vor Ort sein. »Ausgerechnet dieser Nazi«, dachte er angewidert, »das hat mir g'rad' noch gefehlt.«

Aber Brandl, das musste Bronstein eingestehen, hatte recht. Weisung war Weisung, und wenn sie nicht mit der geltenden Gesetzeslage in Widerspruch stand, dann musste sie befolgt werden. Da gab es keinerlei Ermessensspielraum. Ob ihm das privat nun passte oder nicht, das war Nebensache. Er nickte, erhob sich und wünschte dem Präsidenten aufgeräumt einen guten Tag.

»Gleichfalls«, kam es schneidend zurück.

»Der Oasch, der!« Bronstein konnte nicht an sich halten und schimpfte wie ein Rohrspatz, kaum, dass er wieder bei Cerny in seinem Amtsraum war.

»Wer? Der Brandl?«

»Genau der! Macht dem Dollfuß den Stiefelknecht! Wir sollen morgen die Abgeordneten kassieren. So als wären die irgendwelche Schränker oder sonstige Bazi. Glaubt man das? Der Brandl muss narrische Schwammerl gessen haben.«

»Ich tät' ihn nicht vorschnell verurteilen, den Brandl. Für seine Lage hält er sich ganz wacker«, erklärte Cerny.

»Ganz wacker? Weil er eine schriftliche Weisung verlangt hat? Na, a scho wos!«

»Nein. Weil er die Hahnenschwanzler genauso unter die Lupe nehmen lässt wie die Parlamentarier.«

»Ha?«

»Er hat erfahren, dass morgen der Fey in der böhmischen Hofkanzlei Hof hält. Dorthin sind Hunderte Heimwehrmänner hinbeordert, die offenbar dem Kanzler den Rücken stärken sollen, falls die Sozis sich ihre Demontage nicht schweigend gefallen lassen. Und damit der Ersatz-Mussolini gar nicht erst zum Zug kommt, sollen morgen Abordnungen der Wiener Polizei den Judenplatz und die Wipplingerstraße abriegeln. Das Kommando führt der alte Pamer, den der Präsident extra aus dem Ruhestand zurückgeholt hat... Mich haben sie auch dorthin eingeteilt.«

»Was? Wirklich? Na servas. Ich muss ins Parlament«, stöhnte Bronstein und beneidete Cerny um seine Aufgabe, die wesentlich weniger degoutant wirkte.

»Na ja, im Parlament wird's wenigstens gefahrlos abgehen. Was am Judenplatz nicht so sicher ist«, gab Cerny zu bedenken.

»Das kann schon sein. Aber der Tag ist mir jedenfalls

versaut. Und zwar gründlich.« Bronstein dämpfte energisch seine Zigarette aus und erhob sich. »Mir reicht's für heute. Ich mach' Dienstschluss. Sollen sie mich doch suspendieren, wenn's ihnen nicht passt. Wir seh'n uns in der Früh. Servus.«

»Ja, servus.«

Bronstein mutmaßte eine kleine Weile, der Schweinsbraten liege ihm zu schwer im Magen und deswegen könne er nicht einschlafen. Doch bald gestand er sich ein, dass es die politischen Ereignisse waren, die ihn nicht ruhen ließen. Er konnte sich noch sehr gut an die Tage am Beginn der Republik erinnern, wo es allerorten geheißen hatte, nun werde alles anders. Das war wohl ein vorschneller Schluss gewesen. Oder auch nicht, denn es wurde tatsächlich alles anderes. Nur nicht besser, wie man es vielleicht erhofft haben mochte, sondern noch schlechter. Ob er sich am nächsten Morgen krank melden konnte? Nein, das würde ihm zu Recht als Feigheit ausgelegt werden. Er würde anrücken müssen, es führte kein anderer Weg nach Küßnacht, das stand fest. Und erneut erhob er sich aus seinem Bett, um ein weiteres Glas Wein zu trinken und noch eine Zigarette zu rauchen. Es dämmerte schon fast, ehe er endlich eingeschlafen war.

Dementsprechend verkatert war er am Morgen aufgewacht. Er hatte zwei Tassen Kaffee und fünf Zigaretten gebraucht, ehe er endlich in der Lage gewesen war, sich anzukleiden und die Wohnung zu verlassen. Mit mürrischer Miene bewegte er sich durch die Stadt, und mit einem Ausdruck des extremsten Widerwillens betrat er wenige Minuten nach 9 Uhr morgens das Büro.

Dort saß Cerny schon hinter dem Schreibtisch. »Die Regierung macht Ernst«, begrüßte er Bronstein, »die geben wirklich nicht nach. Die anderen übrigens auch nicht. Vor dem Parlament haben s' in der Früh schon die Fahnen aufgezogen.«

»Das heißt, die Weisungen von gestern bleiben aufrecht?« Bronsteins letzte Hoffnung zerrann wie ein Schneemann in der Märzsonne.

»Schaut ganz so aus.«

»Na, servas! Ich glaub', mir wird schlecht.« Bronstein verzog den Mund, als hätte er eben in eine Zitrone gebissen. »Ich brauch' einen Magenbitter«, sagte er mit matter Stimme, »ich hab' so ein flaues Gefühl im Magen.«

Nicht, dass er sich Sorgen machte, es könnte in den hehren Hallen für ihn gefährlich werden. Dazu waren die Sozialdemokraten viel zu gesittet. Noch vor einer Woche hatten sie die Muskeln spielen lassen, hatten auf das Versammlungsverbot der Regierung, das diese auf Basis des Kriegswirtschaftlichen Ermächtigungsgesetzes erlassen hatte, mit 73 Versammlungen in ganz Wien reagiert. Doch dann waren die Sozis ganz brav in ihren Sektionen geblieben und hatten auf ›geschlossene Veranstaltung‹ gemacht, um jeden Konflikt von vornherein zu vermeiden. So würde es wohl auch bei der Sitzung des Nationalrates abgehen. Immer noch appellierten die Roten an die Schwarzen, diese mochten sich doch bitte an die Spielregeln halten. Doch Letztere zeigten mit jedem Tag mehr Entschlossenheit, der Demokratie den Garaus zu machen. Vergeblich beriefen sich die Sozialdemokraten auf die Verfassung, aber die hatte in den Augen ihrer Gegner ihre Schuldigkeit längst getan. Genauso gut hät-

20

ten sich Renner, Bauer und Konsorten auf das Februarpatent Kaiser Franz Josefs beziehen können. Noch am Samstag hatten sich die Genossen im Arbeiterheim in Favoriten wechselseitig den Schwur abgenommen, die Freiheit und die Verfassung zu verteidigen, aber Bronstein war sich sicher, zuerst würden sie bei der Regierung um Erlaubnis fragen, selbiges tun zu dürfen. Und wenn dann das erwartete Nein kam, dann würde die Wiener Arbeiterschaft einfach mit den Schultern zucken und meinen, es habe eben nicht sein sollen.

Doch berechtigte diese kleinmütige Haltung der parlamentarischen Opposition auch ihn, Bronstein, dazu, auch die Verfassung zu vergessen? Er wusste selbst nicht, weshalb ihm mit einem Mal nach vielen Jahren wieder Jelka einfiel. Die hatte ihm immer wieder gesagt, das eigene Gewissen stehe über allem Recht, und wenn das Recht zweifelhaft sei, dann wäre es die Verpflichtung des einzelnen, es zu ignorieren. Lex dubia non obligat, hatte sie dabei einmal einen Jesuitengeneral zitiert, was ihn, Bronstein, naturgemäß über alle Maßen amüsiert hatte, dass nämlich eine Kommunistin Anleihen bei einem Katholiken nahm. Doch sie hatte damals nur lächelnd gemeint, dass Jesus, würde er heute auf Erden wandeln, das Mitgliedsbuch der Kommunistischen Partei in seiner Tasche trüge.

Quälend langsam vergingen die Stunden bis zum Mittag. Weder Cerny noch Bronstein war nach Reden und so gingen sie beide stumm einer Beschäftigung nach. Cerny arbeitete alte Akten auf, Bronstein rauchte eine Zigarette nach der anderen und starrte dabei zum Fenster hinaus.

21

Wie hatte es überhaupt so weit kommen können? Gerade einmal eineinhalb Jahrzehnte war es her, dass alle politischen Kräfte voller Enthusiasmus die Republik begrüßt hatten. Mehr noch als Staatsoberhaupt und Regierung war das Parlament die Zierde des neuen Staates. Und jetzt sollte das alles nicht mehr zählen? Hatten denn alle vergessen, wie schwer Rote und auch Schwarze seinerzeit um das Recht gerungen hatten, im Hohen Hause mitwirken zu dürfen, damit dieses eine wahre Volksvertretung werde? Nicht nur die Begründer der Sozialdemokratie, auch ihre heutigen Gegner, die Christlich-Sozialen, waren einst Verfemte gewesen. Sollte diese Erfahrung die beiden Lager nicht weit eher einen als trennen? Und sah man nicht gerade in diesen Tagen in Deutschland, wohin solcher Parteienhader führte? Ob er sich nicht doch besser krank melden sollte?

»Auf geht's!« Zu Bronsteins großer Überraschung hatte sich Steinhäusl höchstselbst in der Kantine eingefunden, um alle ihm zugeteilten Beamten persönlich einzusammeln. Bronstein rang noch einen kleinen Moment mit sich, ob er sich der Einberufung widersetzen sollte, doch als er sah, wie Dutzende andere Kriminalbeamte wortlos aufstanden und dem Leiter des Sicherheitsbüros willig folgten, da war es auch um seinen Mut geschehen. Umständlich tupfte er seinen Mund mit der Serviette ab, dann nickte er Cerny mit trauriger Miene zu, ehe er sich dem Zug der Steinhäusl-Kompanie anschloss.

Als sie die Treppen zum Ring hinuntermarschierten, überschlug er die Zahl der hier eingesetzten Kollegen und kam auf knapp hundert Mann, die sich nach rechts wandten, um über die Währinger Straße zur Universität zu gelangen. Gleich danach passierte der Trupp den Rathauspark, und schon kam das Parlament ins Blickfeld. Tatsächlich wehten vor den Toren die Fahnen, die das Abhalten einer Sitzung signalisierten, und Bronstein fragte sich, ob sich wirklich Deputierte in den Hallen finden würden. Über die Rampe zog der Zug der Kriminalisten in die Säulenhalle ein und wandte sich dort nach links, um zum Sitzungssaal des Nationalrates zu gelangen. Instinktiv griff Bronstein nach seiner Taschenuhr. Zwei Minuten nach zwei Uhr nachmittags.

Gedämpfter Lärm drang durch den schmalen Gang, und unwillkürlich sah Bronstein auf. Tatsächlich, eine namhafte Gruppe von Mandataren schickte sich eben an, den Plenarraum zu betreten. Steinhäusl hatte in der Zwischenzeit die Hälfte seiner Leute diverse Ausgänge besetzen lassen und befahl einem weiteren Dutzend, in der Säulenhalle Aufstellung zu nehmen. Mit gut 30 Kollegen sah sich Bronstein nun vor der großen Türe zum Präsidium stehen, die weit offen stand. Er schob sich an einigen Beamten vorbei und warf einen Blick in das Plenarrund. Die Reihen der Roten waren fast vollzählig gefüllt, und auch auf der rechten Seite blieb kaum ein Stuhl leer. Steinhäusl gab hektisch diverse Befehle, während sich Bronstein an den Türrahmen lehnte. Direkt unter seinen Augen huschte ein Mann vorbei, in dem er den Abgeordneten Forstner erkannte. Freundlich nickend zwinkerte er ihm zu, wobei er ansatzweise mit den Schultern zuckte. Forster, der seinerseits Bronstein erkannte, erwiderte die Geste und sah zu, dass er zu seinem Sitzplatz kam. Plötzlich öffnete sich die Pforte zum ehema-

23

ligen Speisesaal, und Bronstein wurde der Abgeordneten Gabriele Proft ansichtig. Mit einer galanten Bewegung seiner rechten Hand ließ er auch sie durch. Just in diesem Augenblick, die Proft nahm gerade die letzte Stufe hinab zur Rostra, fiel Steinhäusl auf, was hinter seinem Rücken vorgegangen war.

»Sind Sie komplett verblödet, Mann? Wir sollen die Sitzung verhindern, nicht ermöglichen!« Bronstein bemühte sich um einen dämlichen Gesichtsausdruck und zuckte abermals mit den Schultern. Steinhäusl setzte zu einem Schreianfall an, doch Bronstein nickte über dessen Kopf hinweg in Richtung des Ganges. Dort kamen der Wiener Bürgermeister und einer seiner Stadträte herbeigeeilt.

»Halt! Hier gibt es kein Durchkommen!«, belferte Steinhäusl und verhinderte, dass Seitz mit seinem Kompagnon in den Saal gelangte.

»Junger Mann, ich war schon unter dem Kurienwahlrecht Abgeordneter. Da werd' ich mir jetzt nicht den Zutritt zum Plenum verbieten lassen«, entgegnete Seitz mit nasalem Schönbrunner Deutsch und schickte sich an, Steinhäusl zu passieren. Steinhäusl, der fünf Tage zuvor feuchtfröhlich seinen 54. Geburtstag gefeiert hatte, blieb die Luft weg. »Was … erlauben Sie … sich?« Er trat eilig drei Schritte zurück, um sich Seitz erneut in den Weg stellen zu können. »Das hier ist eine … untersagte Kundgebung. Sie … dürfen nicht …!«

»Wer sagt das?«

Automatisch zückte Steinhäusl die schriftliche Weisung, die Brandl von Dollfuß erhalten und an Steinhäusl weitergereicht hatte. Wie selbstverständlich nahm sie Seitz an sich, betrachtete sie kurz und meinte dann: »Sehr schön. Das geb ich dem Präsidenten! Das wird Folgen haben, mein Lieber. Darauf können S' Gift nehmen!« Sprach's und ließ den entgeisterten Steinhäusl stehen. Der brauchte einige Atemzüge, bis er sich wieder gefangen hatte. »Rote … Judensau!«, brüllte er.

»Entschuldigung, Herr Hofrat«, mischte sich Bronstein ein, »der Seitz, der ist kein Jude!«

»Wer a Jud' ist, bestimm' i.«

»Lueger.«

»Wos?« Abermals war Steinhäusl verwirrt.

»Das hat der Lueger g'sagt. Das mit dem Juden.«

Erneut schnappte Steinhäusl nach Luft. Für einige Sekunden wirkte er wie ein Fisch auf dem Trockenen, so hektisch öffnete und schloss sich sein Mund. »Aus meinen Augen … Sie … Missgeburt!«, schrie er so laut, dass die anderen Beamten zusammenzuckten. Bronstein zuckte zum dritten Mal mit den Schultern und begab sich beinahe schlendernd zum Seiteneingang des Plenarsaals. Von seinen Kollegen unbehindert, trat er durch die Pforte und befand sich mit einem Mal unmittelbar hinter den großdeutschen Mandataren. Präsident Straffner begründete, weshalb er sich im Recht wähnte und kündigte sodann, die Weisung des Kanzlers effektvoll durch den Raum schwenkend, an, wegen Versuchs einer gewaltsamen Verhinderung der Sitzung des Nationalrates Anzeige gemäß Paragraph 76 StGB erstatten zu wollen. Unmittelbar danach erklärte er die Sitzung für geschlossen, und beide Ränder des Halbkreises erhoben sich, um mehrmals »Hoch die Verfassung!« zu rufen. Bronstein kam gar nicht mehr dazu, in den Gesichtern

25

der Anwesenden zu lesen, denn in atemberaubender Geschwindigkeit leerte sich die Örtlichkeit, und ehe er es sich versah, war er allein in dem geschichtsträchtigen Gemäuer. Er ließ seinen Blick über die Statuen griechischer Philosophen schweifen, dann zuckte er zum vierten Male mit den Schultern und trat schließlich auch auf den Gang.

Als er zwei Stunden später wieder in seinem Büro eintraf, war von Cerny keine Spur zu finden. Bronstein meinte denn auch, für einen Tag genug getan zu haben, und verließ das Amt umgehend. Der Heimweg erwies sich als erstaunlich lang, denn vom ›Kupferdachl‹ über das ›Central‹ und das ›Herrenhof‹ bis zur ›Bierklinik‹ machte er in jedem Lokal Station, das sich zwischen seiner Arbeits- und seiner Schlafstelle befand. Am nächsten Morgen konnte er sich auch beim besten Willen nicht mehr daran erinnern, wie er in sein Bett gefunden hatte.

Mit hämmernden Kopfschmerzen sank er auf seinen Bürostuhl.

»Und?«, fragte er Cerny unter Aufbietung aller Kräfte, »wie war's bei euch?«

»Du glaubst es nicht. Der Brandl hat das wirklich durchgezogen. Wir überbrachten der Heimwehr die Aufforderung, sofort das Gebäude zu räumen, und die haben sich tatsächlich zurückgezogen.«

»Einfach so?«

»Einfach so!«

Bronstein nickte.

»Aber hast schon g'hört, was heute passiert ist?«

»Nein, was denn?«

»Der Brandl ist glatt pensioniert worden. Buchstäblich von heut' auf morgen. Der Dollfuß hat so einen Haßn auf ihn, dass er ihn via Bundespräsident sofort in den Ruhestand hat versetzen lassen!«

»Der ist doch erst 58!«, entfuhr es Bronstein.

»Weißt eh, wie's ist. Das Alter ist wurscht, wenn's um die Politik geht.«

»Na ja, a scho wos!«

»Sag das ned. Wer weiß, wer jetzt kommt… Und vor allem: Wer weiß, was jetzt kommt.«

»Was soll schon kommen? Alles bleibt, wie's ist.«

Bronstein bemühte sich redlich, Bestimmtheit in seine Stimme zu legen. Doch er wusste genau, dass die letzten beiden Sätze nicht der Wahrheit entsprachen. Aber darüber wollte er nicht nachdenken, denn sonst hätte er sich unweigerlich erneut die Frage stellen müssen, wie es überhaupt so weit hatte kommen können. Diese 14 Jahre, sie waren buchstäblich wie im Flug vergangen, und in der Rückschau wirkte 1919 wie Ostern und Weihnachten gleichzeitig. Damals hatten alle euphorisiert gewirkt, so als hätte der berühmte Onkel aus Amerika ihnen gerade eine Millionenerbschaft vermacht. Selbst er war von der neuen Republik begeistert gewesen – zumindest so lange, bis ihm Jelka abhanden gekommen war. Jelka! Merkwürdig, dass er plötzlich und unvermutet zum zweiten Mal innerhalb von 24 Stunden an sie denken musste. Vielleicht, wenn alles anders gekommen wäre, dann säße er heute gleich Cerny als Familienvater an seinem Schreibtisch, doch so besaß er nichts außer seinen Erinnerungen. Und die waren auch schon reichlich trübe. So trübe wie die Zukunftsaussichten.

»Was hast denn? Du schaust so komisch drein«, fragte Cerny in die entstandene Stille.

»Ach, ich glaub', ich muss g'rad ein bisserl sentimental werden. Kümmere dich einfach nicht darum.«

1919: ENTSCHEIDUNG IN DER HÖRLGASSE

»Jetzt gehst du aber zu weit!« Bronstein beugte sich über den Tisch und sah Jelka direkt an. »Du kannst doch nicht ernsthaft behaupten, das Heute wäre genauso schlimm wie das Gestern! Kannst du dich nicht mehr daran erinnern, wie das vor dem Kriegsende war?«

Bronstein war des ewigen politischen Zanks eigentlich leid, denn Jelka, so sehr er sie auch liebte, vermieste ihm mit ihren agitatorischen Tiraden ein ums andere Mal den Tag. Hinter allem und jedem sah sie eine Verschwörung wider das Volk, jeder Schritt vorwärts bedeutete für sie einen Rückschritt, weil mindestens zwei oder drei Schritte nach vor hätten gemacht werden müssen, und über all dem thronte die grundlegende Erkenntnis, dass sich ohnehin nichts geändert habe und eine Herrschaft so widerwärtig sei wie die andere.

»Deine eigenen Leute«, begann Bronstein von Neuem, weil er Jelkas Sätze nicht unbeantwortet im Raum stehen lassen wollte, »wären in der Monarchie samt und sonders hinter Kerkermauern verschwunden, wo man, so nebenbei bemerkt, dafür gesorgt hätte, dass sie, wenn sie nicht ohnehin verrotteten, von irgendwelchen gedungenen Schlägern gebrochen werden. Jetzt kann jeder seine Meinung sagen! Jetzt herrscht Demokratie, jetzt sind wir alle gleichermaßen frei.«

»Das glaubst du doch selbst nicht«, schnaubte Jelka, und ihre Wangen glühten in jenem Rot, das auch die Fahnen ihrer Partei zierte. »Dass wir heute demonstrieren dürfen, liegt doch nur daran, dass sich die Bourgeoisie vor uns fürchtet. Nicht vor dir oder mir natürlich, sondern vor der Masse, die sie im Augenblick nicht kontrollieren kann. Aber glaube mir, sobald die Herrschenden wieder Oberhand gewonnen haben, ist es vorbei mit deiner Freiheit und deiner Demokratie.«

»Aber wieso«, Bronstein machte eine Geste, die sein Unverständnis unterstreichen sollte, »das ist doch gerade das Geniale an der Demokratie. Genau solche Tendenzen kann man durch entsprechendes Engagement von vornherein im Keim ersticken.«

»Aber geh«, Jelka winkte ab, »wie soll denn das gehen, bitte schön?«

»Na, indem man sich auf die Hinterbeine stellt«, beharrte Bronstein.

»Ah, du tätst das machen?«

»Wenn ich davon überzeugt wäre, dass etwas falsch läuft, sicher!«

Jelka lächelte milde: »Dann ist also in der Monarchie doch nichts falsch gelaufen?«

»Wie meinst jetzt nachher das?«

»Ich kann mich nicht erinnern, dass du dich vor 1918 auf die Hinterbeine gestellt hättest!«

Bronstein schluckte. Damit hatte Jelka nicht unrecht. Er suchte nach einer Erklärung: »Ja, damals«, fing er umständlich an, »da war ich ja noch dumm und unwissend. Heute würde mir so etwas nicht mehr passieren.«

Jelka legte den Kopf schief und sah Bronstein lange an: »Du glaubst das sogar, gell?!«

»Ja, sicher«, übte er sich in Überzeugung.

»Noch ehe der Hahn dreimal kräht …«

»Was soll das jetzt?« Bronstein spürte, wie er ernsthaft zornig wurde.

»Ich sag' dir was: wenn es darum geht, ob irgendein Missstand fortbesteht oder deine Karriere, dann wirst du dich immer für Letzteres entscheiden. Und – Moment, lass mich ausreden – das nehme ich dir auch gar nicht übel. Jeder würde so entscheiden. Aber genau deshalb sind Revolutionen bisher immer gescheitert. Man macht ein kleines, scheinbar unbedeutendes Zugeständnis hier, toleriert einen angeblich vernachlässigbaren Missstand da, und ehe man es sich versieht, ist man selbst Teil des Sumpfes, der einst Monarchie gerufen wurde und sich jetzt Demokratie nennt. Und das Faszinierende daran: das geschieht ganz schleichend. Du merkst es selbst gar nicht, hältst dich immer noch für ehrlich und integer. Aber in Wirklichkeit bist du längst schon Teil des Krebsgeschwürs, welches das Volk zerfrisst. Denn das Sein, David, bestimmt das Bewusstsein. Wer der Herrschaft dient, ja, wer ihr auch nur gefallen will, der ist selbst Teil der Herrschaft – und damit ein Übel für das Volk.«

Bronstein schlug mit der flachen Hand auf den Tisch: »Jetzt reicht's aber. Das muss ich mir nicht sagen lassen. Ich habe noch nie etwas getan, wozu ich nicht stehen konnte.«

»Vielleicht noch nicht. Aber dann kannst du auch nicht wissen, wie du reagieren würdest, wenn du vor eine solche Entscheidung gestellt würdest.«

31

Bronstein unterdrückte einen Fluch.

»Erinnere dich an den Gründonnerstag«, fuhr Jelka fort, »da haben Arbeitslose vor dem Parlament demonstriert, und deine Kollegen haben die Menge zusammenschießen lassen.«

»Ja, weil sie das Parlament abfackeln wollten, das ist ja etwas völlig anderes«, brauste Bronstein abermals auf, »da muss man natürlich einschreiten. Aber das hat ja auch nichts mehr mit Demokratie zu tun… Die haben sogar die Pferde der berittenen Truppe getötet«, fügte er mit bitterem Ton hinzu.

»Die an Ort und Stelle von Passanten verspeist wurden, weil in deiner Demokratie ja für alle Milch und Honig fließen.«

»Du weißt genau, dass das der Hinterlassenschaft der Monarchie geschuldet …, ach was, das wird mir jetzt zu blöd. Ich stell mich da nicht länger hin!«

Er stand auf und trat in den Flur, um sich ausgehfertig anzukleiden: »Wir sehen uns«, rief er in die Küche, »wennst wieder runtergekommen bist von dem Baum, den du da aufgestellt hast.«

»Ja, aber nur, wenn deine Kollegen mich lassen!«

Bronstein ging noch einmal in die Küche zurück: »Was soll das schon wieder heißen?«

»Das soll heißen, dass wir heute, wie du es nennst, demonstrieren. Und dann werden wir ja sehen, wo du mich sehen wirst: hier, im Kriminal, im Leichenschauhaus …, alles ist möglich!«

»Weißt was? Du kannst mir den Hobel ausblasen mit deinen ewigen Provokationen! Ich geh jetzt ins Büro. Weil, ein ehrlicher Mensch hat eine ehrliche Arbeit. Der hat keine Zeit zum Demonstrieren!« Ohne eine Antwort abzuwarten, trat er in den Gang und knallte die Tür zu.

Wie immer, wenn er sich mit Jelka gestritten hatte, fühlte sich Bronstein den ganzen Tag über hundeelend. Am liebsten hätte er alles liegen und stehen gelassen, um zu ihr zu laufen und sich für seine Worte zu entschuldigen. Aber Dienst war Dienst, und da gab es keinen Gewissensspielraum, der es einem erlaubte, selbigen für private Obliegenheiten zu ignorieren. Ob es da wirklich eine Demonstration gab?

Bronsteins innere Unruhe wuchs mit jeder Minute, die sein Körper an den Schreibtischsessel geschraubt war. Schließlich ertrug er es nicht länger und griff zum Telefon. Er ließ sich mit dem staatspolizeilichen Büro verbinden, wo er nach Hofrat Pataki verlangte, den er von früher gut kannte.

»Sag«, begann er vorsichtig, »weißt du irgendetwas von einer Kommunistendemonstration heute?«

»Da schau her, David. Wer hat dir denn das geflüstert? Bist ja gut informiert!«

»Na, so gut auch wieder nicht, wie du merkst. Sonst müsste ich ja nicht nachfragen.«

Pataki lachte kurz, um sofort wieder ernst zu werden. »Ehrlich, David, die G'schicht' ist kein Spaß. Wir haben seit dem 12. dieses Monats Hinweise darauf, dass die Kommunisten putschen wollen. Du, ich sag dir's, wenn die Sozis nicht wären, hätten wir keine Chance gegen die. Aber auf die Roten ist Verlass. Der Bauer und der junge Adler, die haben ihre Leut' im Griff, und

33

wenn einer von denen sagt: Fass, dann schnappen die nach allem, was sich bewegt. G'rad so, wie's ihre Parteiführung will. Und um ganz sicher zu gehen, dass auch ja nix g'schieht, haben wir in der Nacht von gestern auf heute die kommunistischen Führer prophylaktisch in Gewahrsam genommen.«

»Ihr habt sie verhaftet?«

»Ja, praktisch die ganze Leitung. Uns ist kaum wer entwischt. Ja, dein Spezi Kisch, der hat sich rar gemacht, und so ein rothaariges Flintenweib ist uns auch durch die Lappen gegangen. Die dürfte was g'wusst haben, denn sie war weder bei sich zu Hause noch sonst wo in einer der bekannten Wohnungen.«

Bronstein fühlte, wie sein Mund trocken wurde.

»Stell dir vor«, lachte Pataki in den Apparat, »der Seidenbast, weißt eh, der alte Schrull vom Koat 1, hat noch g'meint, die hat sich sicher einen Beschützer ang'lacht, bei dem s' Unterschlupf g'funden hat. Aber so wichtig ist die auch wieder nicht. Welcher Revoluzzer hört schon auf eine Frau? Die wirklich Wichtigen, die haben wir alle eingekastelt!«

»Verhaftet? Einfach so?«, fragte Bronstein, als er seine Sprache endlich wiedergefunden hatte.

»Schau«, sagte Pataki, »das ist ja alles Politik, nicht wahr. Wir machen nur, was die Politiker uns auftragen. Das war schon immer so, und das wird wahrscheinlich auch immer so sein.«

»Ja, ja, das weiß ich eh, aber einfach so, ohne irgendeine Grundlage? Da muss doch zumindest irgendein Verstoß vorliegen. Und zwar ein so gravierender, dass er eine Arretierung rechtfertigt.«

»Da hast schon recht«, pflichtete ihm Pataki bei, »und den gibt es ja auch.«

»Ah so?« In Bronsteins Stimme schwang eine gewisse Skepsis mit, die gleichwohl Pataki nicht zu beeindrucken schien. »Die Kommunisten«, erläuterte dieser, »haben Flugblätter verteilt, in denen sie zum bewaffneten Umsturz aufrufen. Das ist natürlich, wie du nur zu gut weißt, in höchstem Ausmaß illegal. Ein sogenanntes Revolutionäres Soldatenkomitee, hinter dem klarerweise die kommunistische Führung steckt, hat alle Wehrmänner der Volkswehr aufgefordert, samt ihrer Bewaffnung heute auf die Straße zu gehen.«

Heute!

Bronstein wurde blass. Davon musste Jelka gesprochen haben. Es konnte keinen Zweifel geben. Das war die Demonstration, an der sie, zumal sie ja der geplanten Verhaftung entgangen war, teilnehmen wollte. Und offensichtlich waren die Behörden bestens informiert. Jelka und ihre Genossen würden ins offene Messer laufen. Bronstein spürte, wie sein Herz schneller zu schlagen begann.

»Aber wir sind ja auch nicht von gestern, gell«, fuhr Pataki derweilen fort, »der Bauer persönlich hat sich mit dem Präsidenten ins Einvernehmen gesetzt, um alle nötigen Schritte in die Wege zu leiten, damit wir diesmal nicht wieder mit runtergelassenen Hosen erwischt werden wie damals im April.«

Bronstein wusste naturgemäß wie jeder in der Exekutive, dass die Geschichte vom Gründonnerstag die Polizeioberen immer noch wurmte, und nicht wenige sannen buchstäblich Tag und Nacht auf Revanche. Bronsteins

Angst um Jelka wurde darob nicht geringer. »Vor allem arbeiten wir diesmal geradezu vorbildlich mit den Sozis zusammen«, unterstrich Pataki das bisher schon Gesagte. »Der Deutsch vom Arbeiterrat hat extra loyale Einheiten auf die 41er angesetzt, damit die auf keinen Fall einen Blödsinn anstellen können.«

Bronstein kannte die ›41er‹. Das war die Truppe von Leo Rothziegel gewesen, bei der sich auch sein Freund Egon Erwin Kisch herumgetrieben hatte, ehe ihm offenbar das Pflaster in Wien zu heiß geworden war.

»Aber stell dir vor, das hat den Sozis nicht gereicht. Der Eldersch hat unsere Behörde amtswegig angewiesen, alle bekannten Führer der KP zu verhaften. Und du weißt, was das heißt: Weisung ist Weisung, ganz besonders, wenn sie vom Minister kommt.«

Bronstein bezweifelte, dass eine solche Maßnahme mit dem geltenden Recht in Einklang zu bringen war, denn sogar in der Monarchie hatte es eines konkreten Vorwurfs an eine Person bedurft, um diese in Arrest nehmen zu können, doch keinesfalls bezweifelte er, dass ein Minister jederzeit bereit war, das Recht in seinem Sinne zu beugen.

»Wenn die heute also wirklich losmarschieren«, lautete inzwischen Patakis Resümee, »dann sind sie in jedem Fall führerlos, und so sollte es uns ein Leichtes sein, mit ihnen fertig zu werden.«

Ja, damit konnte er recht haben, der Pataki, dachte Bronstein. Instinktiv griff er sich an die Brust und versuchte, seine Atemfrequenz wieder unter Kontrolle zu bringen. Eigentlich wollte er Pataki noch fragen, für wann die Demonstration angesetzt war, doch er fühlte, dass ihm seine Zunge nicht länger gehorchen würde.

»Aha«, lallte er. Er hielt kurz den Hörer zu, sog lange
und tief Luft ein, dann zwang er sich noch einmal zur
Ruhe. »Ich dank' dir schön. Das war's auch schon.« Die
letzten Worte hatte er regelrecht zwischen den Zähnen
hervorgepresst.

»Na hallo, hallo, ned so gach!«, hörte er Pataki am
anderen Ende der Leitung rufen. »Wozu willst denn das
alles überhaupt wissen?«

»Ach, nur eine Anfrage von oben. Weißt eh, wie's ist.
Alsdern, danke und servus.«

Noch ehe Pataki abermals reagieren konnte, hängte
Bronstein ein.

Er ließ seinen Körper zurück auf die Sessellehne plumpsen und fiel förmlich in sich zusammen. Jelka schwebte in
höchster Gefahr, er musste sie unbedingt aus der Schusslinie bekommen. Nur, wie sollte er das bewerkstelligen?
Er wusste ja nicht einmal, wo sie war.

Er sah sich zur Tatenlosigkeit verurteilt, und das war
jener Zustand, den er am meisten hasste. Jeder Versuch,
sich abzulenken, war in solchen Momenten von vornherein zum Scheitern verurteilt. Und dass er das Unabänderliche einfach hingenommen hätte, lag ohnehin jenseits jeder
Vorstellung. Den grausamen Wechselfällen des Schicksals wehrlos ausgeliefert zu sein, erschien ihm wie eine
schwere Erkrankung, und die einzige Medizin, die ihre
Symptome wenigstens teilweise zu lindern vermochte,
war hochprozentiger Alkohol.

Bronstein fuhr hoch, verließ fluchtartig sein Büro und
stürzte sich förmlich in die Kantine, die ob der Uhrzeit
nahezu völlig verwaist war.

»Schani, an Doppelten, aber schnell a no«, keuchte er.

»Ja, was ist denn dir g'scheh'n, dass d' dich gar so echauffierst?« Verwundert studierte Johann, der Kantinenwirt, Bronsteins Äußeres auf der Suche nach besorgniserregenden Anzeichen.

»Ah, nix, schlecht is' mir. Ich glaub', das Beuschel gestern war nimmer ganz astrein«, log Bronstein.

»Wenn's wirklich ein Beuschel war, dann sicher ned«, replizierte Johann, »wer kriegt heutzutag' schon ein Beuschel? Wenn, dann haben s' das irgendwo in Schönbrunn g'funden, wo's von der Sisi im 97er Jahr z'ruckg'schickt worden ist.« Dabei lachte der Wirt glucksend.

Innerlich musste ihm Bronstein beipflichten. Wie war er nur auf Beuschel gekommen? In den letzten fünf Jahren hatte er derlei nicht einmal mehr in einem Druckwerk gesehen, geschweige denn in natura. Eine blödere Ausrede war ihm wohl nicht eingefallen.

Zu seinem Glück war's Johann egal, und so stand wenige Sekunden später ein doppelter Slibowitz auf der Schank.

»Dank dir recht«, murmelte Bronstein und steuerte einen der Tische an, um nicht länger mit dem Wirt Konversation machen zu müssen. Umständlich kramte er sein Zigarettenetui aus dem Inneren seines Sakkos, fingerte mit zittriger Hand einen Glimmstängel heraus und steckte ihn an. Der Rauch beruhigte ihn einigermaßen. Gleich danach kippte er den Schnaps in einem Zug hinunter, und erstmals seit dem morgendlichen Streit mit Jelka wich dieses flaue Gefühl in seinen Eingeweiden. Ein Glaserl noch, und er würde direkt in der Lage sein, sich ein klein wenig zu entspannen, der katastrophalen Lage zum Trotz.

»Heute geben wir's ihnen«, hörte er einen der Uniformierten am Nebentisch sagen.

»Genau! Dieses Mal erwischen wir sie, und nicht sie uns. Und wir erwischen sie mitten zwischen den Augen.«

Und schon war dieses flaue Gefühl wieder da. Möglichst unauffällig drehte er sich nach den Sprechern um. An dem Tisch saßen drei Polizisten, vor ihnen befanden sich drei Bier, was Bronstein ob seines Slibowitz' nicht verurteilen wollte. Doch schon auf den ersten Blick erkannte er das ungute Flackern in den Augen der Wachmänner. Kein Zweifel, da war jemand auf Rache aus.

»Sechs von uns haben die Hundling am G'wissen. Und das zahlen wir ihnen heute heim«, bestätigte der erste Uniformierte Bronsteins Verdacht.

Er erinnerte sich. Am Gründonnerstag waren an die 30 Demonstranten, aber eben auch sechs Polizisten Opfer der Gewalttätigkeiten rund um das Parlament geworden. Offensichtlich hatte die Sicherheitswache diese Tatsache noch nicht vergessen.

Es ging also um Vergeltung. Schon den großen Krieg hatte man geführt, weil man nach Rache schrie. Und alle Welt hatte gesehen, wohin eine solche Haltung führte. War die Welt denn immer noch nicht klüger geworden?

»Also es bleibt dabei«, schwor der Rädelsführer seine Kollegen ein, »es wird scharf g'schossen, egal, was die Großkopferten sagen.«

Plötzlich blickte er direkt auf und fixierte Bronstein. Offensichtlich war ihm erst jetzt aufgefallen, dass seine kleine Ansprache belauscht worden war.

»Is' wos?«, fragte er in aggressivem Ton in Bronsteins Richtung.

»Na, eh nix«, wiegelte dieser ab, »haut's es den Kummerln ane eine?«

Der Polizist traute ihm sichtlich nicht.

»I war damals a dabei«, würgte Bronstein mühsam hervor, »beim Parlament... Volkswehr! Den Wastl, der was mein Habarer is', haben s' mir damals z'samm'g'schoss'n. Der kann heut noch nicht g'rad' geh'n.«

Bronstein war ehrlich überrascht, wie leicht ihm das Lügen neuerdings von der Hand ging. Wenn er so weitermachte, konnte er glatt Politiker werden.

Der Polizist musterte ihn abschätzend. Schließlich schien er zu dem Schluss zu kommen, ihm trauen zu können.

»Bist a Kriminaler, gell?«, fragte er.

»Ja«, entgegnete Bronstein.

»Und? Hast g'rad' was vor?«

»Na.«

»Na, dann komm mit. Wir geh'n jetzt in die Hörlgassen. Dort rotten sich diese Gfraster z'samm'. Da wirst Gelegenheit bekommen, deinem Wastl die offene Rechnung zu begleichen.«

Bronstein dämpfte die Zigarette aus und stand auf: »Na dann, gemma's an.«

Die anderen taten es ihm gleich. Gemeinsam verließen sie erst die Kantine, dann das Gebäude, und Bronstein erstaunte die Ruhe, die er dabei an den Tag zu legen vermochte.

Die Sonne heizte, wie es sich für einen 15. Juni gehörte, die Pflastersteine auf, und unwillkürlich kniff Bronstein die Augen zusammen. Sie waren noch keine 50 Meter gegangen, als undefinierbarer Lärm zu ihnen drang. An der nächsten Ecke angekommen, sahen sie sich Tausenden Menschen gegenüber, die für das Getöse verantwortlich waren. Bronstein erkannte vereinzelte Schilder, auf denen Botschaften wie ›Freiheit für Hexmann‹ oder ›Lasst Steinhardt frei‹ zu lesen standen, und fragte sich, wie er in diesem Gewühl Jelka finden sollte.

Vom Ring und vom Kai fluteten Einheiten der sozialdemokratischen Stadtschutzwache herauf, die sich anschickten, die Kommunisten in die Zange zu nehmen. Unwillkürlich musste Bronstein an den November des Vorjahres zurückdenken, als er Jelka gerade noch hatte retten können. Würde ihm das diesmal auch gelingen? Er bezweifelte es.

Wäre er nicht so in Sorge um seine Freundin gewesen, er hätte beinahe lachen mögen. Die Historie bewies doch beachtlichen Sinn für Ironie: just jene, die noch vor zehn Jahren von den Repräsentanten der Monarchie niederkartätscht worden waren, schickten sich nun an, ihrerseits Andersdenkende gewaltsam zu unterdrücken. Vielleicht hatte Jelka mit ihrem Sprüchlein ja doch recht, wonach das Sein das Bewusstsein bestimmte. Kaum waren diese Bauers, Renners und Elderschs an der Macht, verhielten sie sich nicht anders wie zuvor die Stürgkh, Auersperg oder Schwarzenberg. Er sehnte sich zurück in jene jungfräulichen Tage seiner Polizeikarriere, da er, noch vollkommen unangekränkelt von jedem Zweifel, alle seine Aufträge aus innerster Überzeugung hatte erledigen können, wo Gut noch Gut und Böse noch Böse gewesen zu sein schien.

Der November 18 war ihm wie ein Aufbruch in eine neue Zeit gewesen, in der endlich alle vor dem Gesetz gleich sein würden, wo es sich niemand mehr richten konnte, sondern wo jeder sein Recht fand, ohne Ansehen der Person. Jetzt aber schien es ihm tatsächlich so, wie Jelka immer behauptete: das Staatsgebäude war nicht erneuert worden, man hatte nur die Tapeten von Schwarzgold auf Blassrot geändert.

Bronstein schüttelte sich. Was machte er da? Er war Polizist und kein kommunistischer Agitator! Solche Gedanken standen ihm gar nicht zu. Er wurde dafür bezahlt, dass er Ruhe und Ordnung aufrecht erhielt, ungeachtet, ob seine Befehle von einem adeligen Burgherrn, einem sozialdemokratischen Bibliothekar oder gegebenenfalls von einem kommunistischen Bergarbeiter kamen. Solange die jeweilige Macht ordnungsgemäß legitimiert war, hatte er ihre Weisungen entgegenzunehmen, und wenn Jelka hundertmal meinte, er müsse zuerst sein eigenes Gewissen befragen, ehe er eine Order ausführte. Der Dienstweg eines Beamten sah eine schier unüberschaubare Zahl an Instanzen vor – aber ein Gewissen befand sich nicht darunter!

»Alsdern, schauts euch um, wer am lautesten krakeelt. Auf den legt's dann an!«

Bronstein fuhr entsetzt herum. Der Uniformierte hatte offensichtlich tatsächlich einen Tötungsbefehl gegeben. So etwas war, soweit er sich erinnern konnte, nicht einmal in der Monarchie vorgekommen. Doch noch ehe er reagieren konnte, fuhr der Wachmann fort: »Und verteilt euch unter die Stadtwachler. Es schaut besser aus, wenn die Kummerln glauben, die Sozis haben sie z'samm'g'schossen. Da sind wir dann fein raus.«

Bronsteins Verlangen, Jelka aus dem ganzen Schlamassel herauszuholen, wurde immer stärker. Verzweifelt spähte er in die Menge der Demonstranten, und allenthalben meinte er, ihren charakteristischen Rotschopf zu entdecken. Doch nur allzu schnell musste er sich eingestehen, dass er sich getäuscht hatte. Der Ring der Exekutive zog sich allmählich um die Demonstranten zusammen, sodass diese nun wirklich umzingelt waren. Ihre letzte Chance, das erkannte auch Bronstein, bestand darin, den schwächsten Punkt der Polizeikette auszumachen und dort durchzubrechen. Bronstein sah sich nach seinen Begleitern um, doch die waren zwischenzeitlich verschwunden. Er fürchtete, sie könnten die übrigen Wachorgane zu einer unüberlegten Handlung provozieren, und überlegte fieberhaft, wie er auf den Gang der Ereignisse Einfluss nehmen konnte. Tatsächlich schien es, als beratschlagten die in der Falle sitzenden Kommunisten, wie sie sich aus ihrer misslichen Lage zu befreien vermochten, und wie es Bronstein vorausgesehen hatte, wählten sie die Schutzorgane der Stadt Wien als Ziel ihres Befreiungsschlages. Im Laufschritt näherten sich Protestierer der Absperrung und schickten sich sichtlich an, unmittelbar vor der gegnerischen Kette nochmals Fahrt aufzunehmen, um sie allein durch die Wucht ihrer Geschwindigkeit niederzureißen. Womit sie allerdings ebenso wenig wie Bronstein gerechnet hatten, war der Umstand, dass die städtischen Ordnungshüter angesichts der heranstürmenden Menge zu den Waffen griffen. Bronstein, der die Szene atemlos beobachtete, bezweifelte, dass eine Salve

43

über die Köpfe der Demonstranten hinweg die Lage deeskalieren würde. Im Gegenteil, viel eher käme die Menge dadurch erst recht in Rage. Doch der Kommandant der Stadtwache hieß seine Männer anlegen, und Sekundenbruchteile später ertönte die Order zum Abfeuern der Gewehre. Fassungslos sah Bronstein, wie die Uniformierten direkt in die Menge zielten. Schon nach der ersten Salve blieben Dutzende Menschen im Straßenstaub liegen. Gleich danach erhob sich ein infernalisches Heulen und Wehklagen. Bronstein suchte an einer Hausmauer Halt und kämpfte mit seinen Innereien, um sich nicht übergeben zu müssen. Das, so erkannte er, war schlimmer als die Ereignisse im November. Die Menge wogte in nackter Panik hin und her und fand keinen Ausweg. Menschen trampelten über Tote und Verwundete, wurden selbst niedergerissen und verschwanden unter den Füßen anderer, die gleich den Gestrauchelten ihr Heil in der Flucht suchten. Und der Befehlshaber der Stadtwache befahl seinen Leuten nachzuladen.

Bronstein hielt nichts mehr an seinem Platz. Die eben noch aufgekommene Übelkeit war schrankenlosem Zorn gewichen. Nicht einmal im Tierreich biss der Sieger dem Unterlegenen auch noch in die dargebotene Gurgel. In bemerkenswerter Geschwindigkeit erreichte Bronstein den Befehlsstand der sozialdemokratischen Wachorgane.

»Ja, sagen Sie, sind Sie vollkommen wahnsinnig?!«, fauchte er den Offizier an, nachdem er halbwegs zu Atem gekommen war.

Der Mann würdigte ihn keines Blickes. »Bringts mir das Seicherl da weg!«, wies er einige der ihn umstehenden Unteroffiziere an, die sogleich Bronstein unsanft in ihre Mitte nahmen und in Richtung Ring schleiften. Sein Protestgeschrei ging im Lärm und im Chaos unter. Erst etwa 100 Meter vom Platz ihres Kommandanten entfernt warfen dessen Schergen Bronstein auf das Trottoir. Seit Kindheitstagen war er nicht mehr so demütigend behandelt worden, empfand Bronstein. Er rappelte sich auf und setzte den Stadtwächtern nach. Kaum war er an sie herangekommen, drehte sich einer von ihnen blitzschnell um und schlug Bronstein mit dem Lauf seiner Pistole gegen die Schläfe. Bronstein wurde gegen eine Hauswand geschleudert, drehte sich sodann um seine eigene Achse und sank tonlos zu Boden.

Enervierende Kopfschmerzen waren das Erste, das Bronstein registrierte, als er erwachte. Er benötigte eine gewisse Weile, ehe er seine Umgebung genauer in den Blick nehmen konnte. Über ihm befand sich eine weiße Stuckdecke, ihm gegenüber ein hohes, vergittertes Fenster. Links neben ihm stöhnte jemand leise, von der rechten Seite kam ein penetrantes Schnarchen. Bronstein realisierte, dass er sich in einem Krankenhaus befand. Er versuchte, den Kopf zu heben, doch rasende Schmerzen ließen ihn sofort von diesem Vorhaben Abstand nehmen.

»Ah, wer kommt denn da wieder zu sich? Guten Morgen, Herr Oberleutnant.«

Guten Morgen? Wie lange lag er schon da?

»Sie waren ganz schön lange weg! Gestern um 4 hat man Sie eingeliefert. Jetzt ist es schon bald wieder Mittag. Aber bitte, diese Kommunisten haben Sie auch ganz schön zugerichtet. Sie können von Glück reden, dass nichts gebrochen ist. So kommen S' mit einer mittleren

Gehirnerschütterung davon. In zwei, drei Tagen sind S'
wieder auf dem Damm.«

Das waren nicht die Kommunisten gewesen, schoss
es ihm durch den Kopf, doch er schaffte es nicht, diesen
Gedanken zu verbalisieren. Ein kaum hörbares Röcheln
war der einzige Laut, den er zustande brachte. Die Kran-
kenschwester tätschelte behutsam seinen Unterarm:
»Jetzt gehen wir es einmal ruhig an, gelt, Herr Oberleutnant? Schlafen S' Ihnen nur ordentlich aus, dann wird
alles wieder gut.«

Alles wieder gut? Wie konnte alles wieder gut werden,
wenn er hier ans Bett gefesselt war, während er immer
noch nicht wusste, wo sich Jelka befand und wie es ihr
ging? Er durfte keine Zeit verschwenden, musste sofort
das Spital verlassen, um sich … auf die Suche … nach
Jelka … zu machen.

In Panik riss er die Augen auf. Er konnte rein gar
nichts erkennen. Erst allmählich registrierte er ein paar
Kontraste. Endlich konstatierte er, dass im Raum nur
eine einzelne Funzel brannte, die gegen die Dunkelheit
der Nacht keine Chance besaß. Wenigstens waren seine
Kopfschmerzen deutlich geringer geworden. Er schaffte
es, sich aufzurichten, und saß eine kleine Weile aufrecht
im Bett, ehe ihm bewusst wurde, dass er zu einer solchen
Stunde ohnehin nichts ausrichten konnte. Also legte er
sich wieder hin und beschloss, bis zum nächsten Morgen zu warten.

Die Wanduhr am Ende des Zimmers zeigte fünf Minuten nach sieben Uhr, als er erneut erwachte. Er fühlte sich
merklich besser und riskierte es, sich aus dem Bett zu
erheben. Wie er war, begab er sich auf den Flur und hielt

nach einer Toilette Ausschau. Dann ging er zum Schwesternzimmer und verlangte seine Effekten.

»Aber Sie können nicht gehen, Herr Oberleutnant. Sie brauchen noch Ruhe!«

»Ach was, mir geht's gut. Ich hab' schon genug Zeit verplempert mit dem Blödsinn da. Geben S'mir einfach mein G'wand, und ich entlass' mich selbst.«

Die Schwester hatte seinem fordernden Ton nichts entgegenzusetzen, und so hielt sie ihm einfach wortlos den Revers unter die Nase, den Bronstein unterschrieb, ohne den Text des Dokuments zu lesen. Zehn Minuten später stand er auf der Straße und ließ sich von einer Mietdroschke ins Präsidium fahren.

»Ja, Oberleutnant! Dich gibt's noch! So eine Freud'!« Pokorny schien ehrlich begeistert, seinen Vorgesetzten vor sich zu sehen. »Wir haben schon g'laubt, du schwimmst die Donau abwärts, und die Rumäner fischen dich beim Eisernen Tor aus dem Wasser.«

»Weißt eh, Unkraut vergeht ned«, replizierte Bronstein knapp, um dann sofort zur Sache zu kommen. »Vorgestern. Diese Demonstration da. Hörlgasse und so. Was wissen wir d'rüber?«

»Ned viel eigentlich«, maulte Pokorny, »20 Tote, 80 Verletzte auf Seiten der Kommunisten, keinerlei Verluste auf unserer Seite. Die Demokratie hat auf der ganzen Linie gewonnen. Ich sag' dir, jetzt geht's nur mehr aufwärts, wo wir die Extremisten von rechts und links … Sag', warst du da vielleicht auch dabei?« Pokorny realisierte erst jetzt, warum sein Chef einen ganzen Tag abgängig gewesen war. Doch Bronstein verspürte nicht die geringste Lust, seinem Mitarbeiter die ganze lange Geschichte zu erzäh-

47

len. Die Information, es seien 20 Menschen getötet worden, ließ ihn erneut in Panik ausbrechen.

»20 Tote? Weiß man auch, wer das ist?«

»Ja, klar, die liegen alle in der Sensengasse. Da …«

Bronstein hörte nicht mehr hin. Er stürzte zum Telefon und ließ sich mit Ferdinand Strakosch, der Institution der Wiener Gerichtsmedizin, verbinden. »Servus, Ferdl. Du, ich hab' eine ganz wichtige Frage an dich: bei den Toten von vorgestern, ist da eine junge Rothaarige dabei?«

Strakosch verzichtete darauf, die Frage Bronsteins einer inhaltlichen Bewertung zu unterziehen, denn der gehetzte Tonfall seines Gesprächspartners überzeugte ihn davon, dass diesem an der Beantwortung seiner Frage mehr gelegen war als an allfälligen verbalen Geplänkeln. »Ich kann dich beruhigen, so eine ist nicht darunter. Und jung waren überhaupt nur zwei Männer …«

»Und die Verwundeten? Wohin wurden die gebracht?«

»Du, das weiß ich jetzt aber wirklich nicht. Die werden s' wahrscheinlich auf die diversen Spitäler aufgeteilt haben, nehme ich an. Aber warum …«

»Du, Ferdinand, keine Zeit für Erklärungen. Ich sag' dir alles, wenn ich wieder einen Überblick hab'. Bis dahin sag' ich einfach nur danke.«

In den nächsten Stunden hätten Mörder gute Chancen gehabt, mit ihren Verbrechen davonzukommen, denn Bronstein tat nichts anderes, als in sämtlichen Wiener Krankenhäusern nach der Identität der dort eingelieferten Verletzten zu fahnden. Gegen 8 Uhr abends wusste er die Namen von 72 Demonstranten, die sich immer

48

noch in der Obhut eines Spitals befanden. Die übrigen, hieß es, seien nicht so schwer verletzt gewesen, sodass sie in der Zwischenzeit entlassen werden konnten. In polizeilichem Gewahrsam, so hatte er weiter in Erfahrung gebracht, befand sich niemand von denjenigen, die an den Aktionen rund um den 15. Juni teilgenommen hatten. Doch angesichts der Bilanz konnte man wohl davon ausgehen, dass die Sicherheitskräfte von Anfang an die Order ›Keine Gefangenen‹ ausgegeben hatten. Bronstein wusste nicht, ob er nun aufatmen sollte oder nicht. Jelka war weder unter den amtlich festgestellten Toten noch unter den Verwundeten. Allerdings war anzunehmen, dass sie nach einem solchen Massaker kaum nach Hause gegangen war. Wo also sollte er sie suchen?

»Ich weiß, Chef, warum du so dreinschaust«, hörte er plötzlich Pokorny sagen, der, ungeachtet der späten Stunde, noch einmal ins Büro gekommen war. »Aber keine neue Welt wird ohne Schmerzen geboren. Solche Eruptionen gehören halt dazu. Wirst sehen, das wird sich alles einspielen, und dann geht keiner mehr auf den anderen los, dann verläuft wieder alles in geordneten Bahnen.«

Bronstein war nahe dran, Pokorny sein Herz auszuschütten und ihm zu gestehen, dass es ihm nicht um die fragwürdigen Geburtswehen der Republik, sondern nur um seine Jelka ging, doch er schreckte schließlich doch davor zurück.

»Na siehst«, deutete Pokorny Bronsteins Schweigen als Zustimmung zu seinen Thesen, »es wird wieder aufwärts gehen. Jetzt kommen andere Zeiten, in die wir mit Optimismus schreiten.«

49

»Pokorny, deine Reime überzeugen mich nicht unbedingt. Aber schreiten werd' ich jetzt auch, und zwar nach Haus'.«

Die ganze Nacht über machte Bronstein kein Auge zu. Unentwegt dachte er an Jelka. Es mochte ja sein, dass die neue Zeit endlich Frieden, Wohlstand und Freiheit brachte, doch ihm wäre es weit wichtiger gewesen, sie hätte ihm Jelka gebracht. In den folgenden Tagen recherchierte er während der Dienstzeit eifrig alle Berichte, die zum vermeintlichen Kommunistenputsch eingelangt waren, stets auf der Suche nach einem Hinweis auf Jelka, während er nach Dienstschluss jeden Ort aufsuchte, an dem Jelka schon einmal gewesen war. Beide Tätigkeiten brachten ihn seinem Ziel keinen Millimeter näher. Und während sich die Kollegen in Elogen auf die Republik ergingen, wurde Bronstein mit jeder Stunde, die ergebnislos verstrich, mutloser.

1920: JUNG UND ALT

Bronstein malte mit Hingabe einige Schnörkel rund um seine Unterschrift und schloss sodann lächelnd den Aktendeckel. Es war ein befriedigendes Gefühl, einen Fall als gelöst ins Archiv befördern zu können. Denn ein Fall war nicht bloß ein Bündel Papier. Das waren ganz konkrete menschliche Schicksale, die auf tragische Art miteinander verwoben waren. Löste man also einen Fall, dann brachte man immerhin einen Hauch Gerechtigkeit in die Welt, wenn man schon nicht für Wiedergutmachung sorgen konnte. Ein Ermordeter wurde zwar nicht mehr lebendig, aber der Bösewicht, der ihm das Leben genommen hatte, wurde wenigstens seines eigenen Lebens auch nicht mehr froh, was für die Angehörigen des Opfers vielleicht ein kleiner Trost sein mochte. Und als Polizist hatte man leidenschaftslos an die Sache heranzugehen. Die Tatsachen allein zählten. Es oblag den Geschworenen, die Fakten einer Bewertung zu unterziehen. Natürlich hatte man auch als Ermittler eine Meinung zu den Dingen, doch die war privater Luxus und hatte auch privat zu bleiben. Mitunter kam es vor, dass eigentlich das Opfer der Böse war und seinen Mörder durch beständiges Schikanieren zu einer Verzweiflungstat aufgestachelt hatte. Gleichfalls geschah es immer wieder, dass der Verbrecher einfach schwachsinnig war und die Tragweite seines Tuns gedanklich gar nicht erfassen konnte. Doch Gewalttat blieb Gewalttat, vor der Polizei waren tatsächlich alle, die das Gesetz brachen, gleich. Und daher hatten eben auch allfällige Emotionen seitens der Behörde zu unterbleiben. Im Strafrecht gab es eben nur Schwarz oder Weiß, da war kein Platz für Grautöne. Entweder, jemand hatte eine Untat begangen, oder er hatte sie nicht begangen. Und wenn er sie begangen hatte, dann war er schuldig. In welchem Ausmaß er das war, hatte den Polizisten nicht mehr zu interessieren. Das musste das Gericht entscheiden.

Bronstein war ehrlich überrascht über seinen philosophischen Gedankenflug. Er hätte ihn gleich mitschreiben sollen, denn das wäre ein hervorragender Vortrag für die Polizeischule gewesen.

Und Vorträge zu halten hatte er wahrlich genug. Jede Woche trafen – immer noch – neue Polizeiangehörige aus allen Ecken und Enden der ehemaligen Monarchie in Wien ein, die auf ihren unkündbaren Beamtenstatus beim Ministerium des Inneren pochten. Als die Regierung Renner damals zugesichert hatte, jeden Staatsdiener, der es wünschte, weiterhin in Dienst zu halten, mochte niemand damit gerechnet haben, dass die Betroffenen dieses Versprechen ernst nahmen. Doch mittlerweile arbeiteten in den Reihen der Wiener Polizei mehr Provinzler als Wiener. Allesamt waren sie stramm deutschnational, schmetterten bei jeder Gelegenheit ›Lieb Vaterland magst ruhig sein‹, und alle hießen sie Kapuszczak, Narutinsky, Woprschalek oder Szentszerenyi. Und sie redeten so, wie sie hießen. Selbst Pokorny vermochte aus ihnen nicht schlau zu werden. »Doch, doch«, pflegte er dann immer zu sagen, »ich glaub ihnen schon, Herr Kollege, dass Sie Deutsch reden. Es ist halt nur nicht das Deutsch, das ich verstehe.« Bronstein hatte da schon weit weniger Geduld mit Germanias Zier: »Die wollen die Wacht am Rhein singen?«, hieß es von seiner Seite, »denen sing ich sie. Aber gach a no!«

Und als wäre ihre seltsame Sprache und ihre protzige Deutschtümelei noch nicht schlimm genug, war Bronstein Woche für Woche gezwungen, sich mit diesem von der Weltgeschichte vergessenen Haufen im Wege der Ausbildungskurse auseinanderzusetzen. Vergeblich appellierte er immer und immer wieder an seine Vorgesetzten, diese verkrachten Dorfgendarmen bloß nicht in den Außendienst zu lassen, doch deren Replik, was sollten diese Kollegen im Innendienst, da müssten sie Akten lesen, und das sei bei Weitem das größere Problem, hatte zu Bronsteins Bedauern sehr viel für sich.

Seitdem waren also die Kapuszczaks, Narutinskys, Woprschaleks und Szentszerenyis der Stolz der Wiener Sicherheitsdirektion. Und so kam es, dass einer von ihnen, Siegfried Kapuszczak aus Stanislau, bei Bronstein vorstellig wurde.

»Härr Leitnont, Oberleitnont, Härr! Bin gangen von Revier zu Tatort, weil gerufen dort zu gehen. Opfer lebt, aber verletzt schwer.«

»Sagen S' einmal, wollen S' mich pflanzen?«

»Pflanzen? Bitte, nicht verstehe, was meint!«

Bronstein atmete tief durch. »Welches Revier, welcher Tatort? Wer hat was gerufen?«

In Kapuszczak schienen die richtigen Zahnräder ineinanderzugreifen.

»No, Bezirk Chitzing. Tatort Zechetna Ulic… Gosse. Gerufen hat, bitte schen, Telefon.«

»Aha«, Bronstein rekapitulierte, dass es sich um die Zehetnergasse im 13. Wiener Gemeindebezirk handeln musste. Und das Bezirkskommissariat Hietzing war offensichtlich benachrichtigt worden, dass es dort zu einer Gewalttat gekommen war. Weshalb ihn dies etwas angehen sollte, wo das Opfer doch offensichtlich lebte, verstand er allerdings nicht. Die Mordkommission kontaktierte man, im wahrsten Sinne des Wortes, wenn ein Mord vorlag. Und das schien ja wohl nicht der Fall zu sein. Wenn bei jeder Wirtshausschlägerei mit Verletzten die Abteilung Leib und Leben ausrücken würde, dann käme er nie mehr dazu, einen Aktendeckel zu schließen.

»Und was geht uns das an?«, bellte er ins Telefon.

»Bitte schen, ist versuchte Mord.«

»Sagt wer?«

»Sagt Opfr!«

Bronstein verdrehte die Augen und flehte zu Gott, er möge ihn mit Geduld segnen. Dann blickte er auf die Uhr. In wenigen Minuten war es vier. Den gemütlichen Nachmittag im Schweizerhaus konnte er vergessen. Dabei war es so ein schöner Tag!

»Pokorny!« Bronsteins Stimme donnerte durch den Raum.

»Was liegt an, Chef?« Pokorny, bereits fix und fertig angekleidet, stand in der Zimmertür.

»Da schau her, hast das g'rochen oder was?«

»G'rochen? Was?«

»Dass wir zu einem Fall ausrücken müssen!«

»Nein! Ned sag, dass das wahr ist. Ich hab' glaubt, wir fahren jetzt ins Schweizerhaus.« Auf Pokornys Gesicht machte sich grenzenlose Enttäuschung breit.

»Tja, Pokorny, in diesem Fall ist Bier Bier und Dienst Dienst.«

Bronstein orderte über die Vermittlung einen Einsatzwagen und versuchte, Pokornys Gemaule bestmöglich zu ignorieren. »Immer dasselbe! Können diese Trottel ihre Taten ned in der Dienstzeit begehen? Das ist doch wirklich eine Frotzelei sondergleichen.«

»Du, ich werd' eine Interpellation ans Parlament schreiben. Morde, bitteschön, ab sofort nur noch zwischen 8 und 16 Uhr.«

Pokorny verzog seine Miene zu einem schiefen Grinsen: »Wahnsinnig lustig. Ich lach‹ mich krank… Ha, das ist die Lösung! Kranklachen! Krankenstand! … Wiederschaun.«

»Du bleibst schön da. Nibelungentreue ist angesagt.«

»Komm mir nicht du auch noch mit diesem teutonischen Geschwafel. Das halt' ich schon bei unsere Ostler ned aus.«

»Siehst, jetzt geht's erst einmal in den Westen.«

Sie waren bei dem Wagen angelangt, und Bronstein nannte dem Fahrer die Adresse. Am Anfang der Zehetnergasse verlangsamte der Chauffeur das Tempo und hielt nach einem uniformierten Beamten Ausschau, der das Auto stoppen würde. Tatsächlich ruderte vor dem Haus Nummer 14 ein Polizist hektisch mit den Armen.

»Bitte schen, hier ist Tatort.«

Bronstein kletterte aus dem Automobil und sah angewidert auf den Mann aus Galizien. Mit einer leichten Drehung des Kopfes wandte er sich an Pokorny: »Mach du das, sonst vergesse ich mich.« Ohne Kapuszczak weiter zu beachten, betrat er das Haus.

55

In der Wohnung einer Frau Hellebrand sah es aus wie nach einem Granateneinschlag. Der Kleiderkasten lag umgestürzt und schwer beschädigt mitten im Raum und befand sich dabei in merkwürdiger Schräglage, da er teilweise auf dem Bett der alten Dame ruhte. Die Frau selbst war auf eine Decke gelegt worden und wimmerte in einem fort, während der herbeigeholte Arzt sich darum bemühte, sie medizinisch zu versorgen. »Na, Herr Doktor«, sagte Bronstein, während er mit seiner Kokarde wedelte, »wie schau'n wir aus?«

»Wer immer das g'macht hat, er war ein Wahnsinniger«, antwortete der Arzt, »aber ein vertrottelter Wahnsinniger. Mit so einer Anzahl an Hieben einen Menschen nicht zu töten, das ist fast auch schon wieder eine Kunst. Die Frau da hat ein Mordstrum Massl, dass s' ned ermordet ist.«

Kurz fragte sich Bronstein, ob der Doktor ob des Wortspiels hatte witzig sein wollen, doch er fand, dies tat eigentlich nichts zur Sache. »Wie viele?«, fragte er nur.

»Insgesamt neun«, entgegnete der Mediziner, »die meisten sind so dilettantisch ausgeführt, dass sie jeweils seitwärts am Kopf abglitten. Dadurch ist dann nur minimaler Schaden entstanden.«

Schaden! Als handelte es sich um eine Sache. Aber so waren die Jünger Äskulaps ja immer. Für sie waren Patienten irgendwelche Werkstücke. Nicht umsonst sprach man von ›Behandlung‹.

»Also, wie schwer ist der Grad der Verletzungen?« In Bronsteins Stimme klang deutlich Missfallen mit.

»Sie ist nicht in Lebensgefahr, wenn S' das wissen wollen. Aber so, wie die Hiebe ausgeführt wurden, liegt eindeutig Tötungsabsicht vor. Dass die Frau noch lebt, ist nur der Unfähigkeit des Täters zuzuschreiben. Aber ins Krankenhaus muss sie auf jeden Fall sofort, weil diese ganzen Wunden, die müssen ganz dringend gereinigt und ordnungsgemäß versorgt werden, sonst erreicht der Unhold schließlich doch noch sein Ziel.«

Bronstein nickte. »Kann ich sie trotzdem befragen?«

Als ob die Hellebrand der Unterhaltung gefolgt wäre, ließ sie just an dieser Stelle ihr Wimmern anschwellen. »Die Rosl«, stöhnte sie. Dann begann ihr Blick zu flackern, und sie wurde sichtlich ohnmächtig.

In der Zwischenzeit betrat auch Pokorny die Wohnung und verdrehte demonstrativ die Augen nach oben. »Diese Ostler! Chef, ich sag's dir, mit denen machst 'was mit. So gebrochen sie Deutsch reden, so geschwätzig sind sie. Du kannst dir das gar nicht vorstellen: da stellst du ihnen eine ganz einfache Frage, und sie erzählen dir etwas, von dem du nur vermuten kannst, dass es ihre Lebensgeschichte ist. Wenn da unten jetzt nicht die Hausmeisterin dazugekommen wär', ich wissert jetzt noch nicht, was mir der Simpel da mitteilen wollt'.«

»Ach ja«, schnarrte Bronstein, dessen Ungeduld abermals wuchs, »und was wollte er uns nun an Erkenntnissen übermitteln?«

Pokorny zog eine Schnute, sichtlich enttäuscht darüber, dass der Chef ihm gegenüber ebenso wenig Langmut an den Tag legte wie er selbst zuvor mit Kapuszczak.

»Die Hausmeisterin hat g'rad die Stiegen aufwaschen wollen, sagt sie, und da hat s' hinter der Tür von der Hellebrand ein Stöhnen g'hört. Sie hat durch die Tür gerufen, ob der Alten was ist, doch die hat nicht geant-

57

wortet, sondern einfach nur weitergestöhnt. Da hat die Hausmeisterin g'schaut, ob die Tür offen ist, und das war sie nicht. Sie hat also ihren Generalschlüssel g'holt und aufg'sperrt. Das ist gegangen, weil kein Schlüssel g'steckt ist, ned wahr.«

»Und weiter?«, belferte Bronstein in dem Bemühen zu verhindern, dass Pokorny sich in nebensächlichen Details verlor.

»Na, nix weiter. Sie ist rein in die Wohnung, hat die Hellebrand in ihrem Blut liegen g'seh'n und sofort g'wusst, da hat's was. Also ist sie rüber zum Doktor Bernecker, Zehetnergasse 9, weil der ein Telefon hat. Dort hat sie das Koat verständigt, und der Doktor ist gleich mit ihr mit, weil man ja nicht sagen hat können, wie's um die Hellebrand steht.«

Bronstein sah den Arzt an: »Sie sind der Herr Doktor Bernecker?«

»Jawohl. Und die Frau Hellebrand ist normal ohnehin eine meiner Patienten.«

Na servus, dachte sich Bronstein. Ein praktischer Arzt! Kein Wunder, dass der so aufgeblasen ist. Seine Routine bestand darin, Kopfwehtabletten und Fußsalben zu verschreiben, da musste ein solcher Auftritt für ihn wie Ostern und Weihnachten an einem Tag sein.

»Schlüssel gibt's übrigens keinen«, hörte Bronstein in der Zwischenzeit Pokorny fortfahren.

»Was soll das heißen?«

»Na, dass der Täter den Schlüssel mitg'nommen hat. Er hat von außen zugesperrt und gehofft, damit ein bissl Zeit zu gewinnen.« Na bitte, mitunter hatte sogar Pokorny seine hellen Momente.

»Die Hausmeisterin hat übrigens auch schon einen konkreten Verdacht«, sonnte sich Pokorny in der ihm zuteil gewordenen Aufmerksamkeit.

»Ah so?«

»Ja. Die Hellebrand hatte eine Aftermieterin. Ein junges Mensch namens Rosa Pichler. Und die soll einen ganz unguten Patron als Gspusi g'habt haben. Irgendeinen Karl. Die Hausmeisterin meint, die zwei seien notorische Neger gewesen, weil sie jeder ehrlichen Arbeit ausgewichen seien.«

»Und die Frau Hellebrand? Hat die ein Gerstl?«

»Na ja, laut Hausmeisterin ist sie nicht gerade arm. Ob's aber für einen versuchten Raubmord reicht, das weiß die Hausmeisterin natürlich nicht.«

»Natürlich nicht«, schob Bronstein ironisierend nach. In Wien war es gleichsam amtsbekannt, dass Hausbesorger stets besser über den Besitzstand eines Mieters Bescheid wussten als dieser selbst. Doch er beschloss, es vorerst dabei zu belassen, denn entscheidend in dieser Angelegenheit war die Aussage der Hellebrand selbst. Und die wurde, immer noch bewusstlos, eben von den Sanitätern abgeholt.

Bronstein vergewisserte sich, dass die beigezogenen Kollegen den Tatort penibel aufgenommen hatten, dann verkündete er Pokorny eine wichtige Erkenntnis: »Das Schweizerhaus schaffen wir doch noch!«

»Und was machen wir mit dem Christkindl da draußen?«, fragte Pokorny und deutete mit dem Daumen über die Schulter in die Richtung, in der er Kapuszczak vermutete.

»Am besten nix.« Bronstein nickte den anwesenden

59

Beamten zu und verließ, nachdem er sich noch einmal umgesehen hatte, die Wohnung. Pokorny folgte ihm auf dem Fuß.

Am nächsten Morgen war die Hellebrand so weit wieder hergestellt, dass sie Bronstein im Spital Rede und Antwort stehen konnte. Doch die Unterredung erwies sich rasch als recht einseitig. Beim circa siebzehnten Fluch wider das flüchtige Paar gab Bronstein den Versuch, Näheres über den Tathergang zu erfahren, erst einmal auf, zumal als Interludium zwischen den Flüchen gebetsartig die Wortfolge »Mein Schmuck! Mein ganzer schöner Schmuck!« kam. Und er überlegte, sich Baldriantee bringen zu lassen.

Immerhin amüsierte ihn angesichts der Ausführungen der Alten der Bericht, der am Vortag in der Abendzeitung erschienen war. Die ›mittellose Frau‹, die um ihrer ›wenigen Habseligkeiten willen‹ fast ermordet worden wäre, vermisste eine stattliche Zahl an Pretiosen. Der Reihe nach zählte sie eine goldene und eine silberne Herrenuhr, eine Uhrkette, zwei Paar goldene Ohrgehänge, drei Ringe, eine goldene Halskette und ein Paar goldene Manschettenknöpfe auf. Zudem beklagte sie den Verlust eines Überziehers und eines Paars ihrer Schuhe. Den ersten Teil der Nachricht vermochte Bronstein ja noch nachzuvollziehen. Die Kollegen hatten kein einziges Schmuckstück vorgefunden, sodass jemand, der seine Juwelen üblicherweise wie seinen Augapfel hütete, auch ohne näheres Nachdenken wissen mochte, was ihm geraubt worden war. Aber dass die Frau aus dem Stand sagen konnte, es fehle ein Mantel und ein Paar Frauenschuhe, das verwunderte ihn dann doch.

»Woher wissen S' das mit dem Mantel und den Schuhen?«, fragte er daher.

»Weil das Luder damit ab'pascht ist«, kam es postwendend retour.

Nach leidlich zwei Stunden hatte Bronstein endlich einen Überblick über das Vorgefallene. Offensichtlich hatte sich die 20jährige Rosa Pichler bei der Hellebrand eingeschlichen, um festzustellen, ob es bei der Dame etwas zu holen gab. Und da dies der Fall gewesen war, schmiedete sie mit ihrem Geliebten den Plan, die Alte zu berauben. Hellebrand sagte aus, sie habe eben Bier holen wollen, und als sie zurückgekommen sei, habe sie den Liebhaber der Pichler gesehen, wie dieser mit einem Hackebeil ihren Kasten zertrümmerte. »Dort hab' ich ja meinen Schmuck aufbewahrt, ned?!« Als das Pärchen erkannte, dass die Hellebrand früher als erwartet wieder eingetroffen war, beschloss es, die Zeugin zu beseitigen.

»Der ist mit dem Hackl auf mi losgangen, als wollt' er mich schlachtigen. Ich hab mich natürlich g'wehrt mit Händ' und Füß', und g'schrien hab ich wie am Spieß. Dann hab' ich mir denkt, solang' ich mich noch beweg', hören die ned auf', mich zu malträtieren, und so hab' ich demonstrativ g'röchelt, die Augen verdreht und mich nimmer g'rührt. Dann haben s' wirklich aufg'hört. Ich hab' noch mitg'kriegt, wie das ausgschamte Mensch mein Mantel anzieht und meine Schuh, und dann sinds‹ raus. Wohin, das weiß ich nıcht.«

Ja, das wusste auch Bronstein nicht. Noch nicht. Doch andererseits mochte es nicht sonderlich schwer sein, den beiden auf die Schliche zu kommen, denn sie wirkten alles andere als professionell. Man brauchte nur ein Auge auf die amtsbekannten Hehler zu werfen, dort würden die beiden früher oder später auftauchen, da sie, nach allem, was bislang über sie bekannt war, über keinerlei Barmittel verfügten, die Sore daher schnellstmöglich versilbern mussten.

Zudem war die Pichler keine Unbekannte. Obwohl erst 20 Jahre alt, hatte sie bereits hinlänglich unter Beweis gestellt, was für ein Früchtchen sie war. Mit 13 war sie aus dem Heim ausgebüchst, und seitdem pendelte sie ohne Unterlass zwischen Häfen und Kriminal. Auch diesmal, so war Bronstein überzeugt, würde es nicht lange dauern, bis die Pichler wieder gesiebte Luft atmen würde.

Zwischenzeitlich hatte Pokorny auch in Erfahrung gebracht, um wen es sich bei Pichlers Geliebtem handelte. Der Mann hieß Karl Matauschek und war 22 Jahre alt. Im April des Vorjahres war er aus der Volkswehr entlassen worden und seitdem ohne Arbeitsverhältnis geblieben. Wie die beiden bislang ihren Lebensunterhalt bestritten hatten, konnte nicht eruiert werden, aber für Bronstein lag der Verdacht nahe, dass die beiden sich darauf spezialisiert hatten, arglosen Vermietern das Geld aus der Tasche zu ziehen. Offenbar verlief diese Tour eine Zeit lang ganz erfolgreich, doch jede Serie kam einmal an ihr Ende. Diesmal erwies sich der Bogen als überspannt. Matauschek und Pichler würden keinesfalls weit kommen, aber sie würden für ihre Untaten fraglos lange sitzen.

Tatsächlich begann das Netz um die beiden immer enger zu werden. Alle Beherbergungsunternehmen waren angewiesen, sofort Meldung zu erstatten, falls ein junges Pärchen bei ihnen ein Zimmer begehrte. Die Bahnhöfe wurden ebenso überwacht wie alle Hehler und Pfandleihanstalten. Und Bronstein hatte in der Galerie verbreiten lassen, dass es für Hinweise auf die beiden ein namhaftes Sümmchen geben würde. In der Tat kam am Donnerstag ein Kleinganove in das Präsidium und verlangte Bronstein persönlich zu sprechen. Nachdem dieser ihm versichert hatte, dass seine Information, so sie sich als stichhaltig erweisen würde, dem Staat tatsächlich eine ansprechende Remuneration wert sein würde, erklärte der Mann, jemand, auf den die Beschreibung Matauscheks passe, sei vor einer guten Stunde in der Leopoldstadt bei einem jüdischen Pfandleiher gewesen. Bronstein wiederholte, sollte sich diese Aussage als richtig herausstellen, werde man sich erkenntlich zeigen, und ließ den Mann stehen. Mit einem Dienstwagen fuhr er an die angegebene Adresse. Dort befand sich ein abgetakeltes Geschäft, auf dem groß der Name Mordechai Tajtelbaum geschrieben stand. Bronstein betrat den Laden, und eine Erscheinung wie aus einem antisemitischen Flugblatt tauchte unter dem Ladentisch hervor. Ein schier endloser weißer Rauschebart hing dem Mann fast bis zum Bauchnabel und verdeckte die untere Hälfte des Gesichts, während die obere durch ein schieres Wagenrad von Hut unsichtbar blieb. Die Gestalt schleppte sich mühsam auf Bronstein zu und linste den Kriminalisten unsicher an. Dabei gab sie einige Worte von sich, deren Bedeutung Bronstein verschlossen blieb. »Herr Tajtelbaum?«, fragte Bronstein.

Die Person nickte und schickte eine neuerliche Wortfolge auf die Reise, die nun freilich anders klang. Offenbar hatte Tajtelbaum, nachdem er mit seinem ersten Versuch keinen Erfolg gehabt hatte, eine andere Sprache ausprobiert.

»Wie wäre es mit Deutsch?«, schlug Bronstein vor.

»Oj, Deitsch hot mar dar Barscheffer nit gegeben«, radebrechte Tajtelbaum. »Gavaritje Ruski? Ukrajnski?«

Auch ohne zu wissen, was »gavaritje« bedeuten mochte, ahnte Bronstein, dass hier Russisch- oder Ukrainischkenntnisse gefragt waren. Dieser Kapu-irgendwas aus Hietzing, der kam doch aus der Ukraine. Vielleicht vermochte der sich mit dem Manne zu verständigen. »Bin gleich wieder da«, raunte Bronstein und verließ das Geschäft, einen »was fir a Goj«murmelnden Tajtelbaum zurücklassend.

Leidlich eine Stunde später war Kapuszczak endlich aus Hietzing in der Leopoldstadt eingetroffen. Zuvor hatte er Bronstein am Telefon versichert, des Ruthenischen mächtig zu sein. In der Tat erhellte sich Tajtelbaums Miene, nachdem Kapuszczak sich in dieser Sprache bei ihm vorgestellt hatte. Auf die simple Frage des Uniformierten nach Karl Matauschek kam ein halber Roman aus Tajtelbaums Mund, den Kapuszczak penibel übersetzte. Fazit der Darlegungen war, dass Matauschek tatsächlich den gesamten Schmuck der Hellebrand bei Tajtelbaum habe versetzen wollen. Dieser hatte dem Geschäft auch zugestimmt, allerdings einschränkend gemeint, nicht über genügend Barmittel zu verfügen, um Matauschek sofort zufriedenstellen zu können. Daher sei vereinbart worden, dass Matauschek in drei Stunden wiederkomme, zu welchem Zeitpunkt man das Geschäft abschließen könne.

Kapuszczak hatte eben seine Übersetzung beendet, als die Tür aufging und ein 22jähriges Milchgesicht in die

Runde blickte. Eine Schrecksekunde lang bewegte sich Matauschek nicht, dann sprang er auf die Straße, warf die Tür zu und suchte sein Heil in der Flucht. Kapuszczak setzte ihm nach und riss ihn achtzig Meter vom Geschäft nieder. Dabei platzte Matauscheks Manteltasche auf und einige Ringe und Ohrgehänge kollerten über das Trottoir. Kapuszczak fixierte den Ganoven, dieweilen Bronstein, der nun auch herangekommen war, das Diebesgut aufhob. Er sah Matauschek lange an, dann schüttelte er nur den Kopf. »Was für ein Trottel«, murmelte er.

Während sie auf den Gefangenenwagen warteten, fragte Bronstein unvermittelt: »Wieso können Sie eigentlich Ruthenisch?«

»Weil bin aufwachsen dort.«

»Ich hab' geglaubt, Sie sind so ein strammer Deutschnationaler! Wenn Sie Ruthenisch besser sprechen als Deutsch – und das tun Sie –, warum sind Sie dann überhaupt hierhergekommen?«

Kapuszczak zögerte eine Weile, als müsse er jedes seiner Worte sorgfältig abwägen. Dann erst antwortete er. »20 Jahre ich war Österreich dort. Nach Ende Monarchie und Anfang Republika, war Feind, obwohl immer bin Ruthene gewesen. Niemand mehr redete mit mir. Blieb nur Emigracija.«

So war das also mit den Kapuszczaks, Narutinskys, Woprschaleks und Szentszerenyis. Sie hatten, historisch gesehen, auf das falsche Pferd gesetzt und eine Rechnung bezahlen müssen, für die jemand anderer verantwortlich zeichnete. Und jetzt gerierten sich diese Männer als Deutschnationale, in der Hoffnung, diesmal auf das richtige Pferd zu setzen. In Wirklichkeit, so wusste Bronstein, hatten diese Menschen ihre Heimat schon verloren, als sie sich bereit erklärt hatten, einem Herrn zu dienen, der von den Landsleuten als Fremdkörper empfunden worden war. Und so waren sie selbst zu Fremdkörpern geworden – dort wie hier. Bronstein bemühte sich um ein mitfühlendes Lächeln und klopfte Kapuszczak auf die Schulter. »Das haben S' eben sehr gut g'macht. Gratulation, Herr Kollege.«

Es ging hart auf 6 Uhr abends, als Bronstein den Verhörraum betrat. Matauschek saß da wie das sprichwörtliche Häuflein Elend und versuchte verzweifelt, ein Zittern seiner Hände zu unterdrücken.

»Wo ist s', die Deinige?«

Matauschek schüttelte heftig den Kopf. »Die Rosa, die kriegts ihr ned a no!«

»Sei ned dumm, Bua. Ohne die Klunker kummt die ja eh ned weit. Und wenn wir s' jetzt kassieren, dann macht s' wenigstens ned noch einen Blödsinn.«

Matauschek bemühte sich um eine Steher-Pose.

»Hörst, Bürscherl. Du hättest die Alte fast umbracht, ist dir das klar? Jetzt hast noch eine Chance, dass d' mit Raub und Körperverletzung im Affekt davonkommst. Das sind, na, drei bis vier Jahr, und des vielleicht ned amoi am Felsen. Aber wennst bockig bist, dann machen wir ganz schnell einen versuchten Mord mit schwerem Raub draus. Das sind dann 15 Jahr Stein. Mindestens. Also überleg' dir gut, ob du parierst oder ned.«

Matauschek entglitten die Züge: »15 Jahr'?«

Bronstein nickte gewichtig.

»Taborstraßen 2. Im Hinterhaus. Da is' so eine verlassene Schupf'n, da hamma übernachtet. Und dort wartet sie auf mich.« Die letzten Worte waren fast tonlos aus Matauschek herausgekommen. Gleich danach vergrub er sein Gesicht in seinen Händen und fing tatsächlich zu schluchzen an.

»Ich hab das alles ned wollen«, greinte er, »ich wollt’ doch nur das Geld. Die Rosl hat g’sagt, mit dem Gerstl von der Alten können wir wieder ein halbes Jahr gscheid leben. Ich hab ja ned g’wusst, dass die alte Vettel ihr’n depperten Kasten zusperrt. Ich hab g‹rüttelt wie ein Wilder, aber der is einfach ned aufgangen. Also hab i des Hackl g’nommen, mit dem das Holz für’n Ofen g’macht wird. Und dann war’s auf einmal wieder da, und i hab ned g’wusst, was i jetzt machen soll. In meiner Angst hab’ i aufg’rieben. Ich hab’ g’hofft, die fallt uns in Ohnmacht. Aber na, die hat zum Schreien ang’fangen, und da wollt ich nur, dass sie ruhig ist. Des war alles.«

»Na servas, ein Gemütsmensch«, resümierte Bronstein angewidert. Dann fuhr er fort: »Und wie bist auf den Tajtelbaum kommen?«

»Den kenn ich noch vom Krieg. Der hat in Galizien eine illegale Schnapsbrennerei g’habt, bei der die Armee aus und eingangen ist. Und im 18er Jahr ist er mit uns in den Westen g’flüchtet, weil er Angst g’habt hat, die Polen hängen ihn am nächsten Baum auf. Und seitdem lebt der da in der Leopoldstadt. Der stellt keine Fragen, wenn man ihm was vorbeibringt.«

Eigentlich musste er diesem Vorwurf nachgehen, dachte Bronstein, aber jemand wie Tajtelbaum war ohnehin gestraft genug vom Leben, also konnte man diesen Hinweis getrost außer Acht lassen. Auch mit Matauschek war er eigentlich fertig.

»In Ordnung, bringt ihn in die Zelle. Jetzt holen wir uns seine Eva.«

Die Pichler leistete keinerlei Widerstand, als die Beamten kurz vor 7 Uhr den halbverfallenen Schuppen stürmten. »Na ja«, zuckte sie mit den Schultern, »wieder einmal Logis auf Staatskosten. Was wird's denn werden? Wiener Neustadt? Für'n Mittersteig geht's sich ja wahrscheinlich ned aus, was?«

»Wohl kaum. Unter drei Jahr geht's dermalen ned ab.«

»Das hab' ich mir gleich denkt. Der Trottel! Was geht der auch mit dem Hackl auf die Alte los? Ohne den Blödsinn wär'n wir im Frühling wieder draußen.«

»Na ja«, grinste Bronstein, »Frühling wird schon passen. Im 24er Jahr dann.«

»Oaschloch!«

»Nein, Drecksloch. So heißt das, wo du jetzt hinkommst, du faule Frucht.«

Die Pichler wollte noch etwas erwidern, doch Bronstein wandte sich ab und hieß die Uniformierten, die Pichler auf die Elisabethpromenade zu bringen. Er erinnerte sich an die Aktendeckel. Bald würde er wieder einen schließen können. Und mit dem weinerlichen Matauschek und der stahlharten Pichler mochten sich die Geschworenen herumplagen.

Es verging eine halbe Ewigkeit, ehe Bronstein wieder über den Fall Pichler/Matauschek stolperte. Ende Oktober bekam er eine Vorladung für den Schwurgerichtssaal, wo am 5. November gegen die beiden verhandelt werden würde, weshalb er, wie im Übrigen auch Pokorny und Kapuszczak, seine Aussage würde machen müssen.

Unwillkürlich ertappte er sich bei der Frage, ob Letzterer überhaupt in der Lage sein würde, einem Verhör in deutscher Sprache folgen zu können. Wäre doch zu peinlich, wenn ein Staatsbeamter einen Dolmetscher für die Staatssprache benötigen würde.

Unvermittelt wurde er aus seinen Gedanken gerissen. »Da ist jemand für Sie, Herr Oberleutnant«, sagte der Bürodiener. Bronstein bedeutete ihm, die betreffende Person vorzulassen. Ein unscheinbares Ding von leidlich 20 Jahren kam in devoter Haltung auf ihn zu. Die Frau wartete, bis sie mit Bronstein allein im Raum war. Dann kramte sie in ihrem Korb herum und zog ein abgewetztes Stück Papier hervor. »Das soll ich Ihnen bringen«, flüsterte sie und reichte es ihm über den Tisch.

Bronstein schlug das Kuvert auf und registrierte, dass er einem Schlaganfall näher war als einem geregelten Herzschlag. Seine Augen blickten auf eine Korrespondenzkarte, die vor über einem Jahr im ukrainischen Tarnopol abgestempelt worden war. Mit zittrigen Fingern, für die ihn selbst Matauschek auf der Liesl bedauert hätte, las er die wenigen Worte, die dort geschrieben standen.

»Lieber David. Es geht mir gut. Mach Dir keine Gedanken. Sobald die Stürme sich gelegt haben, sehen wir uns wieder. Wir leben in spannenden Zeiten. Nutzen wir sie. Ich liebe Dich! Deine stets an Dich denkende Jelka.«

Er schloss die Augen und spürte, wie sich zwei dünne Bäche ihren Weg über seine Wangen bahnten. »Ich hab das alles ned wollen«, dachte er.

1921: TÖDLICHER MULATSÁG

»Kollege, gut, dass ich Sie treff'! Ich wollte g'rade zu Ihnen.«

Bronstein sah verwirrt auf. Er war, bewaffnet mit einem Bündel Akten unter dem Arm, eben im Begriff, die zuletzt aufgearbeiteten Fälle ins Archiv zu bringen, und hatte nicht im Traum daran gedacht, dass der Leiter des Staatspolizeilichen Büros ihn ansprechen würde. Ja, er hätte nicht einmal gedacht, dass dieser ihn überhaupt kannte. Umso verwunderlicher war die Anrede gewesen.

Bronstein blieb abrupt stehen und sah den Spitzenbeamten möglichst devot an. »Herr Hofrat, ich muss zugeben, das ist, nun, ein wenig überraschend.«

»Gell«, lachte Bronsteins Gegenüber, »aber wir haben einen sehr heiklen Auftrag zu erledigen, und man sagte mir, dafür wären genau Sie der Richtige.«

»Na, wenn das so ist, Herr Hofrat …, die Akten können warten. Wenn ich Sie bitten dürfte, mir zu folgen.« Bronstein machte kehrt und geleitete den obersten Staatspolizisten in sein kleines Büro am Ende des Korridors. Umständlich, er hatte ja immer noch das Dokumentenkonvolut unter dem Arm, öffnete er die Tür und bat seinen hohen Gast hinein. Drinnen sah Pokorny erschrocken auf, doch eine kaum merkliche Bewegung des staatspolizeilichen Hauptes signalisierte ihm, er solle sich schleunigst rarmachen. Eine Aufforderung, der Pokorny nur allzu gerne nachkam.

Einen Augenblick später saß Bronstein an seinem Schreibtisch und sah seinen Besucher erwartungsvoll an.

»Was wissen Sie, Kollege, über Ödenburg?«, begann dieser vorsichtig.

»Na ja«, antwortete Bronstein nicht minder verhalten, »es gehört endlich wieder uns.«

»Wollen wir es hoffen«, seufzte Bronsteins Visavis, und Bronstein wusste selbstverständlich, worauf dieser Satz anspielte. Zwar hatten die Venediger Protokolle im vergangenen Oktober das gesamte ehemalige West-ungarn Österreich zugesprochen, welches das Gebiet auch Anfang des Monats in Besitz genommen hatte, doch just in der vorgesehenen Hauptstadt Ödenburg stand noch eine Volksabstimmung aus, deren Ausgang darü-ber zu entscheiden hatte, ob Ödenburg bei Österreich verblieb oder aber an Ungarn übergeben werden musste.

»Wie auch immer«, fuhr Bronsteins Gast fort, »derzeit verwalten wir dieses nette Städtchen. Und wir mussten feststellen, dass offenbar nicht alle in diesem Städtchen nett sind. Gestern gab es einen Mord. Einen ziemlich üblen sogar, wie es scheint.«

»Aha«, machte Bronstein und fragte sich dabei, was ihn diese Tatsache angehen sollte.

»Nun, wie Sie sich vorstellen können, Kollege, sind wir auf so etwas ganz und gar nicht vorbereitet dort unten. Wir sind ja erst vor einer Woche in Ödenburg einge-rückt, und derzeit haben wir dort nur ein Regiment Sol-daten und eine Handvoll Landgendarmen stationiert. Von denen weiß kein einziger, wie er mit einem Mord-fall umgehen soll.«

Allmählich begann Bronstein zu dämmern, weshalb er aufgesucht worden war.

»Sie meinen also, Herr Hofrat …«

»Ich hab's doch gewusst, Braunstein, dass Sie Ihr Vaterland nicht im Stich lassen.« Bronsteins Wange zuckte irritiert, und er überlegte einen Augenblick, ob er auf der richtigen Form seines Namens bestehen sollte, doch der Leiter der Staatspolizei fuhr ohne Umschweife in seiner Rede fort. »Ich habe hier schon alles für Sie bereitstellen lassen.« Er zog ein Päckchen Papiere aus seiner Tasche. »Hier ist eine Bahnkarte Zweiter Klasse, hier ein Anweisungsschein für ein Zimmer im Hotel Bauer, das, wie man mir versichert hat, direkt am Hauptplatz steht, und da haben wir auch noch eine Bestallungsurkunde, die Sie zum einzig verantwortlichen Beamten in dieser Sache macht, dem alle zur Verfügung stehenden Kräfte weisungsunterworfen sind.«

Obwohl sich Bronstein eingestehen musste, dass ihm vor allem die zuletzt gefallene Formulierung enorm schmeichelte, kam er dennoch nicht umhin, die entscheidende Frage zu stellen: »Warum, bitte schön, ich?«

»Weil wir, wie gesagt, keine zuständigen Behörden vor Ort haben. Wir brauchen jemanden, der auf dem Gebiet von Leib und Leben ein ausgewiesener Fachmann ist, und der …«

Bronstein wartete einen Augenblick, doch sein Gegenüber kratzte sich nur verlegen am Hinterkopf.

»… der?«

»Nun ja, was soll ich da lange um den heißen Brei herumreden, Kollege! Sie wissen selbst, in zwei Wochen ist Weihnachten, und wer kann schon sagen, ob der Fall so schnell gelöst werden kann. Wir brauchen da unten jemanden, der ungebunden ist und nicht wegen der Feiertage um Urlaub einkommt.«

Na bestens, dachte Bronstein verbittert. Nicht nur, dass er nach wie vor von der holden Weiblichkeit samt und sonders verschmäht wurde, jetzt richtete sich dieser ohnehin schon furchtbare Tatbestand noch zusätzlich gegen ihn. Anstatt unter dem Baum mit der Liebsten Franz Xaver Gruber zu würdigen, würde er am Weihnachtsabend in einem trostlosen Provinznest in einer abgetakelten Absteige mit irgendeinem Fusel mit sich selbst anstoßen. Was für eine Perspektive!

»Es täte sich für Sie natürlich lohnen«, fuhr der Spitzenbeamte in der Zwischenzeit fort, da er Bronsteins Schweigen als ein Zögern wertete. »Sie bekämen nach Abschluss Ihrer Mission Sonderurlaub, und im Erfolgsfall natürlich eine entsprechende Belohnung.«

Bronstein seufzte. »Wann soll ich fahren?«

Sein Gegenüber strahlte. »Der Zug geht um 14 Uhr. Sie haben noch genügend Zeit für ein ansprechendes Mittagessen.«

»Na dann«, sagte Bronstein mit einem Hauch Sarkasmus in der Stimme, auf den sein Besucher jedoch nicht näher einging. Vielmehr erhob sich dieser, legte die Unterlagen Bronstein vor die Nase und meinte, bereits zur Tür gewandt: »Sie sind in dieser Sache allein mir persönlich berichtspflichtig. Ich habe Ihnen meine Fernsprechnummern notieren lassen, unter denen Sie mich Tag und Nacht erreichen können. In Ödenburg selbst wird Ihnen von der Armee ein Feldtelefon zur Verfügung gestellt. Außerdem unterstehen Ihnen dort fünf Gendarmen und

73

zwei Soldaten. Wenn Sie mit dieser Truppe nicht das Auslangen finden, dann können Sie jederzeit mehr Mannschaften beantragen. Wie gesagt, in dieser Causa sind Sie in Ödenburg Kaiser und Gott.«

»Na, das möge Letzterer abhüten«, erging sich Bronstein in einem Anflug von Galgenhumor, »ich glaube nicht, dass ein Kaiser dort im Augenblick sehr populär wär'.«

»Auch wieder wahr«, grinste der Staatspolizist und griff nach der Türschnalle. »Alsdern, ich erwarte morgen früh Ihren ersten fernmündlichen Bericht.«

»Sehr wohl, Herr Hofrat.«

Doch diesen Satz hatte der Mann wohl nicht mehr gehört. In erstaunlicher Eile war dieser auf den Gang getreten und hatte die Tür hinter sich geschlossen. Bronstein kam jedoch kaum zum Durchatmen, als sich die Pforte neuerlich öffnete. Pokorny grinste erwartungsvoll: »Na, was hat er wollen, der Oberhäuptling?«

»Dass ich jetzt essen geh'«, replizierte Bronstein lakonisch und verließ spornstreichs den Raum.

Wenige Minuten vor zwei Uhr nachmittags traf er am Südbahnhof ein. Ein kurzer Blick auf die Anzeigetafel verriet ihm, auf welchen Bahnsteig er sich zu begeben hatte. Als er des Zugs ansichtig wurde, war wieder einmal ein Seufzer angesagt. Natürlich bestand dieser Zeiserlwagen lediglich aus ein paar verkommenen Waggons, die sämtlich drittklassig waren. Seine Fahrkarte war nichts als ein übler Scherz der Bahndirektion. Ebenso gut hätte man ihm ein Ticket erster Klasse ausstellen können, ihm blieb es dennoch nicht erspart, sich mit Bauern, Viehhirten und gestrandeten Existenzen auf einer der harten Holzbänke niederzulassen und darauf zu hoffen, die Fahrt möge nicht allzu lange dauern.

Missmutig zündete er sich eine Zigarette an und hoffte, es würde ihn wenigstens niemand behelligen.

Keine Minute später saß ein feister Mittfünfziger mit kahlem Schädel, ungesunder Gesichtsfarbe und der leuchtend roten Nase eines Alkoholikers auf der Sitzbank gegenüber. »Wohin fahren wir denn, Euer Gnaden?«

Bronstein überlegte kurz, ob er vorwitzig mit »Das weiß ich nicht, wohin WIR fahren« antworten sollte, doch ahnte er, eine derartige Replik hätte den Fahrgast intellektuell überfordert und damit möglicherweise bloß aggressiv gemacht. Und einen Streithandel konnte Bronstein wahrlich nicht brauchen. Also sagte er bloß: »Ödenburg.«

»Na servus, da haben S' ja eine wahre Odyssee vor sich, Euer Gnaden«, plauderte der Glatzkopf munter drauflos. »Zuerst einmal geht's da jetzt ewig lang die Pottendorfer Linie entlang, nicht wahr. Meidling, Inzersdorf, Hennersdorf, Achau, Münchendorf, Ebreichsdorf. Dann kommen Weigelsdorf, Grammat Neusiedl, Reisenberg. Dann Unterwaltersdorf, Wampersdorf …«

Bronstein dachte sich, er hätte zu Mittag doch nicht so üppig zulangen sollen. Allein die Auflistung all dieser trostlosen Dorfnamen brachte seine Peristaltik nachhaltig in Wallung. Er wollte abwinken und dem ungebetenen Reisegefährten signalisieren, so genau wolle er es gar nicht wissen, doch der Mann war ohnehin nicht zu bremsen.

»Und wenn S' einmal in Wampersdorf sind, dann ist Ihre Fahrt ja noch lange nicht zu Ende, ned wahr. Da

75

kommen S' dann erst nach Pottendorf, nach dem die
Linie ja heißt, und vier Kilometer später sind S' dann
in Ebenfurth.«

Bronstein wünschte sich, der redselige Geselle wäre
auch ›eben furt‹, und doch wusste er, der Vortrag würde
ungebremst weitergehen. Er ahnte, was jetzt kam. In der
Tat erläuterte die Schnapsnase wortreich, dass Bronstein in Ebenfurth aussteigen müsse, um die Linie zu
wechseln. Mit der Raaber Bahn müsse er sodann nach
Neufeld an der Leitha fahren, von dort ginge es nach
Wulkaprodersdorf und Baumgarten, ehe endlich, nach
Myriaden von Äonen, wie der feiste Mensch mit zwei-
deutigem Grinsen verlauten ließ, Ödenburg erreicht
sei. Natürlich hatte sich Bronstein am Fahrplan kun-
dig gemacht, und die ganze Reise war objektiv kaum
der Erwähnung wert. Von Wien bis Ebenfurth waren
es 38 Kilometer, für welche der Zug 47 Minuten benötigte. Punkt 15 Uhr ging der Anschlusszug nach Raab,
wobei dieser 32 Kilometer bis Ödenburg zurückzulegen
hatte, wo er planmäßig um 15.45 Uhr eintreffen sollte.
Lauschte man jedoch den Emanationen des Kahlkopfs,
dann war der Vergleich mit den Irrfahrten des Odys-
seus gar nicht so abwegig. Und wieder einmal seufzte
Bronstein. Laut und deutlich.

»Na ja«, hörte er den anderen resümieren, »mir kann's
wurscht sein. Ich steig in Hennersdorf aus.«

Bronstein atmete auf. Der Zug hielt eben in Inzersdorf. Schon an der nächsten Haltestelle würde er von
seinem unfreiwilligen Kumpan befreit sein. »Wollen S'
wissen, was ich in Hennersdorf mach'?«, fragte der einstweilen.

»Eher ned«, entgegnete Bronstein und verschränkte die Arme vor dem Bauch. Er lehnte sich mit geschlossenen Augen zurück und ließ sein Gegenüber schmollend zurück. Fünf Minuten später war Hennersdorf erreicht, und Bronstein hatte das Abteil für sich allein.

Beinahe wäre er eingeschlafen, doch der Schaffner wies ihn noch rechtzeitig darauf hin, dass er in Ebenfurth umsteigen müsse, und so befand sich Bronstein alsbald auf einem verödeten Bahnsteig, neben dem scheinbar sinnlos eine verrostete Dampflok vor sich hin schmauchte. Bronstein war sich bei ihrem Anblick sicher, dass sie Kaiser Ferdinand schon nach Budweis gebracht hatte, doch ihm blieb keine andere Wahl, als sich diesem alten Schlachtross anzuvertrauen. Wieder zündete er sich eine Zigarette an, dann setzte sich die Lokomotive samt den beiden Waggons, die an sie angekoppelt waren, auch schon in Bewegung.

Sie hatte kaum Fahrt aufgenommen, als der Lokomotivführer schon wieder ein Bremsmanöver einleiten musste, da sich der Bahnhof von Neufeld kaum zwei Kilometer von Ebenfurth entfernt befand.

Danach kamen zwei kleine Weiler, ehe sich endlich der Bahnhof von Ödenburg in Bronsteins Gesichtsfeld drängte. Dieser sah aus wie unzählige andere auf dem Gebiet der einstigen Monarchie, und wie in den meisten Fällen musste man ein gutes Stück Weges zurücklegen, ehe man ins eigentliche Ortszentrum kam. Bronstein dachte kurz darüber nach, sich eine Droschke zu nehmen, doch da man ihm versicherte, es seien keine zehn Fußminuten in die Stadt, und er praktisch kein Gepäck mit sich führte, beschloss er, sich Schusters Rappen anzuvertrauen.

Ödenburg selbst ließ noch recht genau die alte Stadtmauer erkennen, und mit seinen knapp 30.000 Einwohnern war es auch noch nicht sonderlich über diese hinausgewachsen. Das Ensemble prägten eine gotische Kirche, ein Gebäude, das Bronstein für ein Kloster hielt, und einige barocke Bürgerhäuser. Tatsächlich fand sich in unmittelbarer Nähe des Gotteshauses ein kleines Palais, auf dem ein Schild davon kündete, dass hier das ›Hotel Bauer‹ untergebracht war. Bronstein hielt darauf zu und betrat das Haus.

»Guten Tag zu wünschen. Major Bronstein. Ich müsste avisiert sein«, begrüßte er den Mann, der gelangweilt an der Rezeption lümmelte.

Dieser schnellte wie eine Feder hoch und mimte sofort rege Geschäftigkeit.

»Aber selbstverständlich, Herr Major! Herr Major sind uns schon ave …, avi …, sind uns schon angekündigt worden. Zimmer 1. Das allerbeste des ganzen Hauses. Mit direktem Blick auf St. Ursula. Herr Major werden zufrieden sein.« Dann wandte sich der Portier ab und rief in den hinteren Teil des Hauses laut und vernehmlich: »Ferenc!« Mit entschuldigender Miene richtete er sodann seine Aufmerksamkeit wieder auf Bronstein aus: »Wenn wir in irgendeiner Weise behilflich sein können, dann zögern Sie bitte nicht, es uns wissen zu lassen.«

»Schon recht«, brummte Bronstein und legte eine passende Summe auf den Tresen, welche der Mann eilfertig einstreifte. »Ich werd' mich erst ein bisserl frischmachen, dann werde ich diese Grabenrunde absolvieren, von der hier jeder spricht, und dann wünsche ich zu speisen.«

»Das können Herr Major getrost hier erledigen. Wir

sind auch im Hinblick auf unsere Küche das beste Haus am Platz.«

»Na, wenn das so ist, dann sagen Sie dem Koch, ich bin um 6 gestellt. Und wahrscheinlich diniere ich nicht allein, denn Ihre Aufgabe, guter Mann, wird es sein, mir den Postenkommandanten und den Kommandierenden des hierortigen Regiments einzubestellen.«

»Keine Sorge, Herr Major, Ferenc wird sich darum kümmern.«

Wie auf's Stichwort kam ein kleiner Junge von etwa 12, 13 Jahren angeschossen, begierig, Bronsteins Gepäck aufzunehmen. Als er aber nirgendwo Koffer sah, blickte er verwirrt um sich, und seine Arme hingen schlaff vom Körper.

Bronstein lächelte. »Ist schon gut, ich hab' gar kein Gepäck bei mir. Aber da hast für deinen guten Willen, und dafür, dass du danach machst, was dir der Herr Portier anschafft.«

Ferenc blickte auf die Kronen, dann auf Bronstein und nickte dankbar. Bronstein lächelte und ließ sich dann den Weg zu seinem Quartier weisen. Ehe er in den ersten Stock hochstieg, fragte er noch nach den vorhandenen Zeitungen, doch außer dem ›Pester Lloyd‹ war, wie sich zeigte, kein Blatt vorrätig. Resigniert nahm er selbiges an sich und anschließend die Treppe.

»Na servus«, dachte er sich, nachdem er die Zimmertür geöffnet hatte, »wenn das das beste Haus am Platz ist, dann möcht' ich nicht wissen, wie die anderen ausschauen.« Tatsächlich war der Raum beengend klein und wies gerade ein schmales Bett samt Nachtkästchen auf. An der gegenüberliegenden Wand stand ein einfacher

Holztisch samt Sessel, daneben fand noch ein ebenso hölzerner Spind Platz. Das einzige Fenster wies zwar tatsächlich in Richtung Kirche, doch war es so klein, dass es kaum Licht ins Innere ließ. Was Bronstein umso mehr auffiel, als es nun bereits merklich dunkelte, sodass er sich die Frage stellte, ob er wirklich noch einen Spaziergang unternehmen sollte.

Die diesbezügliche Entscheidung war rasch gefällt. Er ließ sich auf das Bett fallen und begann, im ›Lloyd‹ zu schmökern. Ein erster Blick überzeugte ihn davon, dass es sich um die Ausgabe des 7. Dezember handelte, also tatsächlich vom Tage war. Mit etwas Glück, so dachte er, würde er bereits eine Notiz über den Mordfall finden, sodass er bei seinem Treffen mit den örtlichen Behörden nicht mehr vollkommen ahnungslos war. Doch seine Suche schien nicht von Erfolg gekrönt. Ihn erstaunte der umfassende auslandspolitische Teil, der ihm sogar mitteilte, dass in Jugoslawien der Achtstundentag eingeführt, dass in London Engländer und Iren über einen Ausweg aus dem Unabhängigkeitskrieg verhandelten und in der Schweiz ein Sozialist namens Klöti Parlamentspräsident geworden war, er erfuhr zudem alles über die Liquidation der Besitztümer des Königs, wie man Kaiser Karl im ehemaligen ungarischen Reichsteil beharrlich titulierte, und über die komplizierten Verhandlungen der Koalitionsparteien in der Budapester Zentralregierung, doch zum Mordfall in Ödenburg war keine Zeile zu finden. Mehr noch, obwohl es bis zur Volksabstimmung nur noch wenige Tage waren, vermied das Blatt überhaupt jeden Hinweis auf die umstrittene Stadt.

Dachte er jedenfalls.

Umso erstaunter war er, als die politische Propaganda zum Thema auf der dritten Seite voll einsetzte. Warum hatte er auch von hinten zu lesen begonnen, schalt er sich. Wie einen doch das Wort ›Lokalnachrichten‹ in die Irre führen konnte! Doch nach der Lektüre der vier Artikel, die sich des Themas Ödenburg angenommen hatten, war er auch nicht klüger. Die ungarische Seite beklagte unfaire Einmischung der Österreicher, welche die Abstimmung in ihrem Sinne mittels Flugzetteln zu beeinflussen trachteten. Bronstein kannte diese politischen Spielchen, und sie ermüdeten ihn schon in Wien. Da brauchte er nicht auch noch derartige Aufführungen auf anderen Schmierentheatern über sich ergehen zu lassen.

Mittlerweile hatte die Dunkelheit endgültig über den Tag obsiegt, und Bronstein beschloss, sich noch ein wenig die Beine zu vertreten, ehe er die beiden Männer im Restaurant zu empfangen gedachte. Die empfindliche Kälte trieb ihn jedoch rasch in sein Hotel zurück, und so verkürzte er sich die Wartezeit mit einem Schnaps und einigen Zigaretten.

Eine Stunde später waren die beiden Amtsträger, um deren Erscheinen er ersucht hatte, bereits in voller Fahrt. Der Armeeoffizier beschränkte sich auf eine allgemeine Einschätzung der Lage, die Ausführungen zum eigentlichen Grund von Bronsteins Anwesenheit überließ er dem Gendarmen.

»Also, wir haben den Toten gestern gegen 10 Uhr abends gefunden«, begann dieser. »Hermann Bürkl, 45, ein örtlicher Tabakverschleißer und Kurzwarenhändler.«

»Kurzwarenhändler?«, fragte Bronstein.

»Na ja, er hat Knöpfe, Nadeln, Zwirn und solche Sachen verkauft. Dazu hat er aber eben eine Trafikkonzession besessen.« Bronstein nickte.

»Wir glauben natürlich, dass Bürkls Ermordung etwas mit der Volksabstimmung zu tun hat, denn der Bürkl hat sich sehr für einen Verbleib von Ödenburg bei Österreich eingesetzt. Dementsprechend verhasst war er der ungarischen Seite.«

Bronstein nickte abermals: »Und wie ist er jetzt genau umgebracht worden?«

»Ich habe mir schon gedacht, Herr Major, dass Sie das fragen werden. Darum habe ich gleich heute Vormittag den Bericht zusammengestellt.« Der Gendarm übergab Bronstein einen Pappendeckel, in dem sich zwei Seiten beschriebenen Papiers befanden. Bronstein begann sofort, deren Inhalt zu studieren.

Demnach war Bürkl hinterrücks mit einem spitzen, scharfen Gegenstand erstochen worden. Die Tatwaffe war links unterhalb der Rippen in den Körper eingedrungen und dabei steil nach oben direkt ins Herz vorgestoßen. Der Mann war wohl verhältnismäßig schnell verblutet. Anhand der Wunde könne man aber nicht mit Bestimmtheit sagen, ob es sich nun um ein Messer, ein Bajonett oder einen sonstigen Gegenstand handelte, der Bürkls Lebensfaden jäh durchtrennt hatte. »Wahrscheinlich war's eine Stricknadel«, gab Bronstein glucksend von sich. Die beiden anderen sahen ihn verwundert an. »Na ja«, erklärte er, »weil der Mann doch Kurzwarenhändler war.«

Er war sichtlich der Einzige, der dieses Bonmot belustigend fand.

»Nun gut«, fuhr er daher aufgeräumt fort, »was muss ich über ihn wissen?«

»Äh, wie meinen S' das jetzt?«

Bronstein beeilte sich, die Scharte mit der Stricknadel wieder auszuwetzen: »Na, war er verheiratet, hatte er Kinder, betrieb er sein Geschäft allein oder gibt's da Angestellte. Sein Umfeld, meine Herren! Sein Umfeld. Das ist fast immer der Dreh- und Angelpunkt eines Verbrechens! Haben Sie sich da noch nicht umgetan?«

Der Gendarm und der Offizier sahen sich an und zuckten gleichzeitig mit den Schultern. Dann wendeten sie sich synchron Bronstein zu: »Wozu? Den haben sowieso die Ungarn g'macht!«

Bronstein mimte den Erstaunten. »Ah so? Und wie kommen Sie zu dieser Erkenntnis?«

»Na, das haben wir Ihnen doch schon g'sagt. Der Bürkl war der Leiter des hiesigen Agitationsbüros.«

»Und das heißt jetzt nachher was?«

»Na, er hat die Aktivitäten der österreichischen Seite koordiniert, die was auf die Beibehaltung des gegenwärtigen Status Ödenburgs abzielen.«

Bronstein machte ein ratloses Gesicht.

»Der Kollege meint, er wollt' dafür sorgen, dass Ödenburg bei Österreich bleibt«, übersetzte der Offizier die Ausführungen des Gendarmen.

»Ah, und deswegen meinen S' gleich, dass die Ungarn ihn aus dem Weg geräumt haben? Ich glaub das, meine Herren, mit Verlaub eher nicht. Dann hätten s' ihn nämlich erschossen – und nicht hinterrücks erstochen. Bei politisch motivierten Mordtaten treten die Akteure nicht so verstohlen auf«, dozierte er.

»Weiß das die Sisi auch?«

»Ah«, Bronstein verzog seinen Mund zu einem schiefen Grinsen, »der Herr Gendarm ist Historiker.« Er fingerte nach einer Zigarette und versuchte dabei, seinen Ärger auf sich selbst zu kaschieren. Tatsächlich war die Kaiserin seinerzeit mit einer Feile von einem Anarchisten erstochen worden, und der Fall Bürkl sah der damaligen Tat frappant ähnlich.

»Nein, nein, meine Herren, glauben S' einem alten Hasen«, bemühte er sich um Contenance, »dieser Mord geschah aus anderen Motiven. Und ich werde sie enthüllen.« Er sah demonstrativ auf die Uhr. »Heute können wir eh nichts mehr machen. Holen Sie mich morgen um 9 Uhr hier ab, dann zeigen Sie mir den Tatort, sein Geschäft und sein Umfeld.«

»Morgen?«

»Ja, was spricht dagegen?«

»Aber morgen ist ein Feiertag«, erklärten beide wie aus einem Munde.

»Ah so? Welcher denn, um Himmels willen?« Bronstein war nicht klar, weshalb ein Donnerstag ein Feiertag sein sollte.

»Na, Mariä Empfängnis! Da geht hier einmal gar nichts. Zuerst ist die heilige Messe, dann der Frühschoppen, und ab Mittag ist sowieso Feiertagsruhe.«

Bronstein versenkte seinen Blick in die Augen seiner Gesprächspartner. Nach einer Weile brach er das Schweigen: »Sie meinen das wirklich ernst, oder?«

Beide nickten.

»Sagen S' einmal, sind Sie vollkommen wahnsinnig!« Bronstein brauste auf und schlug mit der flachen Hand

84

auf den Tisch. »Glauben Sie ernsthaft, das Verbrechen hält sich an Feiertage? Was«, äffte er theatralisch einen subalternen Beamten nach, »einen Mord haben wir? Aber doch nicht heute! Heute ist St. Fidibus!« Durchdringend fixierte er die beiden Männer und schob mit schneidender Stimme nach: »So können S' vielleicht eine öde Burg verwalten, aber nicht die Abteilung Leib und Leben! Die Messe lasse ich Ihnen durchgehen, aber unmittelbar danach sind S' bei mir g'stellt. Verstanden!«

Die beiden Männer raunten missmutig Zustimmung.

»So, jetzt, wo das geklärt ist, sagen Sie mir noch: hatte der Mann Familie und Angestellte oder nicht?«

»Ja und nein.«

»Was heißt das jetzt schon wieder?« Bronsteins Zorn wurde allmählich heftiger.

»Ja, er hatte Familie, und nein, er hatte keine Angestellten«, bemühte sich der Offizier um Konzilianz. Bronstein zeigte sich versöhnt.

»Gut, ich will sämtliche Daten, vom Taufschein bis zum Meldezettel, morgen in der Früh hier im Hotel haben. Vor der Messe noch. Und nach der Messe gehen wir's an.«

Da dem nichts mehr hinzuzufügen war, wünschte man sich wechselseitig eine gute Nacht, wobei niemand entgehen konnte, wie frostig diese Verabschiedung ausfiel. Bronstein begab sich auf sein Zimmer und versuchte, nachdem er im ›Lloyd‹ sogar schon die Kleinanzeigen gelesen hatte, endlich einzuschlafen.

Dröhnendes Glockengeläut riss ihn jäh aus dem Schlaf. Verschreckt blickte er auf seine Uhr und stellte fest, dass diese 7 Uhr 25 zeigte. Offenbar ging man in Ödenburg früher zur Messe als in Wien. Und wenn diese im Gegenzug dazu nicht doppelt so lange dauerte, dann hatte er eine runde Stunde für ein Frühstück, ehe er sich wieder mit den beiden Spaßvögeln auseinandersetzen musste, die ihm zur Lösung des Falles anvertraut worden waren. Umständlich wusch er sich, noch umständlicher kleidete er sich an, und einige Minuten vor 8 Uhr morgens stand er in der Schankstube und begehrte lautstark ein Frühstück.

Wenig später schlug er seine Zähne genussvoll in ein Butterbrot, um sogleich von einem nachhaltigen Ekelgefühl überwältigt zu werden. Diese Butter, so erkannte er angewidert, war ausnahmslos für den anspruchslosesten Gaumen gemacht worden. Aber sie passte gut zu dem tümpelfarbenen Gesöff, von dem der Hotelbedienstete meinte, es handle sich um Kaffee. Bronstein fuhr mit dem Löffel in die Schale und versuchte, die Haut der gekochten Milch zu entfernen. Nein, diese Brühe war absolut untrinkbar. Und das Brot verstieß fraglos gegen die Genfer Konvention. Bronstein schob Tasse und Teller von sich, zündete sich eine Zigarette an und rief in Richtung Schank: »An Slibowitz! Aber gach a no!«

Der Tatort lag direkt an der Grabenrunde, keine zwanzig Meter vom Geschäft des Bürkl entfernt. Zwei Tage nach dem Verbrechen war jedoch nichts mehr zu erkennen. »Wurde der Tatort nicht abgesichert?«, fragte Bronstein mit galligem Unterton. Er erntete Kopfschütteln. »Nein. Er ist einfach da gelegen, und das war's.«

»Was soll das heißen, das war's?«

»Na ja, er hatte diese Wunde im Rücken, und er lag auf dem Bauch. Sonst war da gar nichts. Kein Hut, kein Stock, keine Tatwaffe. Nicht einmal ein Blutfleck auf der Straße. Der gesamte Bereich war so sauber wie ein Schweizer Bahnhof.«

»Gut«, grummelte Bronstein, »dann gehen wir zur Witwe.«

»Ja, das ist eh gleich da. Der Bürkl hat über seinem Geschäft gewohnt.«

Die Befragung der Gattin erbrachte kaum Brauchbares. Wie jeden Dienstag sei ihr Mann zu Mittag nach oben zum Essen gekommen, dann habe er sich zwei Stunden hingelegt, ehe er um 16 Uhr das Geschäft wieder geöffnet habe. Dieses habe er ordnungsgemäß um 18 Uhr geschlossen. Dann sei er noch hinüber zum ›Ochsen‹, einem Lokal außerhalb des Ortskerns, in dem der Deutschnationale Verein seine Versammlungen abhielt, gegangen, von wo sie ihn gegen 10 Uhr abends zurückerwartet hätte. Allein, der Gatte kam nicht.

»Wir haben den Wirt vom Ochsen schon befragt«, beeilte sich der Gendarm zu erklären, »er hat g'sagt, der Bürkl ist um 10 nach 9 gegangen.«

»Wie lange braucht man vom Ochsen da her?«

»Na ja, ich tät' sagen, 15 Minuten. Vielleicht 20.«

»Das heißt, wenn der Bürkl nicht sinnlos vor seiner eigenen Wohnung herumgestanden ist, dann wurde er gegen halb zehn ermordet, mithin also eine halbe Stunde, bevor er gefunden wurde. Apropos, wer hat ihn denn g'funden?«

»Der Schneider. Der ist auch bei dem Verein, ist aber eine halbe Stunde länger im Lokal geblieben. Sagt er, und sagt auch der Wirt.«

»Aha. Und hat der auch einen Namen, der Schneider?«

»Na, Schneider!«

»Ach so. Das war der Name. Ich dachte, es wäre der Beruf des Mannes. Welche Profession hat er dann, der Schneider?«

»Schneider!«

»Sagen S' einmal«, Bronstein atmete tief durch, »wollen S' mich pflanzen?«

»Ganz und gar ned, Herr Major. Der Mann ist Schneider von Beruf und heißt Schneider mit Nachnamen. So etwas soll's geben.«

Bronstein richtete seinen Blick himmelwärts.

»Gut, alles der Reihe nach.« Verzweifelt versuchte er, sich zu sammeln. »Zuerst geht's noch zum Sohn, dann zur Tochter und dann zum schneidernden Schneider.«

»Den Sohn können S' getrost vergessen, Herr Major. Der ist in Wien bei der Volkswehr. Schon seit Oktober. Und er hat keinerlei Heimat- oder Sonderurlaub g'habt seitdem.«

»Gut, verheiratet ist er nicht, der Sohn?«

»Nein.«

»Na gut, dann zur Tochter.«

»Die wohnt drüben in Haschendorf. Hat den Grabner Pauli geheiratet. Ein fescher Kampl, aber komplett Neger. Er arbeitet bei seinem eigenen Vater als Knecht. Und sie, die jetzige Grabnerin, macht ihnen den Haushalt und hilft in der Landwirtschaft mit.«

Innerlich strich Bronstein auch die Tochter von der Liste. Was ihm umso leichter fiel, als es bei einem Knöpferlgeschäft kaum viel zu erben gab. Und auch so deutete nichts auf ein Motiv innerhalb der Familie hin, wenngleich es Bronstein mit Genugtuung erfüllt hätte, die

Bluttat als ein simples Verbrechen im Familienkreis entlarven zu können. Aber anscheinend war der Mann doch politischer Ranküne zum Opfer gefallen.

Gemeinsam mit seinen Begleitern suchte er den Schneider auf. Dieser gab an, dass der Vorsitzende des Vereins, ein Mann namens Farbaky, die Mitglieder darauf eingeschworen habe, auf jeden Fall alle Wahlkommissionen aufzusuchen und ganz besonders auf Unregelmäßigkeiten, gleich welcher Art, zu achten. Bürkl habe an jenem Abend lauthals erklärt, es sei ohnehin alles verloren, und habe in der Folge das Lokal vorzeitig verlassen. Er, Schneider, sei noch mit dem Vereinskassier, Franz Josef Suchenwirt, und dem Hagensdorfer Ortspfarrer, der dem Verein auch als Mitglied angehöre, auf eine Partie Karten geblieben, doch nach dem Verlust einer für ihn nennenswerten Summe sei er nach Hause gegangen. Und am Heimweg sei er über Bürkls Leichnam gestolpert.

»War Bürkl, abgesehen von seiner defätistischen Äußerung, sonst irgendwie auffällig an jenem Abend?«

»Nicht wirklich. Aber seltsam benommen hat er sich schon die ganze letzte Zeit. Wir haben uns alle im Oktober narrisch g'freut, dass wir zu Österreich kommen und sich die depperten Ungarn endlich schleichen müssen. Und noch mehr g'freut haben wir uns, als die Tag' die Unsrigen kommen sind, aber der Hermann, der war irgendwie nicht mehr ganz bei der Sache. Irgendwas muss da passiert sein, zwischen Oktober und jetzt.«

Bronstein merkte auf: »Was heißt das genau? Wie hat sich dieses merkwürdige Verhalten, wie Sie es nennen, geäußert?«

»Er war einfach nicht mehr wirklich bei der Sache. Ist

auf einmal oft zu spät zu den Sitzungen gekommen und dafür früher gegangen. Und während er im Sommer noch ganz beflissen bei jeder Aktion von uns dabei war, hat er sich zuletzt immer öfter entschuldigt und hat g'sagt, er habe keine Zeit.«

»Gut, Herr Schneider, das war vorläufig alles. Ich muss Sie aber bitten, sich zu unserer Verfügung zu halten.«

»Selbstverständlich. In solch entscheidenden Tagen verlasse ich meine Heimatstadt ohnehin nicht«, entgegnete der Schneider mit einem gerüttelt Maß an Pathos.

Bronstein entließ die beiden Staatsdiener zu ihren Familien und schlenderte alleine zum Geschäft des Bürkl zurück. Dort sah er sich noch einmal um. Im Haus gegenüber nahm er aus den Augenwinkeln eine Bewegung wahr. Blitzschnell wirbelte er herum und erkannte gerade noch, wie ein Vorhang in der Erdgeschosswohnung flatterte. Offenbar hatte ihn jemand aus der dort befindlichen Wohnung beobachtet.

Entschlossen trat er auf das Haus zu und klopfte ans Fenster. Nach geraumer Zeit öffnete eine reichlich verwitterte Alte und sah ihn erwartungsvoll an.

»Sie san heut schon das zweite Mal da. San Sie von der Gendarmerie?«

»Sozusagen«, replizierte Bronstein und hielt der Frau seine Kokarde hin, »schauen Sie oft aus dem Fenster?«

»Na, in meinem Alter hat man nicht mehr viel zu tun, ned wahr. Da ist das Fensterbankl mei ganz privates Theater.«

»Und welche Stücke werden aufgeführt in diesem ihrem Theater?«, fragte Bronstein mit einem komplizenhaften Lächeln auf den Lippen.

»Kabale und Liebe«, gab die Alte nicht minder komplizenhaft zurück.

»Sie meinen«, nun rückte Bronstein ganz nahe an die Person heran, »der Bürkl hat ein Gspusi g'habt?«

»Des, oder eine unheimlich treue Kundschaft.«

Bronstein war sich sicher, nun endlich der Lösung des Falles näherzukommen. »Und kennen S' diese Kundschaft?«

Nun war es an der Zeugin zu lächeln. Doch diese tat dies eher geheimnisvoll.

»I siech vü. Und i waß, wos i waß.«

»Dessen bin ich mir sicher. Aber leider beantwortet das meine Frage nicht.«

Nun verringerte die Frau den Abstand zu Bronsteins Gesicht und ihre Antwort kam einem Flüstern gleich: »Ane von de Ungarischen! Verstehen S', Herr Inspektor! Der Ober-Österreicher im Packel mit dem Feind!« Dabei machte die Alte ein bedeutungsschwangeres Gesicht.

»Na, servus Kaiser!« Bronstein bemühte sich, ansprechend beeindruckt zu sein.

»Und hat der Feind einen Namen auch?«

Der Ausdruck seines Gegenübers changierte von triumphierender Überlegenheit zu bedrückter Ratlosigkeit: »Da bin i leider überfragt… Aber«, und dabei kehrte die ursprüngliche Überlegenheit wieder zurück, »sehen S' den Bäck dort drüben? Da arbeitet die Finsterer Mali. Die hat des ausg'schamte Ungarnluder als Kundschaft. Die weiß sicher, wie des Mensch heißt… Aber leider«, und wieder Bedrücktheit, »erwischen S' die Mali erst morgen wieder. Weil heut' haben die G'schäft' ja alle zu.«

Bronstein bedankte sich wortreich für die erhaltenen Informationen und verbarg dabei, so gut es ging, seinen Ärger. Für einen Augenblick hatte er gehofft, den Fall noch an diesem Nachmittag zu lösen, jetzt aber musste er sich damit abfinden, noch eine Nacht in dieser Ödenburger Einöde zubringen zu müssen. In seiner Verzweiflung machte er einen langen Spaziergang und kam dennoch viel zu früh in sein Hotel zurück. Dort fragte er schließlich schüchtern an, ob in der Herberge ein Buch vorrätig sei, um ihm irgendwie die Langeweile zu vertreiben, doch das Schicksal war ihm nicht wirklich gewogen. Nach minutenlangem Suchen kam der Portier schließlich mit einer abgewetzten Ausgabe von Karl Mays »Der Schatz im Silbersee« zurück, und Bronstein war sich sicher, dieses Buch würde er nicht auslesen.

Dennoch träumte er in der Nacht von Indianern und heißen Kämpfen um Wagenburgen, ehe ihn dröhnendes Glockengeläut ins Bewusstsein zurückholte. In Ödenburg, so stellte er fest, ging man auch an Werktagen in die Messe.

Nach zwei Stunden, die er in der Gesellschaft von Winnetou und Old Shatterhand verbrachte, war es endlich kurz vor 8 Uhr, sodass er es gefahrlos riskieren konnte, die Bäckerei der Amalia Finsterer aufzusuchen. Die thronte auch schon in ihrem Reich hinter einer überdimensionalen Theke und zeigte sich bereits voll informiert.

»Die Resi hat mir heut' bei der Morgenmess' eh schon g'sagt, dass Sie kommen werden, Herr Inspektor. Das Lausmensch, das Sie suchen, nennt sich Peidl.«

»Beidl?«

»Na, Peidl. Mit hartem P. Wie der ehemalige ungarische Regierungschef. D'rum hab' ich mir's auch so leicht g'merkt. Der Vorname ist irgendetwas Ungarisches. Hajni oder Timi oder so etwas Merkwürdiges. Jedenfalls etwas Heidnisches, mit dem was man kein Kind ned taufen dürfert.«

»Und wissen Sie auch, wo man diese Frau Peidl antreffen könnte?«

»Klar. Die arbeitet in dieser Wirkwarenfabrik in der Kossuthgassen d'rüben. Gleich bei der Tramwaystation.«

Einen Moment lang verfinsterte sich Bronsteins Gesicht, und der Gedanke rauschte ihm durch den Kopf, die Peidl war nur deshalb so oft beim Bürkl gewesen, weil sie für die Fabrik diverse Kleinigkeiten einkaufte. Doch er verwarf diese Überlegung sofort wieder. Eine Wirkwarenfabrik war sicher nicht auf den Fundus eines Knöpferlzählers angewiesen. Er rang sich zu einem Lächeln durch.

»Frau Finsterer, verbindlichsten Dank. Und wenn ich schon einmal da bin: ein Grahamweckerl bitte.« Nun war er nicht nur der Lösung des Falles einen wichtigen Schritt näher, er kam auch noch zu einem Frühstück. Beschwingt begab sich Bronstein in die Kossuthgasse, wo er alsbald das mächtige Fabriksgebäude ausmachen konnte.

An der Fabrikspforte erlitt er jedoch einen Rückschlag: »Peidl haben wir da nur eine«, erklärte der Zerberus, »die Kinga. Auf die passt auch Ihre Beschreibung, weil die ist ein Einserjahrgang. Das weiß ich zufällig, weil wir vorige Woche ihren 20er gefeiert haben. Aber die ist heute nicht da. Der Chef hat sie nach Hause geschickt, weil sie gar so schlecht ausg'schaut hat am Mittwoch. Die hat wahrscheinlich die Gripp' oder so was.«

»Und wo ist zu Hause im Fall der Peidl?«

»Da müssten S‹ in der Lohnstelle nachfragen. Hauptgebäude, zweiter Stock rechts.«

Bronstein folgte den Anweisungen des Portiers und wurde von einer jungen Frau in der Buchhaltung davon in Kenntnis gesetzt, dass Kinga Peidl in einem kleinen Dorf im ungarischen Teil der Region lebte, von wo sie jeden Morgen mit dem Fahrrad nach Ödenburg komme. Genauere Adresse habe man jedoch keine, da sie bis vor Kurzem direkt hier in Ödenburg gewohnt, aber ihre genauen Daten seitdem noch nicht übermittelt habe.

Für einen Augenblick spekulierte Bronstein mit dem Gedanken, selbst in dieses Dorf zu fahren, um dort persönlich nach der Peidl zu fahnden, doch bei nüchterner Betrachtung war diese Vorgangsweise von vornherein zum Scheitern verurteilt. Selbst wenn es ihm gelingen würde, ohne Pass, allein mit seiner Polizeimarke als Ausweis, über die Demarkationslinie zu kommen, so würde man ihn auf der ungarischen Seite keinesfalls irgendeinen ermittlungstechnischen Schritt machen lassen. Ihm blieb also nichts anderes übrig, als bis zum Montag zu warten, da man vor Ablauf des Wochenendes in der Fabrik nicht mehr mit ihr rechnete.

Doch dieser Rückschlag hatte, fand Bronstein, auch sein Gutes. Am Rückweg erkundigte er sich nach den Zugsverbindungen in Richtung Wien und beschloss sodann, sich bis zum Montagmorgen in die eigene Wohnung zu verfügen.

Am 12. Dezember stand Bronstein um 6 Uhr morgens

frierend auf dem Perron des Südbahnhofs und wartete auf die Abfahrt des Zuges nach Ödenburg. Ein geschwätziger Reisegefährte blieb ihm diesmal erspart, und so kam er ohne gröbere Behelligungen wieder in der östlichen Kleinstadt an. In der Kossuthgasse versicherte man ihm allerdings, dass die Peidl auch an diesem Tag ihren Dienst nicht angetreten hatte.

Doch dieses Mal hatte er mit dieser Möglichkeit gerechnet. Noch am Freitag Nachmittag hatte er sich von der Wiener Polizeidirektion ein Amtshilfeersuchen aushändigen lassen, mit dem er hoffte, bei den ungarischen Kollegen Gehör für sein Anliegen zu finden. Er forderte beim Regimentskommandanten einen Wagen an und fuhr mit diesem die drei Kilometer zum Grenzposten. Dort zeigte er seine Papiere vor und erklärte mit Hilfe des Fahrers, der leidlich Ungarisch konnte, dass er in ein Dorf namens ›Und‹ wolle, in dem er eine wichtige Zeugin vermute, die er dringend befragen müsse.

Damit freilich löste er im ungarischen Lager mehr Besorgnis aus als die Präsenz der österreichischen Garnison auf der anderen Seite des Schlagbaums. Verwundert sah Bronstein, wie seitens der Uniformierten Melder losgeschickt wurden, während ein weiterer Ungar hektisch in ein Feldtelefon sprach. Bronstein sagte sich, die ganze Angelegenheit werde nun wohl ein Weilchen dauern. So setzte er sich auf das Trittbrett des Wagens und zündete sich eine Zigarette an.

Fünf abgerauchte Stummel lagen zwischen seinen Schuhen, als ein Oberleutnant der Grenzschutztruppen an ihn herantrat.

»Mein Vorgesetztér szogt, ich szoll Szie bringén

noch Und. Er wird dort wartén auf Szie. Folgén Szie mir bitté.«

Seinen eigenen Wagen musste er zurücklassen, sogar sein Fahrer hatte am Grenzposten zu verbleiben. Als Dolmetscher werde der Oberleutnant dienen, versicherte man Bronstein. Der hörte diesen Satz gar nicht mehr wirklich, denn ehe er es sich versah, saß er auf einem wackligen Krad, dessen Verkehrstauglichkeit er in höchstem Maße anzweifelte. Dankbar registrierte er die Information, der Ort sei lediglich zwei bis drei Kilometer vom Grenzposten entfernt. Die freilich wäre er liebend gerne zu Fuß gegangen.

Vierzehneinhalb Vaterunser später stieg er vom Motorrad ab und näherte sich schwankend der Gruppe ungarischer Polizisten, die bereits vor dem Haus der Peidl warteten.

»Dér Hérr Hauptmonn sagén, Frau Peidl nicht da.«

»Na perdautz aber auch!«, entfuhr es Bronstein, der sich verzweifelt bemühte, den Überraschten zu mimen. »Weshalb denn das? Und vor allem: weiß man, wo sie ist?«

Die fünf Polizisten wechselten lautstark Sätze auf Ungarisch. Dann wandten sie sich wieder Bronstein zu. Er musste sich die Frage gefallen lassen, weshalb er die Peidl überhaupt zu sprechen wünsche. In möglichst einfachen Worten erklärte er, dass sie eine besonders wichtige, weil mutmaßlich einzige Zeugin in einem Mordfall sei. Und daher müsse er sie besonders dringend befragen.

Wieder berieten sich die Ungarn. Schließlich entfernte sich einer von ihnen und begab sich in das Nachbarhaus der Peidl. Geraume Zeit später kehrte er mit einem jungen Mädchen zurück, das auf Ungarisch auf die Männer einredete. Bronsteins Dolmetscher fasste die Suada in einem einzigen Satz zusammen. Die Peidl sei am Mittwoch angekommen, habe eilig einen Koffer gepackt, dabei etwas von Budapest geraunt und sei sodann überstürzt mit ihrem Fahrrad davongefahren.

Bronstein kraulte seinen Kinnbart. Entweder die Peidl hatte eine Mordsangst vor dem tatsächlichen Mörder Bürkls oder, und das erschien ihm wesentlich wahrscheinlicher, sie hatte den Mann selbst umgebracht. Warum, das wäre noch zu klären, aber dass sie es getan hatte, dessen war er sich bereits ziemlich sicher.

Doch jetzt war sie ihm schon wieder entwischt. Und bis Budapest reichten auch die allerbesten Verbindungen des Wiener Sicherheitsbüros nicht. In der Millionenmetropole würde er sie nie finden. Und die Budapester Kollegen schon gar nicht, denn in ihren Augen lag ja nichts gegen die junge Frau vor. Damit würde der Fall Bürkl wohl ungelöst bleiben. Er hatte sich nicht gerade mit Ruhm bekleckert in dieser Angelegenheit, dachte er sich und seufzte. Sein Zustand blieb auch den Ungarn nicht verborgen. Der Hauptmann legte seine Hand auf Bronsteins Schulter und sagte einige Worte in seiner Sprache, wobei sein Tonfall wohl etwas Tröstliches haben sollte. Der Oberleutnant erklärte, man werde eine Personenbeschreibung an alle Dienststellen zwischen Kaposvár und Budapest übermitteln, und sollte die Peidl gefunden werden, dann werde man die österreichischen Behörden davon in Kenntnis setzen. Bronstein blieb nicht mehr übrig, als zu nicken und ein stockendes »Köszönöm szépen« hinterherzuschicken.

97

Der Oberleutnant bot ihm an, ihn zu seinem Auto zurückzubringen, doch Bronstein winkte ab. Er wolle allein sein, weshalb er es vorziehe, die drei Kilometer zu Fuß zu gehen, damit er wieder auf klare Gedanken komme.

Tatsächlich gab es für ihn in Ödenburg nichts mehr zu tun. Ohne das Hotel Bauer noch einmal aufzusuchen, fuhr er mit dem Abendzug zurück nach Wien.

Dort erhielt er am Mittwoch einen Anruf. Die Verbindung war überaus schlecht, doch was er den Wortfetzen entnehmen konnte, lief darauf hinaus, dass die Peidl in Csepel, dem 21. Bezirk von Budapest, aufgegriffen worden sei. Man überstelle sie eben an die Grenze, wo er sie am kommenden Morgen befragen könne, wenn er noch wolle. Allerdings im Beisein ungarischer Vertreter, wurde ihm noch beschieden.

Na bitte, dachte er sich, und rieb sich vergnügt die Hände. Letztlich kam ja doch noch Bewegung in die Sache. Er berichtete dem Leiter der Staatspolizei vom Stand der Dinge und stellte sich darauf ein, am nächsten Tag wieder auf dem Perron zu frieren.

Er hatte sich die Frau ganz anders vorgestellt. Eine Mischung aus Greta Schröder und Lucy Doraine. Doch die Person, die ihm gegenübersaß, wirkte weit eher wie ein mittelalterliches Mauerblümchen. Schwer vorstellbar, dass ein Mann, und sei er auch 45, hier irgendwelchen Reizen zu erliegen vermochte.

»Frau Peidl, Sie sprechen Deutsch?«

Die Frau nickte.

»Sie ahnen, weshalb ich Sie sprechen wollte?«

Die Frau schüttelte den Kopf.

»Stellen Sie sich nicht dumm. Hermann Bürkl.« Bronstein fuhr hoch und beförderte sein Gesicht ganz nah an ihres. »Sie haben ihn auf dem Gewissen!«

Abermaliges Kopfschütteln.

»Ich habe die Tatwaffe.« Bronstein setzte ein triumphierendes Lächeln auf. Der Frau jedoch entgleisten die Gesichtszüge. »Das können Sie gar nicht. Die habe ich …« Dann verstummte sie und biss sich sichtbar auf die Zunge.

Bronstein aber lehnte sich zurück. Triumph! Schon nach zwei Minuten hatte sie sich selbst verraten. Der Rest war nur noch Routine. Er wartete eine Weile, bis ihr Heulkrampf wieder abebbte, und ging mit ihr dann in aller Ruhe die Beziehung zu Bürkl durch.

In der Tat war sie es gewesen, die sich in ihn verliebt hatte. Begeistert hatte der Mann sie durch kleine, nette Bemerkungen, durch ein Lächeln in den Augen und ein Kompliment hie und da. Das habe sie noch nie zuvor erlebt, erzählte die Peidl stockend. Niemals habe sie irgendjemand beachtet, und dann sei ihr auf einmal diese Aufmerksamkeit zuteil geworden. Umso mehr, als Bürkl anfänglich durchaus ihrer Gesellschaft nicht abgeneigt schien. Man traf sich an den Abenden, an denen er für seine Frau bei den Vereinsversammlungen war. Gemeinsam sei man dagesessen, habe gescherzt und gelacht, wobei ihr gleich aufgefallen sei, wie er sie angesehen habe dabei. Und wirklich, kurz vor dem Wochenende habe er ihr zum Abschied gesagt, sie sei ein wundervolles Mädel, das sich einen guten Ehemann verdiene. Da habe sie gewusst, dass Bürkl und sie füreinander bestimmt seien.

An jenem Dienstag habe sie daher vor seinem Haus auf ihn gewartet und ihm ihre Erkenntnis mitgeteilt. Er müsse sich von seiner Frau scheiden lassen und mit ihr jenes Leben beginnen, welches das Schicksal für sie beide vorsehe.

Doch Bürkl habe nur gelacht und sie »dummes Kindchen« genannt. Mit jenem Satz, den sie ihm in Erinnerung gerufen hatte, habe er doch nicht sich gemeint, hätte er nur gesagt. Dann habe er sich abgewandt. Sie aber sei ihm um den Hals gefallen und habe ihn angefleht, sich der Vorsehung nicht zu widersetzen, sagte ihm, dass es ihr nichts ausmache, wenn er sie jetzt noch nicht liebe, denn die Liebe werde noch kommen, und einstweilen empfinde sie genug Liebe für beide. Derlei Sätze seien noch mehrere gefallen, erklärte die Peidl. Doch da sei Bürkl unwillig geworden. Er habe sie weggestoßen und beschimpft. Sie habe sich ihm darauf zu Füßen geworfen und gemeint, sie setze ihrem Leben mit Freuden ein Ende, wenn er hier und jetzt sage, dass er nichts für sie empfinde. Darauf sei Bürkl nur in höhnendes Gelächter ausgebrochen und habe gemeint, sie sei doch nicht einmal für den Dorfdeppen attraktiv genug, weshalb sie sich sofort wieder in ihre dämliche Puszta scheren solle.

Und da seien ihr die Nerven durchgegangen, erzählte die Peidl stockend, immer wieder von Tränen unterbrochen. Sie habe eine ihrer Stricknadeln genommen und sie, ohne nachzudenken, Bürkl in den Rücken gerammt.

Erst danach sei ihr bewusst geworden, was sie getan habe. Deshalb sei sie in wilder Panik geflüchtet. Doch ihre Flucht habe nun wohl ein Ende. Sie zog laut hörbar auf und wischte sich mit dem Ärmel über die Nase.

Na bitte, doch die Stricknadel, dachte Bronstein zufrieden.

Und sein Gedanke wurde von einem unendlich lauten Jubelschrei untermalt. Aus dem Zollhaus drang ein zigfaches »Eljen«.

Ohne sich weiter darum zu kümmern, setzte er ein Protokoll auf, das er die Peidl zu unterschreiben hieß. Die machte achtlos ihr Zeichen und ließ sich widerstandslos in die Zelle führen. Bronstein griff zum Fernsprecher und ließ sich mit dem Leiter der Staatspolizei verbinden. Da dieser nicht erreichbar war, erstattete er dessen Stellvertreter Bericht und schlug abschließend vor, die Peidl mittels eines Auslieferungsbegehrens nach Wien expedieren zu lassen. Danach überzeugte er sich persönlich, dass die Peidl sicher verwahrt war, um schließlich endlich wieder die Heimreise anzutreten.

Tags darauf wurde er vom obersten Staatspolizisten zu einer Vorsprache einbestellt. Federnden Schrittes überwand er die Korridore, die sein Büro von jenem des Kommandeurs trennten, und erwartete eine wortreiche Belobigung für seine Ermittlungen. Er war kaum im Amtszimmer des Abteilungsleiters, als er unaufgefordert erklärte, er sei sich sicher, der Fall Bürkl sei nur noch Formsache.

»Nicht einmal das«, entgegnete der Spitzenbeamte.

Das war nun nicht gerade die Reaktion, die er sich erwartet hatte.

»Äh, wie bitte?«

»Ja, ein schöner Bericht, den Sie da geliefert haben. Zweifellos. Und hervorragende Ermittlungstätigkeit. Kompliment, Herr Kollege. Aber leider völlig für, wie man so schön sagt, die Würste.«

Bronstein verstand die Welt nicht mehr.

»Was sagen Sie da, Herr Kommandant. Ich fürchte, ich verstehe nicht recht …«

»Schau'n S', Braunstein, die G'schicht' hat sich g'hoben. Haben S' keine Zeitung g'lesen heute Morgen? Die Ungarn haben die Abstimmung g'wonnen. Ödenburg g'hört wieder denen. Und damit ist der Fall Bürkl kein Fall mehr. Zumindest nicht für uns. Das Papier da«, und dabei deutete er auf Bronsteins Bericht, »das können S' skartieren.«

»Aber«, beharrte Bronstein, »Mord ist Mord. Egal, wer regiert. Dann müssen wir unsere Untersuchungen halt den Ungarn zur Verfügung stellen, damit die eine Strafverfolgung in die Wege leiten …«

»Sind S' nicht naiv, Kollege, wir wissen beide, dass dieser Bürkl einer von unsere Agitatoren war. Dem weinen die Ungarn keine Träne nach. Und da Sie ja nachgewiesen haben, dass er von einer Ungarin ermordet worden ist, werden die erst recht nichts tun.«

»Aber das geht doch nicht. Dann bliebe die Bluttat ja ungesühnt«, entfuhr es Bronstein.

»Na und? Glauben S', das kommt nicht alle Daumen lang vor? Trösten S' Ihnen damit, dass Sie den Fall gelöst haben. Und wenn S' einmal Ihre Memoiren schreiben, dann können S' dort ja festhalten, wie die Geschichte damals wirklich war. Jetzt aber vergessen wir am besten beide, dass diese Geschichte überhaupt je passiert ist.«

Bronstein starrte fassungslos vor sich hin.

»Na, jetzt sind S' nicht so betroppetzt, Kollege. Da kriegen S' was Schönes. Genießen S' es.«

Ein Urlaubsschein wanderte von einer Seite des

Schreibtischs zur anderen, und darauf lag eine Geldanweisung, auf der das Wort ›Belohnung‹ deutlich zu lesen war. Bronstein sah auf den Tisch, dann auf den Beamten, schluckte, nickte und stand auf.

Eigentlich, so dachte er, als er im Abteil des Kurswagens nach Neufeld an der Leitha Platz nahm, war es sogar in Ordnung, dass die arme Peidl ungeschoren davonkam. Sie hatte es schon bislang nicht leicht in ihrem Leben gehabt, und ihre Tat würde sie auch so ihr ganzes Leben lang büßen. Und wer wusste schon, ob sie die unerwartete Chance, die ihr die Wechselfälle des Schicksals eingeräumt hatten, nicht zu tätiger Reue zu nutzen wusste.

»Ah, der feine Herr, der was nach Ödenburg unterwegs war. Simma wieder ein Gespann, was?«

Angewidert starrte Bronstein auf den Hennersdorfer Saufkopf. Das Leben war tatsächlich nicht gerecht. Und das Schicksal mitunter auf eine grausame Art launisch.

1922: NACHT ÜBER SIMMERING

»Wenn heute nur bloß kein Mord geschieht!« Zum wer weiß wie vielten Male murmelte Bronstein diesen einen Satz vor sich hin. Sogar Pokorny machte sich schon um ihn Sorgen, und dabei wusste der, was seinen Chef so umtrieb. Das alles entscheidende Spiel um die österreichische Fußballmeisterschaft stand am Abend an, und erstmals überhaupt hatte der Wiener Sportclub eine Chance, die Mannschaft, der Bronstein die Daumen hielt, seit er fünfzehn Jahre zuvor nach Dornbach in die unmittelbare Nähe des Sportclubplatzes gezogen war, womit er sagen konnte, ein Sportclub-Anhänger der ersten Stunde zu sein, denn der Verein war gerade damals aus einer Fusion früherer Clubs entstanden. In den fünfzehn Jahren hatte es freilich für Bronstein in fußballerischer Hinsicht wenig zu lachen gegeben, denn zumeist war der Sportclub weit von allen Meriten dieses Sports entfernt.

Nur ein einziges Mal hatte Bronsteins Glück eine ganze Saison lang vorgehalten. Der Challenge-Cup 1911 war eine einzige Reise ins Fußballglück für ihn gewesen. An einem nasskalten Märztag waren die Athletiker aus Floridsdorf in der ersten Runde mit 7:3 regelrecht vom Platz geschossen worden. Die Mannschaft um Kolarik, Schmieger, Braunsteiner und Alois Müller war nie in Gefahr gewesen, nicht ins Halbfinal aufzusteigen. Und dort setzten sie gleich noch einen drauf und demontierten Rapid mit 3:1, wobei die Harmlosigkeit der Hüttel-

104

dorfer ihre Anhänger so erzürnte, dass sie begannen, den Schiedsrichter zu beleidigen, worauf der das Match vorzeitig abbrach und den Sportclub zum Sieger erklärte.

Mit einem Sieg von 3:1 gingen die Dornbacher auch im Wiener Finale im Juni jenes Jahres vom Platz, obwohl Gegner Simmering mit seiner stärksten Formation angetreten war und mit Macho, Swatosch und Kudin absolute Ballkünstler aufgeboten hatte. Doch der Sportclub war eine Nummer zu groß für die aus Simmering. Noch jetzt hatte Bronstein die hämischen Kommentare von der Tribüne in Erinnerung, als man dem unterlegenen Widersacher riet, sich zu Hause einsargen zu lassen, was eine unmissverständliche Anspielung auf den Umstand war, dass in Simmering eben auch der Zentralfriedhof lag.

Besondere Freude hatte auch die Begegnung mit dem tschechischen Repräsentanten auf Troppau gemacht, denn an jenem Tag waren Braunsteiner und Compagnie besonders in Torlaune gewesen. 14:0 lautete der für Böhmen und Mähren ernüchternde Endstand, und der Wiener Sportclub stand erstmals, seit Bronstein ihm die Daumen drückte, im Finale eines großen Bewerbs. Beinahe hatte sich Bronstein damals gar nicht auf den Platz gewagt, als er erfahren hatte, dass Alois Müller nicht würde spielen können. Doch dann obsiegte sein Vertrauen in das restliche Team, und er wurde mit einem 3:0 gegen Ferencvaros Budapest belohnt, bei dem sich just Müllers Ersatzmann Neubauer ausgezeichnet hatte.

Hoffnungsfroh war Bronstein daher in die erste Meisterschaft gegangen, die im Herbst 1911 begonnen hatte. Tatsächlich verloren die Jungs aus Dornbach außer gegen den schärfsten Rivalen Rapid nur gegen den WAC und lagen daher den Hütteldorfern die ganze Saison hindurch dicht auf den Fersen. Das Retourmatch gegen Rapid musste demnach die Entscheidung bringen. Und so hatte es auch er sich nicht nehmen lassen, an jenem Maidonnerstag auf die Pfarrwiese zu pilgern, bereit, im Falle des Sieges gleich eine Kerze zu stiften. Und Willi Schmieger enttäuschte ihn nicht. Bereits nach gut 20 Minuten netzte er zum 1:0 ein. Doch dann folgte der völlige Zusammenbruch. Statt Austerlitz Waterloo. Kurz nach 7 Uhr abends war er gebrochen heimgeschlichen. In der Tat erholte sich Dornbach von diesem 1:5 nicht mehr. Zehn Jahre vergebener Chancen, betrogener Hoffnungen und nicht enden wollender Depression folgten, in denen es Bronstein immer wieder enorm schwergefallen war, dem Sportclub weiter die Treue zu halten.

Doch dann folgte glücklicherweise diese wunderbare Wiederauferstehung. Knapp zehn Jahre nach dem tragischen Tag auf der Pfarrwiese schlug die neue Sportclub-Mannschaft mit den Kanhäuser-Brüdern, mit Zankl und Powolny zurück. Wieder lautete das Ergebnis 5:1, doch diesmal für die Dornbacher, die zuvor alle anderen relevanten Gegner wie Simmering, die Amateure, die Vienna oder die Hakoah besiegt hatten und souverän führend in die Rückrunde gehen konnten.

Es war wie verhext, als sich ausgerechnet Abwehrbollwerk Teufel verletzte und für den Rest der Saison ausfiel. Die Dornbacher verloren gegen den AC aus Floridsdorf und gegen Wacker, schafften mit Müh und Not ein Remis gegen die Admira. Mit einem Mal war es wieder eng geworden, und Bronstein, der sich schon gesehen hatte, wie er mit einem »Masta samma« im Büro erscheinen würde, sah die Felle seiner Mannschaft davonschwimmen.

Und daher saß er schon am frühen Morgen zitternd im Büro, denn er würde es sich nie vergeben können, dieses entscheidende Spiel nicht persönlich mitverfolgen zu können.

Doch der Fußballgott war ihm gewogen. Wien blieb friedlich an diesem Tag, und so konnte Bronstein rechtzeitig nach Simmering pilgern.

Mit unsicheren Schritten, in Gedanken schon bei dem Spiel, bewegte er sich die Stufen aufwärts, um sich schließlich in der 5. Reihe direkt am Gang niederzulassen. Hinter ihm übten sich zwei ältere Herren in der Augurenzunft.

»Die WAF-ler sind in ihrer stärksten Besetzung kommen. Nur der Heinz fehlt, aber der ist eh schon zu alt für's Fußballspielen.«

»Na, bei uns schaut's ned so leiwand aus. Der Powolny ist ang'schlagen. Und ohne den geht einmal gar nichts.«

»Ah, du darfst ned so schwarzsehen. Weil dafür ist der Scheidl dick da. Der wird des heut für uns schon schupfen.«

»Und erst die Kanhäuser-Buben«, mengte sich ein dritter Zaungast ein.

»Und vergesst mir den Zankl ned«, bemühte sich ein vierter ebenfalls um eine Wortspende.

»Na ja«, meinte da der zweite, »immerhin brauchen wir ja nur einen einzigen Punkt, dann sind wir schon Meister, weil wir mehr Siege haben als die Hakoah. Die könnt' dann 14:0 g'winnen, so wie wir damals gegen Troppau, und es tät' auch nichts machen.«

107

»Genau. Noch einmal braten die G'scherten uns ned ein.«

Bronstein wusste nur zu gut, wovon der Mann sprach. Im Cup war der Sportclub als haushoher Favorit just vom WAF geschlagen worden. Und die Niederlage hatte irgendwie sogar jene Negativserie gestartet, die den Dornbachern jetzt noch im letzten Augenblick den Titel kosten konnte.

Unten am Platz trat ein Mann mit Trichter vor und verlas die Aufstellungen. Gebannt lauschte Bronstein.

»Und der Sportclub spielt mit Edi Kanhäuser im Tor.« Jubel brandete auf der Tribüne auf.

»Innenverteidigung Beer und Scheidl.« Applaus.

»Verbinder Patzak, Lowak und Zankl.« Anhaltender Applaus.

»Sturm Karl Kanhäuser, Hans Kanhäuser, Giebisch, Bauer und Powolny.« In Jubel übergehender Applaus.

Auch die Gegenseite wurde anerkennend gewürdigt. Dann setzte sich Bronstein wieder, und gleich den anderen 8.000 Zusehern riskierte er einen prüfenden Blick zum Himmel, der mittlerweile voller Gewitterwolken hing. Besorgt besah er sich seine Kleidung. Wenn wirklich ein Wolkenbruch geschah, dann würde er sich mit an Sicherheit grenzender Wahrscheinlichkeit verkühlen, denn er hatte für einen solchen Fall keinerlei Vorkehrung getroffen.

Doch das Erscheinen der Mannschaften ließ Bronstein seine Sorgen sofort vergessen.

»Habt ihr's schon mitkriegt, sie haben uns den Flügel g'sperrt!«

»Na sicher, wir sind ja nicht blöd. Weder hat er den

Namen Plank verlesen, noch rennt der Plank da unten herum.«

»Ja. Eine absolute Frechheit. Wegen der G'schicht' im Cup. Dass die erst jetzt sanktioniert wird, das riecht stark nach Schiebung, sag' ich euch.«

»Na ja, wichtig ist, dass die anderen beiden Läufer in Form sind. Der Zankl lässt sicher nichts anbrennen. Und der Lowak wird wie immer recht einfallslos spielen, aber sich abrackern bis zum Letzten und aufopfernd kämpfen.«

Bronstein ertappte sich, wie er immer wieder zu dem Quartett hinübersah. Er hätte sich gerne dazugesetzt und auch gefachsimpelt, doch er kannte die Herrschaften nicht, und so wäre es unhöflich gewesen, sich so mir nichts, dir nichts aufzudrängen. Also blieb er für sich. Er zückte seine Taschenuhr und blickte auf ihr Zifferblatt. Warum hatte der Schiedsrichter nicht schon längst angepfiffen?

Diese Frage beschäftigte offensichtlich auch das Kleeblatt in der Reihe hinter ihm. Plötzlich erhellte sich das Gesicht des einen: »Das sind ja nur neun Leut'!«

Bronstein sah aufs Spielfeld, und tatsächlich konnte er dort nur neun Spieler des WAF ausmachen. Blieben die beiden anderen aus, dann würde der Sportclub tatsächlich leichtes Spiel haben. Doch im letzten Augenblick kam Bewegung in die Reihe der Gegner, denn die beiden fehlenden Akteure tauchten, noch in Straßengewand, keuchend beim Eingang des Stadions auf.

So begann das alles entscheidende Spiel mit einer kleinen Verspätung. Als Bronstein den Anpfiff hörte, hätte er am liebsten begonnen, an seinen Nägeln zu kauen. Mit

109

Erleichterung registrierte er, dass die Dornbacher sofort die Initiative übernahmen. Bauer schoss vom rechten Flügel aus eine weite Flanke auf Powolny, der sich ideal freigelaufen hatte. Doch was tat der Torjäger da? Viel zu sanft behandelte er den Ball, streichelte ihn fast, sodass kaum mehr als ein Roller aus dem erforderlichen Torschuss wurde. Natürlich hatte der Keeper des WAF, der auf den Namen Saft hörte, bei diesem saft- und kraftlosen Lupfer keine Probleme. »Na bitte«, dachte sich Bronstein, »die vergeigen es schon wieder.«

Doch ihm blieb keine Zeit zum Sinnieren, der Gegner war nun am Zug. Horeys passte zu Fiala, der verlängerte auf Kreuzer, und blitzschnell waren die Floridsdorfer vor das Hernalser Tor gekommen. Aber da war zum Glück Scheidl, der Klein, dem gegnerischen Half, elegant die Kugel von den Füssen spitzelte. Ein schneller Pass nach rechts auf Hans Kanhäuser, und der zog ohne zu zögern ab. Damit hatte Saft nicht gerechnet. Der hatte auf ein weiteres Zuspiel gewartet und stand ergo in der falschen Ecke. Fünfte Minute, und der Sportclub führte mit 1:0.

Bronstein atmete auf. Doch gleich darauf wurde er wieder nervös. War die Mannschaft nicht auch gegen Rapid in Führung gegangen, ehe man dann noch fünf Bummerl kassiert hatte? Er unterdrückte ein Zittern, blickte nach rechts auf das Kleeblatt, das sich an einem Biere gütlich tat. Gegen ein ordentliches Krügel hätte er auch nichts einzuwenden gehabt. Doch er wagte nicht, sich von seinem Sitz zu erheben, fürchtete sich davor, eventuell eine entscheidende Spielszene zu versäumen. Also litt er Durst und starrte weiter unverwandt auf den grünen Rasen. Dort konterte nun wieder der Gegner. Der Ball bewegte sich unerbittlich Richtung Dornbacher Strafraum. Von halblinks kam eine Flanke des gegnerischen Flügelstürmers Bachmayer direkt auf den Elfmeterpunkt, auf den sein Mannschaftskamerad Fischera in vollem Lauf zueilte. Er erwischte das Ledervolley, und sein Schuss strich nur um die berühmte Haaresbreite am Pfosten vorbei.

Bronstein, der sich an die linke Brust gegriffen und nicht zu atmen gewagt hatte, sackte in sich zusammen. Ein nächtelanges Verhör mit dem härtesten Strizzi von Wien war die reinste Erholung gegen solche Momente!

Er hatte gerade wieder Luft geschöpft, als Klein, der gegnerische Verbinder, gleichfalls das Dornbacher Tor nur um Zentimeter verfehlte. Kaum hatte der Sportclub-Goalie den Ball wieder ins Spiel gebracht, als er bereits wieder in den Reihen des WAF landete. Schon war Edi Kanhäuser geschlagen – und Bronstein nahezu bewusstlos –, als der Pfiff des Schiedsrichters Mannschaft und Anhänger erlöste. Der Unparteiische entschied auf Offside.

»Warum befreien die sich nicht?«, murmelte Bronstein halblaut, um sich sogleich laut klatschend auf den Schenkel zu schlagen, da Powolny eine Entlastungschance leichtfertig vergeben hatte. Die Nummer 3 der Floridsdorfer – Bronstein hatte den Namen des Mannes vergessen – flankte weit in den Dornbacher Strafraum, aus dem Beer und Scheidl mit affenartiger Geschwindigkeit heraussprinteten. Der Pfiff war unausweichlich. Wieder Abseits.

Bronstein starrte auf die Matchuhr. Unglaublich. Es

konnten doch nicht erst 20 Minuten vergangen sein, seit das Spiel begonnen hatte. Vielleicht sah er den Zeiger auch nicht richtig, denn durch die schwarzen Wolken am Himmel wirkte Simmering, als hätte sich bereits die Nacht über den Stadtteil gesenkt.

»Hoppauf!«, schrie Bronstein nun verzweifelt, um seiner Nervosität irgendwie Herr zu werden. Mit zittrigen Fingern erhaschte er eine Zigarette, die ihm jedoch sogleich aus den Händen fiel und in seinem Schoß landete, von wo er sie vorsichtig hochhob, um sie dann, endlich in den Mund befördert, umständlich anzuzünden.

Was war bloß mit Powolny los! Schon wieder ließ er eine hervorragende Möglichkeit zu scoren einfach aus. Gut, es hatte ja geheißen, er sei noch ein wenig angeschlagen, aber durfte derlei in einem solchen Entscheidungsspiel zählen? Nein! Ein Indianer kennt keinen Schmerz. Da hieß es, Zähne zusammenbeißen und stürmen. »Zieh an, Toni! Hoppauf, gemma!«

Doch Toni war nicht in der Stimmung. Und es schien, als steckte er seine Sturmkollegen mit seiner müden Vorstellung an. Wenigstens gelang es dem WAF nicht, aus der Schwäche Dornbachs Kapital zu schlagen, und so wogte das Spiel unentschieden im Mittelfeld hin und her. Zwei Zigaretten später erlöste der Pausenpfiff Spieler und Publikum von erschöpfender Kärrnerarbeit.

Endlich konnte es Bronstein riskieren, sich zum Getränkestand zu begeben. Er ließ sich sicherheitshalber gleich zwei halbe Bier geben, damit er in der zweiten Halbzeit nicht erneut darben musste. Dann mischte er sich unter das übrige Publikum und lauschte ihren Kommentaren.

Eigentlich, so dachte er nach einer Weile, war ein Fußballspiel auch nichts anderes als ein Kriminalfall. In Unkenntnis des genauen Sachverhalts musste man sich in Mutmaßungen ergehen. Dabei hielt man sich zunächst einmal an die Regeln der Wahrscheinlichkeit. Und diese besagten, dass der Sportclub eigentlich den Titel nicht mehr verspielen konnte.

Doch wie oft hatte er, Bronstein, schon feststellen müssen, dass just die unwahrscheinlichste aller Varianten letztlich die zutreffende gewesen war. Bei einem Fußballspiel kam man nicht mit Logik weiter. Hier führte aus Prinzip Kommissar Zufall Regie, und wenn es dem einfiel, den WAF laufen zu lassen, dann kam der Sportclub unschuldig zum Handkuss. Wieder einmal!

Es war doch stets dieselbe Geschichte. Da mühte man sich ab, versuchte, etwas Dauerhaftes zu schaffen, und scheiterte dann doch an den Unbilden des unerbittlichen Schicksals.

»Halt! Genug! Bronstein, das ist Defätismus!« Bronstein gebot sich selbst Einhalt und trank in kräftigen Schlucken den Gerstensaft. »Ab sofort hast du Denkverbot bis zum Schlusspfiff. Wäre ja noch schöner, wenn wir hier herumwimmern wie eine alte Memme. Noch ist Polen nicht verloren, und was du vom Powolny verlangst, dass musst du auch von dir selbst verlangen. Also beiß die Zähne zusammen und setz dich wieder hin!«

Es schien, als hätte sich Powolny Bronsteins Aufmunterungen doch zu Herzen genommen, denn gleich nach Wiederbeginn trug er einen wunderschönen Angriff vor, den Saft nur unter Aufbietung aller Kräfte in den Corner abwehren konnte. Powolny trat die Ecke selbst, Giebisch hielt den Kopf hin, während Saft in die falsche Ecke flog. Bronstein riss gleich seinen Nebenleuten die Arme hoch und wollte schon Tor rufen, als es einem Verteidiger noch irgendwie gelang, seinen Körper zwischen Ball und Tor zu werfen. Abermals landete der Ball im Tor-Out.

»Elfer! Das war doch ganz klar ein Elfer!« Bronstein war aufgesprungen und weigerte sich, sich wieder zu setzen. Hilfesuchend sah er sich unter den anderen Zuschauern um, die ihn zwar mit mitleidvollen Mienen bedachten, seine Einschätzung der Lage aber dennoch nicht zu teilen gewillt waren. Bronstein knirschte mit den Zähnen, dann nahm er doch wieder Platz und gleich danach einen weiteren kräftigen Schluck. Noch 40 Minuten bis zum Schlusspfiff.

Die nächste halbe Stunde fühlte sich Bronstein wie am Marterpfahl. Powolny, Kanhäuser und Giebisch vergaben die besten Chancen, und eine Viertelstunde vor Schluss stand es immer noch 1:0. Doch dieses Resultat stärkte nicht den Sportclub, es stärkte den Gegner, der wie Bronstein erkannte, dass sich die Dornbacher müde gelaufen hatten. Und wieder landete ein Freistoß in den Reihen des Gegners.

Bronstein wusste nicht mehr, was er zuerst machen sollte. Das Bier war bereits in seinem Schlund verschwunden, die Zigarettenschachtel lag achtlos, weil leer, auf den Stufen zum obersten Rang, und die Taschenuhr glühte bereits ob der krampfartigen Weise, in der sie in Bronsteins Hand gefangen war. Fünf Minuten noch.

Bronstein wandte sich an seinen Nachbarn: »Tschuldigung, der Herr, aber haben Sie vielleicht noch eine Zigarette für mich?«

Der Zuschauer war viel zu aufgeregt, um Zeit für eine Debatte zu haben. Fast in Panik riss er seine Schachtel hervor und warf sie in eine Richtung, in welcher er den Fragenden vage vermutete. Bronstein machte Kanhäuser und Saft alle Ehre, als er nach vorne hechtete, um die Schachtel zu arretieren. Und am Spielfeld baute der WAF einen neuen Angriff auf.

Aus dem Nichts kam eine weite Flanke zu Fischera. Der hangelte sich in den Dornbacher Strafraum durch und zog unerwartet ab. Bronstein stockte der Atem. Der Ball …, der war … tatsächlich drinnen gewesen.

Die Anhänger des WAF und jene der Hakoah, die gekommen waren, um die Floridsdorfer nach Möglichkeit zu unterstützen, da nur deren Sieg ihrer eigenen Mannschaft noch eine Chance auf den Titel ließ, fielen sich jubelnd in die Arme, während auf der Tribüne der Dornbacher kollektives Wehklagen ausbrach.

Nun aber machte Bronstein Mode. Gleich ihm zückten Tausende Parteigänger des Sportclubs ihre Uhren, die nun in fiebernden Händen zitterten, da es ja an einer einzigen Aktion, einer Sekunde, hing, ob der Sportclub endlich einmal eine Meisterschaft errang, oder ob er wieder einmal scheiterte. Und die Nervosität der Anhänger übertrug sich gleichsam auf die Spieler, die nun Fehler auf Fehler häuften. Fast schien es, als wären sie der Verantwortung, die in diesem Moment auf ihren Schultern ruhte, nicht gewachsen. Im letzten Augenblick drohte der Täter zu entkommen, … also der Meistertitel zu entschwinden. Die Hernalser verlegten sich auf destruktive Defensive, verzweifelt bemüht, bloß keinen Fehler mehr zu machen. Drei Minuten vor Schluss stolperte Kreuzer

115

im Dornbacher Strafraum, und die gesamte Hakoah- und WAF-Anhängerschaft forderte stürmisch Elfmeter.

»Aber kauft euch doch eine Brille!«, rief Bronstein auf die andere Seite des Platzes und erntete dafür zustimmendes Gelächter seiner Vereinsfreunde. »Genau«, schrie einer aus dem Kleeblatt, »das war nie und nimmer ein Foul!«

»Schiri, lass dich ausstopfen!«, brüllten die WAF-Unterstützer, als dieser knapp deutete, das Spiel gehe weiter.

Doch der Sportclub bekam den Gegner einfach nicht mehr aus seinem Strafraum. Es war ein echtes Glück, dass der Ausgleich so spät gefallen war, denn zwei, drei Minuten, die mochte man irgendwie zu überstehen. Kaum auszudenken, wie das Spiel verlaufen würde, dauerte es noch eine halbe Stunde.

Bronstein wünschte sich, er wäre religiös. Dann hätte er versuchen können, mit dem Herrgott einen Handel abzuschließen. Er hätte eine Kerze stiften können – oder noch besser, eine Messe lesen lassen. So aber stand er mit leeren Händen vor dem Schöpfer und konnte nur darauf hoffen, dass dieser es mit Dornbach und nicht mit Floridsdorf hielt.

»Aus is', Schlusspfiff!«, forderte die Sportclub-Tribüne.

»So ein Blödsinn!«, antwortete die gegenüberliegende Seite, »zwei Minuten geht's noch.«

»Zwei Minuten waren 's schon vor zwei Minuten«, kam die Replik. Und der Schiedsrichter sah nun, wie um diesen Streit zu entscheiden, selbst auf die Uhr. Anscheinend hatte er ein Faible für salomonische Urteile, denn er bedeutete beiden Trainern, er würde in einer Minute abpfeifen.

Und wieder strich ein Schuss des WAF haarscharf an Edi Kanhäusers Gehäuse vorbei.

»Hast g'sehen, Edi? Eine Minute noch. Lass dir Zeit!«, rief ein eilfertiger Zuschauer vom Spielfeldrand, und Kanhäuser nickte gelassen dazu. Er holte in quälender Langsamkeit den Ball, ließ ihn dann ein paarmal vor sich aufspringen, ehe er ihn mit einer mörderischen Wucht in Richtung Wolken donnerte.

Ewig lang schien er in der Luft zu sein, ehe er nach zwei, drei Sekunden den Höhepunkt seiner Flugbahn erreichte und sich wieder zur Erde senkte. Knapp hinter der Mittellinie sprang er auf. Powolny und Fischera rangen um die Vorherrschaft, ein Geplänkel, ein Straucheln, Fischera lag am Boden. Der Schiedsrichter pfiff Foul.

Erregt sprang Bronstein auf.

»Das war doch nie und nimmer ein Foul, du Blindgänger! Dich sollte man verhaften! Na, wart' nur, du kommst ...«

»Beruhigen Sie sich Ihnen«, begütigte ihn sein Hintermann. »Aufregen bringt ja nix. Außerdem, von dort trifft der eh nie. Und dann is' eh aus. G'freu'n Sie sich, g'wonnen hamma.«

»Na, Ihren Optimismus möcht' ich haben. Wahrscheinlich schießt der jetzt das 2:1, und wir sind im Oa ..., und wir haben verloren.« Bronstein vergrub sein Gesicht im Rücken des Vordermanns. Er konnte nicht hinsehen. Alles, was er wahrnahm, war das kollektive Raunen, der Moment der Stille, und dann der aufbrau-

117

sende Jubel rund um ihn, in dem der Timepfiff des Referees beinahe unterging.

Tatsächlich. Das Spiel war zu Ende. Der Sportclub war Meister. Bronstein erhob sich und war bereit, jedem auf dem Platz in die Arme zu fallen. Mochten Diebe, Räuber, Schläger darunter sein, ihm war es einerlei. Er hätte sofort eine umfassende Generalamnestie befürwortet. Der Sportclub war Meister, der Fall war gelöst.

Ein Fall, für den er, Bronstein, keine Belobigung erhalten würde. Aber ein Fall, der ihm teurer war als jeder Orden.

1923: DER SALON DER SADISTEN

Bronstein hasste den Winter. Es wurde bereits mitten am Tag dunkel, die Temperaturen waren unerträglich, und jetzt, da er seinen 40. Geburtstag begangen hatte, fühlte er sich auch noch alt. Allein die Tatsache, dass Weihnachten vor der Tür stand, besserte seine Laune etwas. Ein Blick auf den Stehkalender, der sich neben seinem Telefonapparat auf der linken Seite des Schreibtischs befand, signalisierte ihm, dass er nur noch vier Arbeitstage zu überstehen hatte, ehe er für den Rest des Jahres retirieren konnte. Das heißt, genau genommen waren es nur noch drei, denn die Uhr, die an der Wand über der Türe hing, zeigte 15 Minuten vor 5. Er konnte eigentlich schon damit beginnen, seinen Schreibtisch aufzuräumen, um sich sodann ins Wochenende zu verabschieden.

Just da klingelte das Telefon. Bronstein kämpfte mit sich, ob er abheben sollte. Die Wahrscheinlichkeit, dass dieser Anruf Arbeit bedeutete, war groß. Und sie würde wohl kaum in 14 Minuten erledigt sein. Diese Vermutung sprach dafür, den Apparat einfach läuten zu lassen. Andererseits war es aber auch möglich, dass sich am anderen Ende der Leitung einer seiner Vorgesetzten befand. Der würde dann registrieren, dass Bronstein schon während der Dienstzeit seinen Arbeitsplatz verlassen hatte. Natürlich könnte er sich später damit rechtfertigen, mal eben kurz am Lokus gewesen zu sein, doch naturgemäß hielte das jeder für die bloße Schutzbehauptung, die es ja auch war.

Bronstein biss also die Zähne zusammen und hob ab.

»Einen guten Tag zu wünschen«, vernahm er eine Frauenstimme, »Amtsrat Grettler, Jugendgericht hier.« Die Frau verstummte.

Bronsteins graue Zellen begannen zu arbeiten. Musste er diese Person kennen? Offenbar ging sie davon aus, dass er wusste, wer sie war, denn anders war ihr Innehalten nicht zu deuten. Grettler? Grettler? Wo war ihm dieser Name bloß schon einmal untergekommen?

»Bin ich da richtig bei Major Bronstein?«

»Äh, ja!«

»Na, David, kennst mich nimmer?«

Bronstein begann trotz der tiefen Temperaturen zu schwitzen. Solche Situationen hasste er noch mehr als den Winter. Wenn er bloß einen Hinweis bekäme, wo er diese Grettler einreihen sollte. Jugendgericht? Damit hatte er ja noch nie etwas zu tun gehabt.

»Als wir uns zuletzt gesehen haben, war ich noch bei der Finanzprokuratur«, gab Grettler nun gnädigerweise tatsächlich einen Denkanstoß. Und der tat seine Wirkung. Im Zuge der Genfer Sanierung war er im Vorjahr mit den Finanzern in Kontakt gekommen. »Moni?«, fragte er daher zaghaft.

»Genau«, schallte es ihm lachend entgegen, »das hättest dir jetzt auch nicht gedacht, was?«

»Na ja«, meinte er entschuldigend, »von der Finanz zur Jugend ist es schon ein großer Sprung.«

»Ja, weiß ich eh. Aber darüber reden wir ein anderes

Mal. Ich ruf dich nämlich wegen einer etwas pikanten Sache an. Ich weiß, du bist eigentlich beim Mord, aber vielleicht kannst du mir trotzdem helfen.«

»Um was geht's denn?«, entgegnete er aufgeräumt.

Die Grettler hielt abermals eine kleine Weile inne. Offenbar musste sie sich erst sammeln, was darauf hindeutete, dass die Angelegenheit in der Tat pikant sein musste.

»Schau«, begann sie endlich vorsichtig, »ich hab' da eine komische G'schicht' am Hals, und ich bin mir nicht sicher, wie ich da weiter vorgehen soll.«

»Na«, ermunterte sie Bronstein, während er mit der freien Hand eine Zigarette aus seinem Etui fingerte, »dann erzähl' mir das Ganze einfach einmal, und ich sag' dir dann, was ich mir dazu denk'.«

»Beim mir im Vorzimmer sitzt eine Frauensperson mit einem jungen Mädel an der Hand. 13, heißt's, ist sie. Also die Kleine, mein' ich. Und die ist angeblich von ihrer Lehrerin verprügelt worden.«

Bronstein hatte sich die Zigarette in den Mund gesteckt und rieb nun unter komplizierten Verrenkungen ein Streichholz an. Endlich brannte die Zigarette. Er sog den Rauch ein und blies ihn sodann wieder genüsslich aus.

»Also, bis jetzt klingt das für mich eher nach einem Fall für die Schulaufsicht, oder nicht?«

»Nein«, widersprach die Grettler, »es geht um eine Privatlehrerin.«

Bronstein verstand immer noch nicht, worauf die Frau hinauswollte. Derartiges kam immer wieder vor, war mithin tagtägliche Routine. Wenn die Züchtigung über das übliche Maß hinausgegangen war, dann mochte man

121

Anzeige gegen die Lehrerin erstatten, und dann gingen die Dinge ihren Weg. Was, so fragte sich Bronstein also, war daran pikant? Mit Fällen wie diesem war die Grettler sicherlich ständig konfrontiert. Dafür brauchte sie ihn also gar nicht erst anzurufen.

Er räusperte sich vernehmlich ins Telefon. »Liebe Moni«, sagte er dann, »mir ist irgendwie nicht ganz klar, wo das Problem liegt. Wenn sie's übertrieben hat, die Lehrerin, dann zeigt sie halt an wegen Kindesmisshandlung. Sie verliert ihre Lehrberechtigung, die Kleine kriegt ein Schmerzensgeld, und die ganze G'schicht' ist g'hoben.«

Die Grettner druckste herum. »Glaub' mir, so einfach ist die Sache nicht. Was ich da gehört hab', das klingt so ungeheuerlich, dass wir nicht einfach jemand von der Fürsorge dorthin schicken können. Das hat, glaub' ich, gröbere Ausmaße.«

»Na, dann musst du mir die aber auch schildern«, erklärte Bronstein.

»Das will ich ja. Aber nicht am Telefon. Können wir uns nicht irgendwo treffen? Ich tät' die Kleine gleich mitbringen, dann soll sie dir selbst erzählen, was da vorgefallen ist.«

Bronstein wollte ins Wochenende. Er hatte keine Lust, so kurz vor Weihnachten auch noch Kindergärtner zu spielen. Aber die Moni hatte ihm damals schon ganz gut gefallen. Es war vielleicht ganz nett, sie nach all den Monaten wiederzusehen. »Wo bist denn g'rad?«

»In der Rüdengasse. Wir könnten uns irgendwo in der Stadt treffen.«

Bronstein überlegte die Optionen. »In einer halben

Stunde im Herrenhof«, sagte er dann. Die Grettner schien begeistert und sagte ohne Umschweife zu.

Als Bronstein 33 Minuten später sein Stammcafé betrat, saß die Grettner bereits an dem für ihn reservierten Tisch. In ihrem Gefolge befand sich ein elfenhaftes Wesen, das Bronstein für weit älter als 13 geschätzt hätte. Das Mädchen hatte langes blondes Haar, das ein ziemlich rundes Gesicht umrahmte. Die Augen waren gleichwohl dunkel und wirkten ob ihrer beachtlichen Größe ziemlich dominant. Dennoch registrierte Bronstein einen ungemein traurigen Blick und fragte sich, ob die Kleine deshalb so erwachsen wirkte. Er begrüßte die Grettler standesgemäß und reichte dann dem Mädchen die Hand, die dieses schüchtern ergriff. »Also«, sagte Bronstein, während er sich setzte, »was ist das jetzt mit dieser Sache?«

Die Grettler wandte sich an die ihr Schutzbefohlene. »Liebes Kind, erzähle bitte dem Herrn Kommissar genau das, was du vorher mir erzählt hast. Und keine Scheu. Der Herr ist von der Polizei, der wird dir helfen.«

Bronstein entging nicht, wie das Mädchen zu zittern begann. Da hatte ein Mensch wirklich abgrundtief Angst, und Bronstein bemühte sich um ein gütiges Lächeln. »Du brauchst dich wirklich nicht fürchten. Was immer passiert ist, ich mach's wieder gut. Wie heißt du denn?«

»Brigitte«, kam es stockend.

»Sehr schön. Ich bin der David Bronstein. Und ich werde dir helfen. Allerdings musst du mir zuerst sagen, worum es überhaupt geht.«

»Die Frau Kadivec«, begann Brigitte, »die haut mich immer.«

Bronstein wartete eine Weile, doch es kam nichts mehr.

»Ja, das ist nicht nett«, sagte er daher unverbindlich, »und weiter?«

»Ich ... ich hab' so Angst.«

Nun, das war natürlich. Jeder würde sich vor Prügel fürchten. Doch was hatte das mit ihm zu tun? Er sah die Grettler fragend an.

»Brigitte«, übernahm diese daher die Initiative, »du musst dem Herrn Kommissar erzählen, was genau passiert, wenn dich die Frau Kadivec schlägt.«

Der bittende Blick des Mädchens bedeutete wohl, dass es sich schämte und es gern vermieden hätte, darüber vor einem Mann zu sprechen. Doch die Grettler duldete keine Verweigerung. »Du musst. Sonst geht das ewig weiter. Und das willst du ja wohl nicht, oder? Also vertrau dich ihm an. Ein Polizist ist wie ein Onkel Doktor, da braucht man sich nicht zu genieren. Also erzähl' ihm schon alles.«

»Wenn die Frau Kadivec glaubt, dass wir etwas falsch gemacht haben, dann müssen wir zur Prügelstrafe antreten.«

Bronstein war der Wechsel vom »ich« zum »wir« nicht entgangen. Offenbar gab es da mehrere Kinder, die in die Sache involviert waren. Doch er hob sich die diesbezügliche Frage für später auf, er wollte das Kind nicht in seiner Erzählung unterbrechen.

»Wir müssen uns ausziehen.«

Das Mädchen verstummte wieder. Zu bedrückend schien die Erinnerung an die Bestrafung. Ausziehen? Verabreichte die Lehrerin Hiebe auf das nackte Gesäß? Das war eine beliebte Strafe bei alpinen Rohlingen, die sich auf diese Weise bevorzugt an ihren Kindern vergingen, indem sie mit ihrem Ledergürtel bizarre Muster auf den Hinterteilen ihrer Nachkommen hinterließen. Doch selbst die hintersten Provinzler wendeten derlei barbarische Akte in der Regel nur bei Knaben an. Die Kadivec musste also schon ein besonderes Kaliber sein.

»Und die Richter sehen zu«, fing Brigitte zaghaft wieder an.

Wie bitte? Welche Richter?

Bronstein war verwirrt, und die Grettler bedeutete ihm mit dem Heben einer Augenbraue bei gleichzeitigem Nicken des Kopfes, sie habe ihm ja gesagt, dass dies eine pikante Sache sei. Bronstein sah Brigitte eindringlich an: »Ich weiß, das ist nicht leicht für dich. Aber du musst mir jetzt ganz genau erzählen, wie so eine Bestrafung abläuft. Denn nur dann können wir sie für immer verhindern, verstehst du. Wer sind diese Richter, von denen du sprichst? Wer bestraft, und was müsst ihr euch ausziehen?«

Das Atmen der Kleinen wurde unregelmäßig, ja, hektisch. »Sie führt uns … in einen Raum. Dort sitzen … die Richter… Wir müssen uns vor ihnen verbeugen… Und dann müssen wir uns ausziehen.«

»Was?«

»Alles.«

»Alles?«

Erstmals nahm Bronstein das Mädchen genauer in Augenschein. Brigitte war sichtlich gut gewachsen. Unter ihrer hochgeschlossenen Bluse war eine Wölbung deutlich zu erkennen. Trotz ihres Alters schienen Brigitte schon Brüste gewachsen zu sein. Und nicht einmal der bis an die Knöchel reichende Rock konnte verdecken, dass sie auch lange Beine hatte. Die Elfe war wohl weit eher eine Nymphe. Und die Richter wahrscheinlich alte Lustgreise.

»Ja. Bis wir so dastehen, wie Gott, der Herr, uns geschaffen hat.«

Dieser Satz war Brigitte so reibungslos über die Lippen gegangen, dass die Vermutung naheliegend war, man hatte ihn ihr als Teil des Bestrafungsrituals eingetrichtert.

»Und dann«, übernahm nun Bronstein die Initiative, »müsst ihr euch nach vorne beugen, und die Kadivec schlägt euch mit einer Rute oder so etwas Ähnlichem auf die vier Buchstaben?«

Das Mädchen schüttelte den Kopf.

»Die Frau Kadivec nimmt die Bestrafung nie selbst vor. Sie sieht nur zu. … Und auf den Hin… auf den Allerwertesten schlagen sie uns nur selten, und auch da nur zu Anfang.«

»Ja, was …?«

»Ich sagte dir ja, die Sache ist pikant.«

Da Brigitte wieder in Schweigen verfallen war, übernahm nun die Grettler das Schildern der Rituale im Hause der Kadivec. Brigitte habe ihr anvertraut, dass dort ganz offensichtlich widernatürliche Unzucht getrieben werde – auf Kosten der Kinder.

»Das Fräulein Degrassi peitscht uns aus.« Brigitte hatte ihre Stimme wiedergefunden. »Am Rücken. Dazu werden wir ganz komisch angebunden. So wie der Heilige Andreas auf seinem Kreuz.«

Bronstein spürte, wie ihm übel wurde. Wie konnte man Kindern derlei antun?

»Und die Frau Kadivec sitzt dann uns gegenüber und

schaut uns an… Und wenn wir schreien, weil es uns so wehtut, … dann verdreht sie die Augen … und stöhnt… Und sie hält sich den Bauch.«

»Hält sich den Bauch?« Die Formulierung hatte Bronstein irritiert.

»Ja. So.« Brigitte fuhr mit ihrer Hand in ihren Schoß und deutete ein Massieren desselben an. Keine Frage, die Kadivec masturbierte, während die Kinder verdroschen wurden.

»Alle halten sich den Bauch. Die Richter auch.«

Das war ja ekelhaft! Bronstein war ehrlich empört. Die alten Säcke wedelten sich einen von der Palme, während eine Erinnye die armen Kinder züchtigte.

»Diese Richter, kennst du die?«

»Na ja, einige sind immer da. Andere wechseln… Sie nehmen die Bestrafung entgegen… Manchmal aber strafen sie auch selbst.«

»Selbst? Wie?«

Brigitte wand sich. Sie drehte ihren Kopf zur Seite, schniefte umständlich und vergrub dann ihr Gesicht zwischen ihren Händen. An den konvulsischen Bewegungen ihrer Schultern konnte Bronstein erkennen, dass sie weinte. Instinktiv umarmte die Grettler sie und redete begütigend auf sie ein.

»Sie haben …«, Brigitte heulte nun hemmungslos, »… mir … so Sachen … rein … gesteckt. Es war so … furchtbar grauslich. … Und es hat so … wehgetan.«

Für Bronstein brauchte es keine Nachfragen. Er konnte sich nur zu gut vorstellen, was die kleine Brigitte damit meinte. Selbst wenn sich die alten Lüstlinge nicht persönlich an ihr vergangen hatten, so hatten sie sie offenbar mit irgendwelchen Hilfsmitteln penetriert. Er hatte ja schon viel gehört, aber diese Schweinerei schlug so ziemlich alles, was ihm bislang untergekommen war. Keine Frage, da musste man sofort eingreifen, egal, ob er schon dienstfrei war oder nicht.

»Wie viele Kinder seid ihr dort? Und wohnt ihr auch dort?«

Brigitte nickte und sagte etwas von zehn bis zwölf, manchmal auch weniger.

Bronstein ließ sich die Adresse geben. Er war zwar nicht für solche Fälle zuständig, aber bei Gefahr in Verzug musste jeder Exekutivbeamte Generalist sein. Er konnte ja auch keinen Diebstahl durchgehen lassen, bloß weil solche Delikte von einer anderen Abteilung behandelt wurden.

Er war schon im Begriff zu zahlen, um loszustürzen, als ihm einfiel, dass er auf diese Weise zwar die Kadivec und wohl auch diese Degrassi dingfest machen konnte, dass ihm aber wohl die Lustgreise, um derentwillen die ganze Sache aufgezogen worden war, durch die Lappen gehen würden. Nein, er musste die Angelegenheit also anders angehen.

»Kennst du jemanden von diesen Richtern? Wurde ein Name erwähnt?«

Brigitte schüttelte schniefend den Kopf. »Aber einer … wird von den anderen Stieglitz genannt«, fügte sie schließlich hinzu.

Wenn er es geschickt anfing und ein wenig Glück hatte, dann würde es ihm gelingen, den ganzen Laden auffliegen zu lassen, dachte Bronstein.

»Du hast völlig richtig gehandelt«, sagte er also zur

Grettler, »das ist von allergrößter Wichtigkeit. Wer weiß, wie sehr diese armen Mädchen leiden, da muss sofort eingeschritten werden. Kümmere du dich um Brigitte hier. Ich sehe einmal, was ich tun kann.«

»Wie bleiben wir in Verbindung?«

»Hast du ein Telefon?«

»Leider nicht. Aber meine Nachbarin.«

Man vereinbarte, dass Bronstein später dort anrufen würde. In der Zwischenzeit solle die Grettler das Mädchen mit zu sich nehmen. Bronstein fuhr zur genannten Adresse und besah sich zunächst einmal das Haus. Ein typischer Bau aus den letzten Jahren der Monarchie. Groß, stattlich, Ehrfurcht gebietend. Bronstein trat ein und ging nach kurzem Zögern auf die Hausbesorgerwohnung zu. Dort klopfte er an.

Eine ältliche Frauensperson mit gestrengem Dutt und noch gestrengerem Blick öffnete. »Und wer sand nocha Sie?«, belferte sie ihn an.

Anstelle einer Antwort zog Bronstein seine Kokarde. Die Frau starrte auf das Metall, dann wieder auf Bronstein.

»Und des soi mi jetzt nachher beeindrucken, oder was?«

»Na«, lenkte Bronstein ein, »nur a bisserl milder stimmen.«

»Für die Milde ist der Herr Prälat zuständig. Den finden S' in der Kirchen.«

»Gnä Frau, jetzt zieren S' Ihnen ned so. I brauchat a Auskunft.«

»Dafür ist des …«

Bronstein wurde unwillig. »Amt zuständig. Ich weiß.

Aber so viel Zeit hab' i ned. Was können S' mir über die Frau Kadivec erzählen?«

»Fragen S' als Kieberer oder als Galan?«

Die Geduld begann Bronstein endgültig zu verlassen. Er hatte schon oft mit Hausmeisterinnen zu tun gehabt, und die meisten redeten wie ein Wasserfall. So eine wie die war ihm unter Garantie noch nicht untergekommen.

»Jetzt sagen S' halt schon, was Sie wissen. Sonst muss ich Sie mitnehmen auf's Revier, und das wollen S' ja wohl ned, oder?«

»Kummt drauf an. Wenn S' an feschen Inspektor dort habt's.«

Bronstein war fassungslos. Die Frau stand immer noch da wie Lots Weib, nachdem es sich umgedreht und zur Salzsäule erstarrt war, und sie tändelte mit einem absolut ausdruckslosen Gesichtsausdruck wie die ärgste Grabennymphe.

»I bin der Fescheste, den's dort gibt«, sagte er knapp.

»Na dann.«

Die Frau war eine Statue. Keine Regung war erkennbar.

»Was woll'n S' wissen?«

»Können wir das vielleicht bei Ihnen besprechen?«

Die Hausmeisterin drehte kaum merklich ihren Körper, sodass gerade genug Platz entstand, dass Bronstein in die Wohnung treten konnte. Hinter ihm schloss sie die Tür und schaffte es dabei, fast am selben Fleck stehen zu bleiben. Bronstein wartete nicht auf eine allfällige Erlaubnis und setzte sich an den Tisch. Um den amtlichen Charakter der Unterredung zu unterstreichen, zog er einen kleinen Notizblock hervor und legte einen Stift dazu. Dann richtete er seinen Blick auf die Frau aus.

»Die Kadivec. Was ist das für eine?«

»Mitte 40 wird s' sein. Alleinstehend, heißt's. Sprachunterricht gibt s', sagt sie. Französisch. Ja mei, des wird sogar stimmen, gell. Aber anders halt. Und Griechisch a no. Gegen Aufpreis, versteht sich.«

»Sie meinen also, die Frau Kadivec ist eine Vertreterin des ... horizontalen Gewerbes?«

»Schmarren. A Kupplerin is', a ausg'schamte. Die lasst sie von Mannsbildern dafür zahlen, dass s' zuschauen dürfen, wenn die ausbanelte Badhur' junge Madeln wixt.«

Ohne auch nur mit der kleinsten Wimper zu zucken, war die Hausmeisterin in derbes Idiom gewechselt.

»Mit der ... Bad...edings meinen S' jetzt das Fräulein Degrassi?«

»Ja. Sonst hätt' i ja oide Badhur' g'sagt, ned!«

Immer noch verzog die Concierge nicht die geringste Miene.

»Und diese Madeln, die sind offiziell Sprachschülerinnen, oder wie?«

»Mir is des wurscht, was de san. Mir is überhaupts ollas wurscht. War's des?«

Der gestrenge Blick wurde stechender, und Bronstein fühlte sich zunehmend unwohl. »Äh, nicht ganz«, begann er daher vorsichtig, »wissen Sie, ob die Dame heute zugegen ist, wissen Sie weiters, ob sie zur Zeit ... nun ... Herrenbesuch hat, und wissen Sie schließlich drittens, ob ein Stieglitz unter ihren Gästen ist?«

»Jo, na, ha?«

Bronstein sah die Frau irritiert an: »Wie belieben?«

131

»Na, des war doch jetzt ganz afoch. Jo, die Kadivec is' daham. Na, sie hot kane Gäst', und was hat des, bittschön, mit an Vogel zum tun?«

»Nein«, beeilte sich Bronstein um Konkretisierung seiner Frage, »ob es unter ihren … Klienten einen Mann gibt, der Stieglitz heißt oder den man zumindest so nennt.«

»Mein Herr«, wurde die Hausbesorgerin mit einem Mal wieder förmlich, »ich achte nicht darauf, wer wann wo wie mit wem verkehrt. Das gehört nicht zu meinen Obliegenheiten.«

Obliegenheiten? Die Person wurde Bronstein immer rätselhafter. Abgesehen davon, dass ihr Gesicht in vollkommener Ausdruckslosigkeit verharrte, wie er es zuvor nur im Kino bei Buster Keaton gesehen hatte, verstand sie sich offenbar darauf, ohne jeden Übergang vom Vokabular eines Droschkenkutschers zu jenem eines Regierungsrates zu wechseln. Und bei alldem blieb sie undurchdringlich wie eine Sphinx. Bronstein wusste nicht, ob er beeindruckt sein oder sich fürchten sollte. Jedenfalls war es vernünftig, sich zurückzuziehen, denn aus diesem Menschen war ohnehin keine brauchbare Information herauszuholen.

»Na dann, wenn das nicht zu Ihren … Obliegenheiten gehört, dann darf ich mich empfehlen.« Bronstein stand auf und wandte sich zur Tür.

Ohne, dass er sich erklären konnte, woher die Hausmeisterin plötzlich die Visitenkarte herbeigezaubert hatte, hielt sie plötzlich eine solche in der rechten Hand. ›Univ. Prof. Dr. Ernst Bachstez‹, las Bronstein darauf, ›Dozent für Augenheilkunde, erster Assistent der Wiener Augenklinik‹. Bronstein hob die Augenbrauen.

»Das ist er, der Stieglitz. Die Karte hat er einmal im Stiegenhaus verloren. Sie können s' gern haben. Ich brauch' so a Graffelwerk ned.«

»Wieso?« Es war Bronstein anzusehen, dass ihm die plötzliche Freundlichkeit suspekt war.

»Wieso ned? Und jetzt auf Wiederschau'n.« Die Hausbesorgerin öffnete die Tür und blieb dabei wie festgewurzelt auf ihrem Platz stehen. Bronstein zwängte sich durch die enge Öffnung und atmete, kaum dass die Tür hinter ihm wieder geschlossen war, tief durch. Auftritte wie dieser waren irgendwie nicht von dieser Welt.

Aber mit dieser Karte hatte er erstmals in dieser Sache einen Trumpf in der Hand, dachte sich Bronstein, und unwillkürlich musste er lächeln. Mit einem Mal hatte er eine Strategie, nach der er vorgehen konnte.

Kurzentschlossen begab er sich in das zweite Geschoss und klopfte an die betreffende Tür. Eine sich lasziv gebende Frau Anfang 30 öffnete und sah ihn erwartungsvoll an.

»Fräulein Degrassi, vermute ich.«

»Wer lasst fragen?«

»Äh … Privatdozent David … Pokorny von der Ophthalmologie.« Pokorny mochte es entschuldigen, dass er seinen Namen verwendete, in der Eile war ihm kein anderer eingefallen. Immerhin aber diente es einer guten Sache. »Mein verehrter Kollege Dr. Bach…, ach so, das darf ich ja nicht …, der … Stieglitz hat gesagt, ich könne hier auf meine … Kosten kommen.«

Bronstein hoffte inständig, dass er den spießbürgerlichen Schweinigel überzeugend gegeben hatte. Auf die Art, wie er sich bei der Degrassi eingeführt hatte, musste die einfach glauben, er sei bloß ein weiterer alter Lust-

133

greis, der sich an ihren Ausschweifungen erregen wollte. Tatsächlich kam die Frau ins Wanken. Sie musterte ihn von oben bis unten und schien sich zu fragen, ob jemand wie Bronstein wirklich ein Augenarzt sein konnte.

»Sie müssen schon entschuldigen«, setzte Bronstein nach, »aber ich habe mir gedacht, mit dieser Kleidung falle ich nicht so auf.«

Der Blick der Degrassi ruhte nach wie vor unverwandt auf ihm. Nach hinten aber rief sie: »Meisterin! Da ist einer, der sagt, er ist ein Freund vom Stieglitz.«

Bronstein hatte kaum aus- und wieder eingeatmet, als die Kadivec selbst im Vorzimmer erschien. Obwohl sie, wie es hieß, erst knapp über 40 und somit in Bronsteins Alter war, sah sie reichlich verwittert und verlebt aus. Markante Furchen hatten sich in das Gesicht der Frau gekerbt, ihre Augen lagen tief in den Höhlen, und die streng zurückgekämmten Haare, die am Hinterkopf zu einem Haarkranz verknotet waren, vermochten die faltige Haut keineswegs mehr zu straffen. Die dünnen Lippen waren mit knalligem Rot bemalt, das einen merkwürdigen Kontrast zur blutleeren Weiße des Gesichts bildete. Die dürre Person verschränkte die Arme vor der Brust und meinte nur: »Was wollen S'?«

»Wie ich schon Ihrer … Mitarbeiterin hier sagte, mein Kollege Stieglitz hat mir unter dem Siegel der Verschwiegenheit mitgeteilt, dass man hier … nun, … Zucht und Ordnung …, ned wahr?«

Bronstein hoffte inständig, dass sein Gestammel überzeugend genug war, um jeden Verdacht, er sei nicht der, für den er sich ausgab, auszuräumen. Die Kadivec aber blieb abweisend: »Ich weiß nicht, wovon Sie reden.«

Bronstein bemühte sich, so gut es ging, zu erröten. Er beugte sich leicht nach vorn und senkte seine Stimme zu einem Flüstern. »Na, die Madeln. Die Bestrafungen. So etwas tät' ich brauchen.« Dann straffte er sich wieder und erklärte mit größtmöglicher Entschiedenheit: »Ich bin gut betucht und wohlbestallt. Ich kann mir derartige … Vergnügungen … einiges kosten lassen.«

Bei der Erwähnung des finanziellen Aspekts schien die Kadivec tatsächlich ins Wanken zu kommen. Sie zögerte einen Moment, dann aber wurde ihr Ausdruck wieder verschlossen: »Heut' gibt's nix. Kommen S' morgen wieder. Um 12 zu Mittag. Und bringen S' genug Bares mit.«

Damit war Bronstein entlassen. Die Kadivec drehte sich grußlos um und verschwand im Inneren ihrer Wohnung. Die Degrassi schickte ihm noch einen verächtlichen Blick, dann schloss sie vor seiner Nase die Tür.

Als Bronstein wieder auf der Straße stand, begann er zu überlegen. Es war gut möglich, dass er nur diese eine Chance haben würde, den ganzen Laden auffliegen zu lassen. Der größte Unsicherheitsfaktor seines Plans war Bachstez. Wenn der nun morgen auch erschien und wahrheitsgemäß angab, ihn nicht zu kennen, dann würde die Bestrafungsaktion wohl abgeblasen, bevor sie stattgefunden hatte, und es gäbe keinerlei Beweise gegen die Kadivec und ihre so genannten Richter. Vor allem aber musste er dafür sorgen, dass sich genügend Polizei bereithielt, um im Erfolgsfalle rasch zugreifen zu können. Schlimmstenfalls kam es eben auf die Mädchen selbst an, denn wenn die aussagten, dann bekäme man zumindest die Kadivec und die Degrassi wegen der Sache dran.

Bronstein schüttelte seinen Kopf. Zu viele Gedanken auf einmal schossen durch sein Gehirn, und er bemühte sich um Ordnung in seinem Denken. Er brauchte erst einmal einen ordentlichen Kaffee und eine Zigarette, um systematisch an die ganze Sache herangehen zu können. Auf der Straßenseite gegenüber befand sich ein kleines Café, und auf dieses hielt Bronstein zu. Er merkte auf den ersten Blick, dass er hier ungestört sein würde. Nur ein paar Rentner lasen die Abendzeitung oder waren in alte Erinnerungen versunken. Dementsprechend eilfertig war der Kellner zur Stelle und fragte nach Bronsteins Begehr. Der zündete sich erst einmal eine Zigarette an. Schon wieder Überlegungen! Sein erster Impuls war ein Pharisäer, doch er war sich nicht sicher, ob ihm Alkohol nicht eher an konstruktiver Planung hindern würde. Also korrigierte er sich, noch ehe er die Bestellung abgegeben hatte: »Einen passierten Türkischen«, sagte er leichthin. Es genügte schon, wenn er sich die Tabakskrümel aus den Zähnen fischen musste, da brauchte er nicht auch noch Kaffeesud dazu. Aber dafür war der türkische Kaffee so richtig schön stark, und Stärke konnte er jetzt gut gebrauchen.

Gut, er würde etwa sieben, acht Mann benötigen. Das Gros konnte er einfach aus dem Präsidium anfordern. Die würde er unauffällig in diesem Café und bei dem Branntweiner, an dem er zuvor vorbeigekommen war, postieren. Dazu bedurfte es noch Pokornys, denn der würde die Aufgabe haben, die Leute zu holen, sobald Bronstein ihm das Zeichen dazu gab. Doch wie konnte er mit Pokorny Kontakt aufnehmen, wenn er sich erst einmal in der Wohnung der Kadivec befand? Diese Frage harrte noch einer Antwort.

Nun ja, ging Bronstein die Optionen durch. Angenommen, die Kadivec schöpfte keinen Verdacht, und er spielte morgen einen der Richter. Dann war es wohl ausreichend, mit Pokorny zu vereinbaren, dass dieser eine halbe Stunde nach Bronstein die Wohnung stürmte. Sollte etwas dazwischenkommen, etwa, weil dieser Bachstez auch anwesend war und ihn auffliegen ließ, dann würde er den Zugriff selbst koordinieren. Denn die Kadivec war wohl entschieden zu geldgierig, um die Sache nicht dennoch durchzuziehen.

Bronstein spielte das Szenario noch zweimal durch und kam zu dem Schluss, dass seine Strategie Erfolg versprechend war. Jetzt musste er nur noch zu Pokorny Kontakt aufnehmen. Dazu konnte er im Präsidium anrufen, damit von dort ein Bürodiener zu Pokorny geschickt wurde. Allerdings, Bronstein sah auf die Uhr, war das eine mühsame Prozedur. Da war es vernünftiger, die Angelegenheit gleich selbst zu erledigen. Er trank seinen Kaffee aus, zahlte und trat wieder auf die Straße. Dort hielt er ein Taxi an und ließ sich nach Ottakring chauffieren, wo er Pokorny aufsuchte. Als er leidlich vier Stunden später in sein Bett sank, war er rundum zufrieden. Er hatte alles perfekt vorbereitet und nichts dem Zufall überlassen. Die kommende Nacht würden Kadivec, Degrassi und ihre Kundschaft bereits hinter Gittern verbringen.

Und doch war Bronstein den ganzen Vormittag über extrem nervös. Seine Vorgangsweise war höchst unkonventionell, und wenn er einen Fehlschlag erlitt, dann würde das entsprechende Konsequenzen haben. Wozu setzte er sich solcher Gefahr aus? Warum gab er die ganze Sache nicht einfach an die zuständige Abteilung weiter?

Sollten die sich doch mit der Kadivec herumschlagen! Doch dann stand er wohl bei der Grettler als Feigling oder zumindest als Großmaul da. Die kleine Brigitte fiel ihm wieder ein. Nein, es war seine Pflicht und Schuldigkeit, den Verbrechern selbst das Handwerk zu legen. Er ordnete seine Kleidung und machte sich auf den Weg.

Im Café versammelte sich die Einsatztruppe. Bronstein hatte vier Uniformierte vom nahe gelegenen Bezirkspolizeikommissariat bekommen und weitere vier Wachebeamte aus dem Präsidium. Er gab Anweisung, eine Viertelstunde nach ihm in das Haus zu gehen. Je zwei Mann sollten den Vordereingang und die Tür zum Lichthof besetzen, zwei sollten das Stiegenhaus bewachen. Pokorny aber erhielt die Aufgabe, sich weitere 30 Minuten später mit den verbliebenen zwei Polizisten Zugang zur Unterkunft der Kadivec zu verschaffen. Bronstein erkundigte sich, ob noch jemand Fragen hatte, dann verließ er das Lokal und wechselte auf die andere Straßenseite.

Punkt 12 Uhr stand er vor der Wohnungstür der Kadivec. Diesmal wurde er anstandslos eingelassen. Die Degrassi geleitete ihn in einen Salon, in dem bereits ein paar Herren versammelt waren, die Cognac-Gläser in der Hand hielten und Zigarren rauchten. Neugierig musterten sie den Neuankömmling.

»Das ist«, begann die Degrassi, um sich sogleich zu unterbrechen, »… wie wollen wir Sie nennen? … Ah, ich weiß.« Sie wandte sich an die anwesenden Herren: »Salomo.« Wie originell, dachte Bronstein. Nun, immerhin hatte sie sich seinen Vornamen gemerkt. »Und das sind Thespis, der General, der Kapitän, Solana und den Stieglitz kennen Sie ja.«

Bronstein zuckte zusammen. War sein Plan nun gescheitert? Bachstez fuhr herum und blickte schreckensstarr auf Bronstein, der sich redlich mühte, Bachstez in die Augen zu sehen. Zögerlich reichte er dem Mann die Hand: »Herr Kollege«, murmelte er. Bachstez wirkte verlegen, doch Bronstein vermochte nicht zu sagen, ob dies dem Umstand geschuldet war, dass er Bronstein nicht kannte oder weil es Bachstez unangenehm war, in einer solch delikaten Situation angetroffen zu werden. Doch jedenfalls war Bachstez die Sache so peinlich, dass er einfach Bronsteins Hand ergriff und so tat, als würden sie sich schon lange kennen. Bronstein war darob erleichtert. Die Degrassi würde keinen Verdacht schöpfen. Nun hatte er Gelegenheit, sich die anderen vier Männer aus den Augenwinkeln anzusehen. Der, welcher als Thespis vorgestellt worden war, erschien ihm sofort bekannt. Ein Schauspieler, daher wohl auch der Deckname. Er kam nur leider nicht darauf, wie er wirklich hieß und auf welcher Bühne er auftrat. Doch die anderen drei sagten ihm gar nichts. Der »General« mochte etwa zehn Jahre älter sein als Bronstein, doch er hatte nichts Militärisches an sich. Ebenso wenig der »Kapitän«, der ein junges Bürschchen von Mitte 20 war, sodass sich Bronstein unwillkürlich fragte, was so jemand hier suchte. Und »Solana« war überhaupt ein merkwürdiger Name. Was mochte er bedeuten? Bronstein bemühte verzweifelt sein Gedächtnis, allein, er kam auf keine Lösung.

»Wenn ich jetzt um den Unkostenbeitrag bitten dürfte!«

Degrassis nonchalante Erwähnung des finanziellen Aspekts der ganzen Angelegenheit riss Bronstein aus seinen Gedanken. Er zückte das Bündel Geldscheine, das ihm das Präsidium zur Verfügung gestellt hatte, und hielt es der Frau entgegen. Die sah es durch, nahm eine Summe, die offenbar ihren Tarifen entsprach, und drückte Bronstein den Rest wieder in die Hand.

»Dort hinten finden Sie Ihre Robe.« Dann drehte sie sich zu den anderen um: »Meine Herren. Bitte versammeln Sie sich in fünf Minuten im Saal.«

Bronstein beobachtete die anderen. Die würden sicher wissen, wohin … Romberg. Ganz sicher! So hieß der Schauspieler. Und er war an der Burg engagiert. Und der General, der war doch auch vor Kurzem in der Zeitung gewesen. Irgendetwas Sportliches …, genau, der Jockey-Klub, der Mann war dort Präsident. Na, da war er ja in allerhöchste Kreise eingedrungen! Je weiter oben, desto dekadenter, schien es.

»Ihre Robe, Herr … Kollege.«

Bronstein überlegte, ob er Bachstez etwas antworten sollte, verzichtete aber darauf. Er schlüpfte eilig in das Kleidungsstück und folgte den anderen in den Nebenraum. Dort waren sechs hohe, der Gotik nachempfundene Stühle aufgestellt, auf denen sie Platz nahmen. In einigen Metern Entfernung befand sich ein normaler Stuhl, auf dem bereits die Kadivec saß. Bronstein sah auf die Uhr. Pokorny würde frühestens in 20 Minuten kommen. Im Zweifelsfall musste er die Sache allein in die Hand nehmen, denn er würde es keinesfalls zulassen, dass man hier noch einmal einem Mädchen ein Leid zufügte.

In diesem Augenblick kam die Degrassi in den Saal und führte eine Schülerin von höchstens 14 Jahren mit sich. Die Kleine war bereits splitternackt, und ihre Brüste waren kaum größer als Bienenstiche. Eine Körperbehaarung fehlte gänzlich, sodass Bronstein sich zwingen musste, nicht sofort empört hochzufahren. Die anderen Herrschaften hatten da sichtlich weniger Skrupel. Bachstez fingerte nervös an seinem Zwickel herum und reinigte ihn umständlich, sichtlich, um besser sehen zu können. Und es entging Bronstein nicht, dass die Hand des Generals in tiefere Regionen abglitt.

Auch die Kadivec fing ungeniert an, sich zu befingern, während die Degrassi die Arme des Mädchens in die Höhe riss, um sie an das Andreaskreuz, das an der Wand angebracht war, zu ketten. Jetzt erst fiel Bronstein auf, dass sich gleich daneben ein Tisch mit allerlei Werkzeug befand, von dem er nur raten konnte, wozu es diente. Er hatte sich irgendein Brimborium erwartet, etwa, dass die Kleine schuldig gesprochen wurde oder man wenigstens ihre Verfehlungen verkündete, doch die Degrassi schien gleich zur Sache kommen zu wollen, zumal die Kadivec schon hörbar stöhnte, während der General zu schnaufen begann. Und noch immer 15 Minuten bis zu Pokornys Einsatz.

Die Degrassi griff nach einer neunschwänzigen Katze und ließ sie einmal durch die Luft sausen, was sofort den charakteristischen Ton erzeugte. Das Mädchen zuckte zusammen, als wäre es schon getroffen worden, und in seinen Augen sah Bronstein nichts als nackte Panik. Er griff unauffällig an seine Gesäßtasche und tastete nach seiner Dienstpistole. Er würde wohl gleich von ihr Gebrauch machen müssen.

»Sollen wir mit der Bestrafung anfangen, meine Herren?«

141

Fünffaches kehliges »Ja« war die Antwort.

Nur ein »Nein« war zu vernehmen.

Bronstein war aufgestanden. Er wollte in der einen Hand seine Waffe und in der anderen seine Dienstmarke vorzeigen, doch ob des Gewandes fiel ihm dies mehr als schwer. Er wirkte nicht wie der strafende Gott Zeus, sondern weit eher wie ein Clown, der sich in merkwürdigen Verrenkungen erging. Doch die anderen Anwesenden waren zu perplex, um ihn an seinem Tun zu hindern.

Endlich hatte er sich aus seiner Robe befreit und hielt nun die Kokarde in den Raum.

»Polizeidirektion Wien. Sie sind alle verhaftet!«

»Jetzt machen Sie sich nicht lächerlich, Sie Würschtel«, herrschte ihn der General an, der sichtlich erbost darüber war, nicht länger auf seiner privaten Geige fiedeln zu dürfen. »Ich bin der erste Sekretär der Statthalterei. Wenn ich auch nur Muh sage, dann sind Sie die längste Zeit Polizist gewesen. Dann sind S' bis ans Ende Ihrer Tage Schließer im Gemeindekotter von Feldkirch.«

Bronstein war bewusst, wie heikel seine Lage war. Wenn Pokorny nicht augenblicklich eintraf, dann würden die sieben Personen einfach behaupten, Bronstein habe unter einer Sinnestrübung gelitten, und sie kämen allesamt mangels Beweisen frei, denn die Aussage des Mädchens würde ihm dann wenig nützen, so dieses überhaupt bereit war, sich zu äußern. Im Augenwinkel nahm er wahr, wie die Degrassi versuchte, die Kleine loszubinden. Auf diese Weise sollte wohl das Corpus – in dem Fall eher der Corpus – Delicti beiseite geschafft werden. Bronstein hatte mittlerweile aber auch seine Pistole zutage gefördert und hielt sie in Degrassis Richtung. »Keine Bewe-

142

gung!«, schnarrte er. Doch der junge Kapitän begann sich zu erheben und bewegte sich auf Bronstein zu. Der fuhr schnell herum. »Zurück!«, schrie er nur, um sofort wieder die Degrassi ins Visier zu nehmen.

Die Situation drohte zu kippen. Nun standen auch Solana und Thespis auf. Ganz langsam zwar, aber doch, und die anderen taten es ihnen gleich. Selbst die Kadivec erhob sich. Bronstein schlüpfte zwischen den Stühlen durch und stellte sich mit dem Rücken an die Wand, wobei er versuchte, zur Tür zu gelangen. Doch der Schauspieler und der Kapitän verstellten ihm den Weg.

»Du kommst da nicht raus«, knurrte der Jüngling, »zumindest ned, bis wir nicht alles Verdächtige beseitigt haben. Und dann kannst behaupten, was d' willst, Kieberer.«

Die Männer kamen bedrohlich nahe. Bronstein meinte zu erkennen, wie sich ihre Fäuste ballten. Wenn Pokorny nicht bald kam, dann würde er möglicherweise verprügelt. Er musste sich Respekt verschaffen.

»Ich sage, keiner rührt sich«, schrie er und ärgerte sich insgeheim darüber, dass sich seine Stimme dabei überschlug, »sonst mache ich von der Waffe Gebrauch.«

Er hatte es kommen sehen, doch seine Reaktion war einfach zu langsam gewesen. Der Kapitän war ihn angesprungen und hatte sein Handgelenk gepackt. Bronstein fühlte den Schmerz, als es ihm verdreht wurde, und so sehr er sich auch bemühte, die Waffe nicht loszulassen, das polternde Scheppern überzeugte ihn deutlich davon, dass er nun wehrlos war. »Auf ihn!«, hörte er Bachstez rufen, und ein Kinnhaken landete an seinem rechten Kiefer. Bronstein taumelte, suchte nach Halt, krallte sich am

143

Kapitän fest, der jedoch die Situation dazu nutzte, seine Faust in Bronsteins Magen zu vergraben. Der japste nach Luft und spürte dann, wie seine Beine wegknickten. Hart prallten die Knie auf dem Boden auf.

Dass dies so einen Lärm machen würde, damit hatte er freilich nicht gerechnet. Wiewohl er kaum noch klar denken konnte, war ihm nicht entgangen, welche Lautstärke sein Aufprall gehabt hatte. War er so schwer geworden? Das hatte sich eher wie eine kleine Explosion angehört.

Doch Bronstein kam nicht dazu, den Gedanken auszuwalzen. Der Kapitän umschloss mit seiner Hand Bronsteins Hals und drückte zu. Bronstein blieb die Luft weg, und die Sinne begannen ihm zu schwinden. Sein Blick glitt hinüber zu dem angeketteten Mädchen, dem er nun doch nicht hatte helfen können. Ihm war, als sähe die Kleine ihm tief in die Augen, und eine Träne rollte dabei über ihre Wange. Auch Bronstein war zum Weinen zumute.

»Das reicht! Sofort alle an die Wand!«

Das war Pokornys Stimme. Bronstein holte tief Luft, als der beinharte Griff um seine Gurgel sich endlich lockerte. Nicht er hatte den Lärm verursacht, sondern die Tür, als Pokorny und seine Männer sie eingetreten hatten. Man konnte über den Alten sagen, was immer man mochte, aber mit dieser Aktion hatte er sich einen Freifahrtschein für siebenundsiebzig langweilige Anekdoten verdient.

Einer der Beamten half Bronstein auf die Beine, während der andere die Männer nach Waffen abtastete, um ihnen sodann Handschellen anzulegen. Pokorny hielt die Kadivec in Schach, während Bronstein unsicher auf die

Degrassi zuwankte. »Das Spiel ist aus«, sagte er heiser und war froh darüber, dass auch diese Frau sich anstandslos festnehmen ließ. Mittlerweile waren auch die übrigen Beamten in die Wohnung gekommen und begannen damit, die Arretierten abzuführen. Bronstein befreite das Mädchen von seinem Kreuz und hielt ihm sodann seine Robe hin, damit es sich bedecken konnte. »Pokorny, kümmere dich um die Kleine«, sagte er im Weggehen, während er nach einem Telefon Ausschau hielt, um die Grettler zu kontaktieren.

»Da haben wir keinen schlechten Fang gemacht«, begann Pokorny, als sie wenige Stunden später im ›Herrenhof‹ Bilanz zogen, »ein Sekretär der Statthalterei, ein Burgschauspieler, ein Universitätsprofessor, der Sohn eines Industriekapitäns und ein Gewürzhändler. Das ist eine saubere Mischung.«

»Nachtschattengewächse!«

Pokorny sah seinen Chef unsicher an: »Was hast?«

»Solana! Das sind die Nachtschattengewächse. Darum der Name.«

»Major, i versteh nur Bahnhof!«

»Macht nix, Pokorny, macht nix. Hauptsache, die Mädel sind endlich ihre Peiniger los. Die sauberen Damen werden die nächsten Jahre weit weniger mondän verbringen als mit Sprachunterricht. Und die Herren Richter werden jetzt ihre Richter finden. Und des wird sie auch zum Stöhnen bringen. Aber anders!«

»Genau. Gut hast das g'macht, Oberst.«

»Oberst?«

»Na ja, da ist ja wohl eine Beförderung drinnen, nach so einer Heldentat.«

Bronstein lächelte säuerlich. »Die einzige Beförderung, die da drinnen ist, ist die mit der Stadtbahn.«

»Na besser als die mit der Nordbahn. Die kriegen die feinen Herren. Gratis. Wien-Stein an der Donau, einfache Fahrt.«

»Eh wahr.« Bronsteins Lächeln wurde heiterer.

»Herr Ober, noch einen Pharisäer.«

1924: IN DER SACHE WONDRATSCHEK

Als Bronstein das Büro betrat, fand er Pokorny in missmutiger Stimmung vor. Der alte Mann riss kleine Streifen von einem Aktenblatt ab, zerknüllte sie sodann und versuchte, mit den so geformten Kügelchen den geflochtenen Papierkorb zu treffen. Ohne Mühe erkannte Bronstein, dass sein Mitarbeiter kein guter Schütze war, denn in der Ecke konnte er eine stattliche Zahl von Papierresten sehen, die sich um den Abfallbehälter gruppierten. Nun kannte Bronstein den Pokorny seit vielen Jahren und wusste daher, dass dieser ein jovialer Kerl war, dem so leicht nichts die Laune verdarb. Also musste, so schloss Bronstein messerscharf, schon etwas Besonderes vorgefallen sein, dass Pokorny gar so grantig war.

»Ja, was ist denn mit dir los, ha?«, begann Bronstein daher.

»Ach was«, maulte Pokorny nur und machte dabei eine wegwerfende Handbewegung.

Bronstein war sich darüber im Klaren, dass er an dieser Stelle genau zwei Möglichkeiten hatte. Zuckte er nun mit den Schultern, setzte sich an seinen Schreibtisch und begann sein Tagewerk, dann war die ganze Geschichte ziemlich sicher abgeschlossen, noch bevor sie begonnen hatte. Er würde sich zwar innerlich weiterhin fragen, was denn den Pokorny so verdross, doch andererseits würde er seine Ruhe haben und sich um seine Arbeit kümmern können. Ermunterte er aber andererseits Pokorny dazu, sich zu erklären, dann wäre zwangsläufig ein Vortrag von der Länge des Alten Testaments die unabänderliche Folge. Bronstein würde Pokornys Ausführungen erst zu Beginn der Mittagspause stoppen können, was ihm bestenfalls eine Atempause einbrächte, da Pokorny ohne Frage auch beim Essen weiter in aller Ausführlichkeit berichten würde, was sein Gemüt denn so verdunkelt hatte.

Befriedigung der eigenen Neugier oder ruhiger Vormittag, das waren die Optionen, zwischen denen er zu wählen hatte. Bronstein seufzte. Natürlich obsiegte abermals seine Neugier.

»Was was?«

»Der Wondratschek!«

Obwohl Pokorny üblicherweise redete wie ein Wasserfall, sodass jede Bassena-Tratschen gegen ihn wie ein Kartäusermönch wirkte, liebte der alte Pokorny es, sich zu Beginn einer Erzählung jedes Wort aus der Nase ziehen zu lassen, weil er in dem Wahn befangen war, damit steigere er das Interesse seines jeweiligen Publikums. Und natürlich wusste Pokorny, dass Bronstein der Name Wondratschek rein gar nichts sagen würde, er ergo nun zu der unausweichlichen Frage anheben musste, wer denn jetzt wieder der Wondratschek sei. Und genau dieser Satz würde Pokorny das Gefühl vermitteln, seinem Vorgesetzten ein weiteres Mal überlegen zu sein, was, so nebenbei bemerkt, ein Grundbedürfnis Pokornys war, der es wohl nur schwerlich verwand, unter jemandem dienen zu müssen, der gut 20 Jahre jünger war als er. Pokorny hatte durch diese Frage jedenfalls die Gelegenheit, mit

einem gottergebenen Seufzer so zu tun, als sei es völlig
unverständlich, dass irgendjemand in der Wiener Polizei wirklich noch nie vom Wondratschek gehört haben
sollte, der doch, wie außer dem Fragesteller wohl jeder-
mann wisse, der bedeutendste, grausamste, gevifteste –
je nachdem, was gerade anlag – Verbrecher der ganzen
großen Wienerstadt sei. Daran würde sich eine reichhal-
tig illustrierte Biografie des Ganoven anschließen, für die
Bronstein, einen flüchtigen Blick auf die Amtsuhr wer-
fend, grob zwei Stunden veranschlagte. Dann, und erst
dann, würde Pokorny erstmals nach Luft schnappen, was
dann Bronstein die Gelegenheit böte, danach zu fragen,
was denn bitte schön der Mord an der Kaiserin Sisi, die
Affäre Redl oder die Oktoberrevolution in Russland –
je nachdem, in welche Richtung Pokornys Erzählung
abschweifen würde – mit dem Wondratschek, vor allem
aber mit Pokornys Laune zu tun habe. An dieser Stelle
würde Pokornys Erzählung abrupt implodieren und
irgendeine banale Auflösung anbieten, die es Bronstein
endgültig bereuen lassen würde, der Neugier den Vor-
zug gegenüber der Ruhe gegeben zu haben.

Und doch konnte er nicht anders. Sein Wissensdurst
ließ ihn mitspielen.

»Der Wondratschek? Wer ist jetzt bitte wieder der
Wondratschek?«

Pokorny verdrehte die Augen und seufzte.

»Geh bitte, Oberst, das solltest aber schon wissen.«

Bronstein war weder der Tadel in Pokornys Stimme
entgangen noch der Umstand, dass dieser einmal mehr
Bronsteins Rang absichtlich falsch benannte. Mit Beginn
des Jahres hatte Bronstein die nötigen Dienstjahre für die

149

nächste Beförderung erreicht und war so zum Oberstleutnant avanciert, doch Pokorny bezeichnete ihn seitdem konsequent als Oberst, da dies, wie er schlicht
erklärte, kürzer sei.

»Na, dann erklär's mir halt«, ignorierte Bronstein
Pokornys Eigenwilligkeiten.

»Der Einbrecher, der seit fünf Jahr' alle Palais in der
Innenstadt unsicher macht«, ließ sich Pokorny endlich
vernehmen.

Ein Einbrecher? Sie waren vom Mord, was ging sie
irgendein Räuber an?

»Der Wondratschek ist also ein Einbrecher?«

»Genau!«

»Und was geht der dann uns an? Wir sind vom Mord,
falls du das vergessen hast.«

Pokorny blies Luft aus, beschrieb einen merkwürdig
unrunden Halbkreis mit dem Kopf und machte dabei
eine hilflose Geste mit beiden Händen.

»Das hat mit der Jordanstraße zu tun«, sagte er endlich.

Bronstein ließ seine rechte Hand vor seiner Brust kreisen und bedeutete seinem Mitarbeiter damit, er möge
zum Punkt kommen.

»Weißt, der Wondratschek ist den Kollegen zum ersten
Mal im 19er Jahr aufg'fallen. Da hat er ziemlich sicher a
Villa in Döbling g'macht, aber sei damaliges Gspusi hat
ihm ein hieb- und stichfestes Alibi gegeben, sodass er
freigesprochen worden ist. Ein halbes Jahr später hat er
eine Privatwohnung in der Belvederestraßen ausg'räumt
und ein paar Tage später eine in der Elisabethstraßen. Das
wissen wir, weil er Schmuckstückeln, die aus den bei-

den Raubzügen stammten, bei einem Hehler verdreht hat. Doch mit einer Verurteilung war's wieder nix, weil drei von seine Spezis Stein und Bein g'schworen haben, dass der Wondratschek das Klumpert beim Kartenspielen g'wonnen hat. Von einem Fremden natürlich, der so hoch verloren haben soll, dass er seine Spielschulden mit die Klunker bezahlt hat. Na, der Fremde war natürlich wie vom Erdboden verschluckt. Nachweisen hat man dem Wondratschek nix können, weil der auch noch g'sagt hat, er hat net g'wusst, dass der Brillantinger ein Hehler is', und so hat uns der Wondratschek schon wieder die lange Nase gedreht.«

Bronstein riskierte wieder einen Blick auf die Uhr. Wenn Pokorny jetzt erst beim Jahr 1920 angelangt war, dann würde es bis 14 Uhr dauern, ehe er sich der Gegenwart anzunähern begann.

»Gut«, schnitt er daher seinem Gegenüber die Rede ab, »der Wondratschek war also ein ziemlich kluger Räuber, der es verstanden hat, unseren Kollegen immer wieder durch die Lappen zu gehen. Kommen wir …«

»Na, was heißt!«, verschaffte sich Pokorny wieder Gehör, »genarrt hat er uns. Volle vier Jahre lang. Nie hamma ihm was anhängen können. Bis heuer im Februar ned. Da hat er den Bruch in der Jordanstraßen g'macht.«

Na bitte, der Sprung in die Gegenwart war geglückt.

»Aha. Und was war da?«

Noch ehe Pokorny Luft geholt hatte, gebot ihm Bronstein mit angehobener Hand Einhalt. »Lass mich raten. Diesmal hat ihn jemand auf frischer Tat ertappt, und er hat die betreffende Person kaltgemacht.«

151

Pokorny war die Enttäuschung deutlich anzusehen. Er brauchte geraume Zeit, bis er sich wieder gefangen hatte. Dann jedoch setzte er erneut an: »Er hat natürlich wieder alles abgestritten, hat gesagt, er war gar nicht dort. Und selbst wenn er etwas mit dem Einbruch zu tun gehabt hätte, so hätte er unter Garantie niemals jemanden umgebracht. Doch wer, bitte schön, soll ihm das glauben? Immerhin hat der immer alles abgestritten. Und wer einmal lügt, der …«

Bronstein schnitt dem Kollegen wieder die Rede ab. Er wiegte den Kopf hin und her und meinte dann, für ihn klinge das nicht logisch. »Nehmen wir einmal an, dieser dein Wondratschek ist wirklich ein hauptberuflicher Einbrecher, und das schon seit mindestens fünf Jahren. Dann entspräche es sichtlich wirklich nicht seiner Arbeitsmethode, Menschen dabei zu Schaden kommen zu lassen.«

»Ich bitt’ dich, Oberst! Reine Schutzbehauptung! Wahrscheinlich hat er bisher immer nur Glück gehabt, der Wondratschek, dass ihn niemand dabei erwischt hat. Und wie dann doch einmal jemand gekommen ist, da hat er halt die Nerven verloren und die Alte abgekragelt.«

»Die Alte? Wer war denn das Opfer?«

»Die Zugehfrau. Der Wondratschek hat wahrscheinlich geglaubt, das Haus ist leer, und er hat nicht damit gerechnet, dass da die Dienstboten auftauchen. Und wie die dann gekommen ist, hat er natürlich gewusst, dass seine Strategie zum ersten Mal nicht verfangen wird.«

Nun schüttelte Bronstein erst recht den Kopf. »Das glaubst jetzt aber selber nicht, oder? Der hätt’ natürlich wieder seine Haberer für sich aussagen lassen. Dann sagen fünf Leute, klar, der hat mit uns tarockiert, und eine Hausdienerin sagt, er war's. Da traut sich kein Richter einen Schuldspruch zu.«

»Aber die Geschworenen schon. Die sind heutzutage selbst Bedienstete und andere kleine Leute. Die nehmen so etwas sehr persönlich.«

»Wie schaut der überhaupt aus, der Wondratschek?«, fragte Bronstein unvermittelt. Pokorny kramte in seinen Aktenbergen und zog schließlich eine rote Mappe hervor, die er umständlich öffnete. Er entnahm ihr eine Polizeifotografie, die er Bronstein über den Schreibtisch hinüberreichte. ›Josef Wondratschek‹, las dieser, ›geboren 16. Juli 1890 in Engerau‹. Der Mann, der ihm hier entgegenblickte, wirkte ziemlich filigran. Schwer untergewichtig, traten ihm die Backenknochen deutlich aus dem eingefallenen Gesicht, während die Augen tief in den Höhlen lagen. Das schwarze Haar klebte fettig an der Stirn, wobei Bronstein nicht zu sagen vermochte, ob es einfach nur sehr lange nicht gewaschen worden war oder ob der Mann sie mit Brillantine pomadisierte. Unter der knöchernen Adlernase hing ein quadratisches Bärtchen, wie es viele Bauern in den alpinen Gegenden trugen.

»Der schaut ziemlich schwindsuchtig aus«, sagte er schließlich.

»Bitte schön, das weiß ich nicht«, entgegnete Pokorny. »Jedenfalls haben s' uns den Fall vorige Woche zuwebeutelt, weils' g'meint haben, das ist jetzt unsere Sache.«

»Aha – und warum weiß ich davon nix?«

»Na ja, Oberst, du hast ja ohnehin so viel um die Ohren, da wollt' ich dir nicht den Fall auch noch umhängen.«

Unwillkürlich musste Bronstein schmunzeln. DAS

war nun eine reine Schutzbehauptung gewesen. Pokorny hatte fraglos das dringende Bedürfnis verspürt, auch einmal einen Fall glanzvoll zu lösen und dafür höheren Orts belobigt zu werden. Da kam ihm jemand wie dieser Wondratschek gerade recht. Mutmaßlich wusste man ganz genau, wo der sich üblicherweise aufhielt, man brauchte ihn also nur noch einzukassieren und anschließend weichzuklopfen. Zumindest war Bronstein davon überzeugt, dass Pokorny so gedacht haben musste, als er den Fall Wondratschek klammheimlich zu seinem eigenen gemacht hatte. Und dass Pokorny nun so tat, als wäre es ihm nur darum gegangen, ihm, Bronstein, nicht noch mehr Arbeit aufzuhalsen, das war pure Schönfärberei. Die umso schaler schmeckte, als Pokorny ja offenbar in seinen Versuchen, den Wondratschek dingfest zu machen, kläglich gescheitert war. Nach außen hin aber bemühte sich Bronstein, sich nicht anmerken zu lassen, zu welchen Schlüssen er eben gekommen war.

»Verstehe. Und was ist jetzt also passiert, dass du dich gar so giftest?«

»Na, gar nix«, entfuhr es dem Untergebenen, »ich hab' glaubt, ich hab' den Filou im Sack, wie ich erfahren hab', dass er heute Nacht im 15. draußen einen Stoß spielt. Aber das war offenbar eine Falschmeldung. Er war gar ned da und ist auch die ganze Nacht ned kommen. Und später hab' ich dann g'hört, dass der Wondratschek in Wirklichkeit schon gestern früh palessiert ist.«

»So? Und wohin?«

Ein neuerlicher Wortschwall war die unausweichliche Folge dieser Frage. Weitschweifig erklärte Pokorny, man habe ihn wohl gelinkt, Wondratschek habe zu keiner Zeit vorgehabt, besagtes Café aufzusuchen. Vielmehr habe er nur versucht, Zeit zu gewinnen, um in aller Ruhe das Land zu verlassen, während sich die polizeilichen Ermittlungen – also seine, Pokornys – darauf konzentrierten, das Lokal in Fünfhaus zu überwachen. Spätere Recherchen, so das Resümee der langen Rede, hätten ergeben, dass Wondratschek am frühen Abend des Vortages einen Zug am Westbahnhof bestiegen habe, dessen Zielbahnhof Paris gewesen sei.

»Na, so was. Die ganze Wiener Polizei, mit der einsamen Ausnahme meiner Person, rückt aus, um einen Serieneinbrecher zu stellen, und der fahrt derweil seelenruhig an die Seine, um dort die Puppen tanzen zu lassen. Na, das nennt man wohl savoir vivre.«

»Das glaub' ich nicht«, hielt Pokorny dem entgegen, wobei ihm der ironische Unterton seines Vorgesetzten wieder einmal völlig entgangen war. »Die Ermittlungsgeschichte zeigt eindeutig, dass der Wondratschek immer nur dann einen Bruch g'macht hat, wenn er das Vermögen aus dem jeweils vorigen Verbrechen restlos durchgebracht hat. Der hat immer alles auf den Kopf g'haut – für Wein, Weiber und Gesang, wie man so schön sagt. Und daher gehe ich davon aus, dass er vor der Jordanstraßensache abbrennt war wie ein Luster. Und nachdem die G'schichte so kolossal schiefgegangen ist, hat er sicher keine Zeit g'habt, irgendetwas von der Beute zu versilbern. Ich frag' mich sogar, wie es ihm gelungen ist, an die Fahrkarte nach Paris zu kommen. Nach meiner Meinung ist der jetzt nicht im Moulin Rouge, sondern schlaft unter der Brücke, wennst weißt, was ich mein', Oberst.«

»Dein Wondratschek ein … wie heißt das gleich noch

einmal? – ein … ein Clochard? Wozu das denn? Das hätt'
er in St. Pölten billiger haben können.«

»Na, das glaub' ich eh nicht. Ich denk mir etwas
anderes.« Dabei bemühte sich Pokorny um einen hin-
tergründigen Gesichtsausdruck. Bronstein spielte mit
dem Gedanken, seinen Mitarbeiter nun nicht aus dieser
Pose zu erlösen, sondern einfach eisern zu schweigen,
bis Pokorny buchstäblich die Luft ausging, doch dann
obsiegte das Mitleid, und Bronstein fragte, was er sich
denn denke, der Pokorny.

»Ganz einfach. Der ist in Paris nur auf Zwischenstation.
Der fahrt von dort mit dem nächsten Zug nach Süden,
und dort schließt er sich der Fremdenlegion an.«

Die Fremdenlegion! Bronstein wusste um die vielen Geschichten, die sich um diese legendenumwo-
bene Einheit rankten. Ein wüster Haufen von primi-
tiven Kraftlackeln, die an den entlegensten Orten der
Welt für die Tricolore Krieg führten. Unweigerlich entstanden in seinem Kopf die sandigen Weiten der Rifka-
bylen, wo ein windiger Berber, der, soweit sich Bronstein erinnerte, Abd El Krim hieß, seit einigen Jahren
Europäer im Dutzend niedermetzelte. Ausgerechnet
dorthin sollte der Wondratschek flüchten wollen? In
Stein hatte er es sicher gemütlicher als in der nordafri-
kanischen Wüste.

»Ja«, fuhr Pokorny derweilen fort, »wenn du in die
Fremdenlegion eintrittst, wirst du automatisch franzö-
sischer Staatsbürger. Und wir haben den Aufdrehten.«

»Ist das sicher? Ich glaub', Staatsbürger wirst erst,
wenn du fünf Jahre Dienst geschoben hast bei denen.«
Bronstein rief sich das Bild Wondratscheks noch einmal

vor Augen. So schwächlich, wie der Mann aussah, würde er nie fünf Jahre durchhalten.

»Das ist doch egal«, protestierte Pokorny. »Wenn du als Österreicher in einer fremden Armee dienst, wird dir automatisch die österreichische Staatsbürgerschaft aberkannt. Und damit ist der Wondratschek automatisch aller Sorgen ledig. Denn selbst, wenn er nach Wien zurückkommt, können wir ihn höchstens als unerwünschten Ausländer abschieben.«

Bronstein schmunzelte. »Da hast aber nicht gut aufgepasst im Lehrgang. Für uns ist das völlig wurscht, was für eine Staatsbürgerschaft einer hat. Sobald er bei uns ein krummes Ding dreht, ist er fällig. Dann sitzt er. Ausgewiesen wird er bestenfalls danach. Du siehst also, die Legion nützt deinem Wondratschek original gar nix.«

Pokorny war nicht bereit, sich so schnell geschlagen zu geben. Er setzte zu einer Erwiderung an, als es an der Tür klopfte. Es war wenige Minuten nach 10 Uhr vormittags, und Bronstein fragte sich, wer da nun Einlass begehren mochte. »Herein!«, rief er mit sonorer Stimme.

Ein Bürodiener betrat den Raum. »Entschuldigung untertänigst die Störung. Aber der Herr Polizeipräsident hat für elf Uhr eine Sitzung anberaumt, an der, wie mir der Herr Hofrat auszurichten aufgetragen hat, auch der Herr Oberstleutnant teilnehmen soll.« Von der Mühe, eine solche Proklamation von sich geben zu müssen, überwältigt, sank der Beamte in sich zusammen, als hätte er eben ›Nenikekamen‹ gerufen. Bronstein war so fasziniert von der theatralischen Darbietung des Mannes, dass er gar nicht auf die Idee kam, sich zu fragen, von welchem Hofrat da die Rede sein könnte. Stattdessen erkundigte

157

er sich nur nach dem Ort, an dem diese Sitzung stattfinden sollte.

Bronstein konnte eine gewisse innere Erregung nicht leugnen. Er stand seit rund 16 Jahren im Dienste der Wiener Polizei, doch niemals war jemand auf die Idee gekommen, ihn zu einer Versammlung der leitenden Beamten einzuladen, nicht einmal nach spektakulären Erfolgen, wie sie ihm im Laufe seiner Karriere mehrmals gelungen waren. Es musste sich also schon um eine außergewöhnliche Frage handeln, wenn man sogar ihn hinzuzog, und Bronstein überlegte, ob man ihn wohl auch nach seiner Meinung fragen würde. Und dann auch gleich beim Polizeipräsidenten!

Nicht, dass Bronstein Schober sonderlich gemocht hätte. Im Gegenteil. Er verachtete den deutschtümelnden Arroganzler von ganzem Herzen. Seit der Mann einige Monate als Bundeskanzler amtiert hatte, war er überhaupt nicht mehr auszuhalten und hielt sich für einen neuen Metternich, den nur die Unbilden des Schicksals daran hinderten, Kutscher Europas zu sein. Und als Mann mit unverkennbar jüdischem Nachnamen hatte Bronstein bei dem hochnäsigen Provinzler von vornherein kein leichtes Leben, was ihm Schober naturgemäß nicht sympathischer machte.

Wer wohl der ›Hofrat‹ sein mochte? Der Berger vielleicht von der Staatspolizei? Oder der Wurzinger von der Fremdenpolizei? Nun gut, Hofräte waren eigentlich alle höheren Beamten des Hauses, sogar Schobers rechte Hand Seydel hatte diesen Titel. Bronstein beschloss, sich überraschen zu lassen. Obwohl, er tippte auf Berger, der als Einziger von den höhergestellten Persönlichkeiten stets ein nettes Wort für die Kollegenschaft übrighatte. Dem Seydel war er hingegen nur ein einziges Mal nähergekommen, und das unter Umständen, an die dieser wohl kaum mehr erinnert werden wollte.

»Haaallo!«

Pokorny war sichtlich pikiert, dass ihm Bronstein keinerlei Aufmerksamkeit mehr schenkte. »Kaum kommt einmal der Ruf von oben, schon sind wir da unten dir vollkommen egal!«

»Wir?«

»Na, der Wondratschek und ich.« Pokorny bemühte sich um ein Lächeln.

»Weißt was«, sagte Bronstein mit aufkommendem Widerwillen, »ich geh' jetzt einmal brunzen. Und dein Wondratschek soll von mir aus schei …«

Ohne ein weiteres Widerwort von Pokorny abzuwarten, erhob sich Bronstein umständlich und verließ den Raum. Am Gang wandte er sich nach links, ging ein paar Meter geradeaus und bog dann neuerlich nach links ab. Er stellte sich auf den Abtritt, schob sein Jackett zur Seite und begann sodann, seine Hose aufzuknöpfen.

Am Gang zog er seine Taschenuhr aus der Weste und stellte fest, dass es knapp nach halb elf war. Begab er sich nun noch einmal in sein Büro, dann bestand die drohende Gefahr, dass ihn Pokorny so mit seinen kruden Theorien in Beschlag nahm, dass Bronstein womöglich zu spät auf der Sitzung erschien. Ein solches Risiko galt es unbedingt zu vermeiden. Er beschloss daher, in der Kantine noch schnell einen Kaffee zu trinken und dazu eine Zigarette zu rauchen, dann war er ganz sicher rechtzeitig im genannten Besprechungsraum.

159

Ziemlich genau 25 Minuten später betrat Bronstein die ihm genannte Örtlichkeit und stellte fest, dass er der Erste war. Unsicher, ob er sich einfach setzen oder stehend warten sollte, entschied er sich dazu, besonderes Interesse für das Ölgemälde zu entwickeln, das wohl schon seit der Erbauung des Gebäudes dort an der Wand hing. Bronstein hatte jedoch kaum länger als eine Minute auf die Leinwand gestarrt, als sich die Tür öffnete und die Hofräte Berger und Wurzinger eintraten.

»Ah, grüss' Sie, Bronstein«, sagte Berger jovial und streckte ihm die Hand entgegen, die Bronstein mit einer leicht angedeuteten Verbeugung ergriff. »Den Kollegen Wurzinger kennen Sie ja sicher. Ferdinand, das ist Kollege David Bronstein vom Mord.«

»Ah, die Redl-Sache. Ich erinnere mich«, meinte Wurzinger knapp und reichte Bronstein gleichfalls die Hand. »Gut, dass Sie da sind«, fuhr Berger fort, »sehr diffizile Sache, um die es hier geht. Der Präsident braucht dringend eine Entscheidung, und ich habe mir erlaubt, Sie beizuziehen, weil Sie, nun ja, bekannt dafür sind, auch in schier ausweglosen Lagen eine Lösung zu finden.«

Bronstein konstatierte ein nervöses Zucken des rechten Mundwinkels. Dafür war er bekannt? Und worum ging es, um Himmels willen? Was erwartete man von ihm? Oh Gott, er würde sich ohne Frage bis auf die Knochen blamieren! Sein ganzer guter Ruf, so er überhaupt einen hatte, würde sich in Nichts auflösen, und er würde sich als Postenkommandant in Floridsdorf wiederfinden.

»Worum geht es …« Bronstein kam nicht dazu, seine Frage zu vollenden, denn die Tür flog erneut auf, und Polizeipräsident Schober mit Vizepräsident Seydel und

160

weiteren hohen Beamten im Schlepptau erschien auf der Szene. Ohne Umschweife nahm er am Kopf des schweren Eichentisches Platz, und sein Gefolge verteilte sich gleichmäßig zu seiner Linken und zu seiner Rechten. Berger setzte sich gleichfalls und bedeutete Bronstein unauffällig, sich neben ihm niederzulassen.

Schober griff nach seiner Taschenuhr, warf einen prüfenden Blick darauf, steckte sie wieder ein und begann ohne weitere Verzögerung mit seiner Rede.

»Mein sehr verehrter Herr Nachfolger«, erklärte er, um daran eine Pause anzuschließen, die allen die Möglichkeit geben sollte, die Ironie, die er in das letzte Wort gelegt hatte, zu erkennen. Natürlich entging sie auch Bronstein nicht. Schober hatte es immer noch nicht verwunden, nicht mehr Kanzler zu sein, und so hasste er den Obmann der Christlichsozialen, der ihn als Regierungschef abgelöst hatte, innig und aufrichtig. Bronstein konnte sich nicht daran erinnern, dass Schober den Namen des Kanzlers jemals ausgesprochen oder irgendwo verwendet hätte, und diese abgrundtiefe Abneigung verließ den Präsidenten sichtlich auch an diesem Tage nicht.

»Hat ein diffiziles Problem am Hals«, fuhr Schober endlich fort, »bei dessen Lösung wir ihm behilflich sein sollen. Dies ist der Grund, warum wir auch die Kollegen aus dem Innen- und aus dem Justizressort beigezogen haben, denn es eilt ein wenig.«

Schober blickte sich am Tisch um, fand augenscheinlich die gesuchte Person und setzte seine Einleitung fort: »Kollege Wurzinger, sind S' doch so nett und bringen alle hier im Raum auf den gleichen Wissensstand.« Dann lehnte sich Schober zurück und faltete die Hände. Wurzinger

161

räusperte sich und ordnete dabei die vor ihm liegenden Papiere. Dann kam er ohne Umschweife zur Sache.

»Es geht um Adolf Hitler. Ich denke, der Name wird allen Anwesenden etwas sagen.«

Bronstein bemühte seine grauen Zellen. Wer war das noch mal? Verstohlen sah er nach links und nach rechts, um festzustellen, ob es anderen genauso ging wie ihm, doch den ausdruckslosen Gesichtern war keinerlei Information darüber zu entlocken. »Der Mann hat vor etwa vier Monaten«, hörte er Wurzinger fortfahren, »in München einen dilettantischen Putschversuch unternommen und steht dafür gerade vor Gericht.«

Ach ja, richtig, jetzt fiel es ihm wieder ein. Irgend so ein Schreihals hatte mit ein paar arbeitslosen Rabauken die Macht in Deutschland ergreifen wollen. Gute Güte, solche Kerle gab es da drüben doch im Dutzend, was ging das Wien an?

»Nun hat die deutsche Seite beim Herrn Bundeskanzler vorgefühlt, wie dieser zu einer Repatriierung stünde.«

Repatriierung? War der Mann Österreicher? Wollten die Deutschen ihn deshalb abschieben? Das konnte doch wohl kaum möglich sein, immerhin war es damals doch, soweit er sich erinnerte, um eine deutsche Erneuerungsbewegung gegangen, die pausenlos »Deutschland erwache« gerufen hatte.

»Der ist Österreicher?« Zum Glück hatte einer der Vertreter des Justizministeriums die Frage gestellt, die auch Bronstein durch den Kopf ging. »Ja«, antwortete Wurzinger, »ich darf an den Kollegen Berger vom staatspolizeilichen Büro übergeben.«

»Meine Herren«, begann dieser, »ich darf davon ausgehen, dass Sie sämtliche Informationen, die Sie nun erhalten werden, vertraulich behandeln. Besagter Hitler wurde 1889 in Braunau am Inn geboren und lebte ab 1907 in Wien, und zwar zunächst im Obdachlosenasyl in Meidling, dann im Männerwohnheim in der Brigittenau. Im Sommer 1913 siedelte er nach München über, wodurch er sich dem Wehrdienst in der kaiserlich-königlichen Armee entzog. Er tat dann dennoch im Weltkrieg Dienst mit der Waffe, und zwar«, und an dieser Stelle blätterte Berger erstmals in seinen Unterlagen, »in der 6. königlich bayerischen Infanteriedivision. Er wurde mehrmals verwundet und mit dem Eisernen Kreuz ausgezeichnet . Nach dem Krieg arbeitete er als Konfident der bayerischen Staatspolizei, das heißt, genau genommen«, wieder blätterte Berger nach, »für die Reichswehrverwaltung, die damals mit polizeilichen Aufgaben betraut war. Wie Sie sich denken können, hat sich der V-Mann seit 1919 selbstständig gemacht und steht nun als Anführer einer Gruppierung namens NSDAP vor Gericht.«

Nun ergriff wieder Wurzinger das Wort. »Den Bayern ist die ganze Sache offenbar peinlich. Sie wollen diesen Hitler anscheinend am liebsten los sein, und darum haben sie sich daran erinnert, dass der eigentlich Österreicher ist. Deshalb hat die bayerische Regierung dem Herrn Bundeskanzler avisiert, dass sie besagten Hitler unmittelbar nach dem Urteil, das für Ende dieses Monats oder spätestens für Anfang April zu erwarten ist, bei Passau über den Inn zu schubsen gedenkt.«

»Genau«, resümierte Schober, »das ist das Problem. Mein sehr verehrter Herr Nachfolger sucht nun ganz g'schwind nach einem Grund, wie man das verhindern könnt'. Narrische Volksverhetzer haben wir schon genug bei uns, da brauchen wir nicht auch noch einen Import aus dem Reich. Meine Herren, wir brauchen also eine Lösung, mit der wir den Bayern sagen können, dass sie sich ihren ... Hitler ... schön behalten sollen. Meine Herren, ich warte auf Ihre Vorschläge.«

Niemand meldete sich zu Wort. Alle schienen zu grübeln. Alle außer Bronstein. Der ging mit größter Selbstverständlichkeit davon aus, dass ihn diese Frage rein gar nichts anging. Er war ein denkbar kleines Rädchen in der großen Welt des österreichischen Sicherheitswesens, und da gab es wahrlich berufenere Geister als ihn, eine solche Frage zu klären. Außerdem verstand er die Fragestellung gar nicht. Ein Krakeeler mehr oder weniger, darauf konnte es doch gar nicht ankommen. Dieses Land hatte einen Lueger und einen Schönerer überlebt, da würde es mit einem aufgeblasenen Ex-Spitzel auch noch fertig werden. Der kannte hier doch ohnehin niemanden, von ein paar Sandlern vielleicht abgesehen, wie sollte dieser Hitler hier also politisch Fuß fassen? Die haben echt Sorgen, dachte sich Bronstein. Die sollten sich einmal die jüngste Kriminalstatistik ansehen! Seit vier Jahren hatte es nicht mehr so viele Eigentumsdelikte gegeben wie seit Beginn dieses Monats. Und die Polizei war machtlos, weil sie kläglich unterbesetzt war. Da hatte man 1919 einen ganzen Haufen von Gendarmen aus allen Teilen der ehemaligen Monarchie in Wien aufgenommen, die meist kein Wort Deutsch verstanden. Natürlich waren die im tagtäglichen Einsatz völlig unbrauchbar gewesen. Wie sollte sich auch irgendein ruthenischer Dorfgendarm, dessen einzige Aufgabe es Jahrzehnte lang gewesen war, eine Wirtshausschlägerei zu verhindern oder für zwei Bauern einen Streit um die Ackergrenze zu schlichten, im Moloch Großstadt zurechtfinden. Natürlich hatte man all diese Lacis und Bacis nicht in der Tagesarbeit eingesetzt, und so waren die Reihen der Wiener Polizei de facto sträflich ausgedünnt. Jeder Ganove konnte in dieser Stadt schalten und walten, wie es ihm beliebte, und die hohen Herren hier hatten keine anderen Sorgen als einen verwirrten Kriegsveteranen, der sich zu Höherem berufen glaubte. Da war ja Pokornys Wondratschek noch eine größere Gefahr für Wien.

Schober riss Bronstein aus seinen Gedanken. »Meine Herren, ich kann nur noch einmal den Ernst der Lage unterstreichen. Wir müssen der Regierung beweisen, dass wir, wenn es darauf ankommt, jederzeit blitzschnell reagieren können. Es darf nicht sein, dass sich der Sicherheitsapparat dieses Landes blamiert – wir sind ja schließlich nicht die Politik, gell!« Dabei bemühte sich der Präsident um ein Lachen, in das die übrigen Beamten pflichtschuldigst einfielen. »Und ausnahmsweise«, setzte Schober dann fort, »verstehe ich die Politik diesmal sogar. Es kann nicht sein, dass uns die Brüder im Reich einfach irgendetwas aufhalsen wollen, nur weil es ihnen gerade so passt. Natürlich sind wir alle Deutsche …« Schober hielt einen Moment inne, und aus ihm unerfindlichen Gründen fühlte Bronstein auf einmal den Blick des Ex-Kanzlers auf sich ruhen. »Aber die Herren in Berlin«, griff Schober den Gesprächsfaden wieder auf, »von München ganz zu schweigen, dürfen nicht vergessen, dass Wien jahrhundertelang die Hauptstadt des Reiches war. Wir machen die Politik, nicht die. Und daher nehmen wir diesen … Hitler dann, wenn wir ihn wollen, und nicht auf Zuruf von draußen. Also, meine Herren, überlegen Sie sich was.«

»Ist der nicht schon naturalisiert?«, wagte sich ein Vertreter des Justizministeriums aus der Deckung. »Der lebt immerhin schon seit über zehn Jahren da drüben.«

»Das wäre er nur«, sprang Berger in die Bresche, »wenn er um die Verleihung der deutschen Staatsbürgerschaft angesucht hätte, und das hat er offensichtlich nicht. Und da ihm also die deutsche Staatsbürgerschaft nicht verliehen wurde, hat er zwangsläufig noch die österreichische. So weit ist die Argumentation der Münchener Kollegen leider stimmig.«

»Ja, warum sperren die den nicht einfach ein und aus? Es ist doch egal, wo der sitzt.« Ein Sektionschef des Innenministeriums wollte offenbar auch einen Wortbeitrag leisten.

»Das ist ja gerade das Heikle an der Sache. In München scheint dieser Hitler schon eine ziemliche Lokalgröße zu sein. Bei seinem Putsch hat ja sogar der Ludendorff mitgemacht, der mit Hindenburg der Chef des Generalstabs des deutschen Heeres gewesen ist. Offenbar scheuen die Richter in München daher vor einer Verurteilung zurück, weil sie sonst auch einen Kriegshelden aburteilen müssten. Daher wollen sie Pontius Pilatus spielen und die ganze Angelegenheit an uns weiterreichen.«

»Sie meinen, eine Ausweisung ohne vorige Verurteilung?«

»Ja, was weiß denn ich! Jedenfalls wollen s' ihn loswerden, und das schnell. Und unsere Aufgabe ist es, den

Kelch an uns vorübergehen zu lassen«, riss der Präsident die Initiative wieder an sich. »Und da an der Staatsbürgerschaft dieses Kerls offenbar kein Zweifel besteht, müssen wir einen anderen Weg finden, wie wir die Abschiebung nach Österreich verhindern.« Bronstein verfolgte das Geplänkel der leitenden Beamten wie eine Posse im Theater. Keine Frage, er war hier Zuschauer und nicht Akteur. Wenn schon die Herren Ministerialräte und Sektionschefs auf keinen grünen Zweig kamen, dann konnte ihm wohl niemand einen Strick aus der Tatsache drehen, dass auch er ratlos war. Und falls ihm Berger nach der Sitzung wirklich vorwerfen sollte, er sei keine Hilfe gewesen, dann würde er eben in die Offensive gehen und erklären, dass die Wiener Polizei angesichts der jüngsten Verbrechenswelle wohl andere Sorgen habe, als sich auch noch um die Lage in München kümmern zu können. Beinahe war Bronstein dem Pokorny dankbar für seine hanebüchene Geschichte mit diesem Wondratschek. Den würde er dem Berger unter die Nase reiben. Der ist uns durch die Lappen gegangen, weil wir viel zu wenig Leute haben, Herr Hofrat! Der sitzt jetzt in Paris anstatt im Einserlandl! Und von dort dreht er uns eine lange Nase, Herr Hofrat, so schaut's nämlich aus. Ja, mit dieser Strategie würde er jede Kritik an seiner Ratlosigkeit erfolgreich abwehren können, dies umso mehr, als ja den anderen auch nichts eingefallen war. Dass der Wondratschek in Wirklichkeit ein armer Hund war, das musste man ja nicht dazusagen. Man konnte ihn vielmehr zu einem Gentleman-Gauner stilisieren, der mit riesiger Beute jetzt auf Graf von Luxemburg machte, denn Berger würde der Sache sicher nicht weiter nachgehen. Und außerdem, wenn Pokornys These stimmte und der Wondratschek wirklich in der Fremdenlegion untertauchte, dann …

Die Fremdenlegion! Moment. Was hatte Pokorny da zuvor doch gleich schwadroniert? Wer in einem fremden Heer Dienst tat, der verlor automatisch durch diese Handlung die österreichische Staatsbürgerschaft! Ganz zufällig hatte Pokorny einmal einen Paragraphen des heimischen Gesetzeswerkes richtig im Kopf behalten! Das stimmte, wer einer ausländischen Macht das Schwert lieh, der ging aller staatsbürgerlichen Rechte verlustig.

Bronstein spürte, wie seine Kehle trocken wurde. Sollte er sich wirklich in diesem erlauchten Kreis zu Wort melden? Er musste diese seine These doch erst einmal in Ruhe zu Ende denken, ehe er damit herausplatzte, sonst erntete er am Ende nur Spott und Hohn anstatt Anerkennung und Lob, wenn er irgendein unsignifikantes Detail vergessen haben sollte. Vielleicht galt dieser Paragraph nur für feindliche Heere und nicht für verbündete?

Unsinn! Ein fremdes Heer war ein fremdes Heer, und gerade die Italiener hatten eindrucksvoll gezeigt, wie schnell aus Verbündeten Feinde werden konnten. Es musste also diese Gesetzesstelle ohne Frage für jede Armee gelten, egal ob Mittelmacht oder Entente. Ja, je länger Bronstein darüber nachdachte, desto sicherer wurde er sich seiner Sache. Er räusperte sich und schob seinen Oberkörper nach vorne.

»Entschuldigung«, hörte er seine eigene Stimme durch den Raum dringen, »wo, sagten Sie, hat der Mann gedient?«

»Bei der 6. königlich bayerischen Infanteriedivision«,

kam die Antwort, »und zwar von August 14 bis November 18.«

»Die unterstand ja wohl kaum dem Oberkommando der österreichisch-ungarischen Armee«, setzte Bronstein nach.

»Natürlich nicht«, kam die verwunderte Antwort vom anderen Ende des Tisches, »die war, wie der Name schon sagt, Teil des bayerischen und damit des deutschen Heeres. Aber ich verstehe nicht ganz, wie uns das in der konkreten Causa weiterbringen sollte …«

Der Hofrat Wurzinger kam nicht weiter, denn Bronstein fiel ihm ins Wort.

»Der Mann hat sich also dem Dienst in der österreichischen Streitmacht entzogen, um sodann in einer ausländischen Armee zu dienen. Korrigieren Sie mich, sehr geehrte Herren, aber wenn mich mein juristisches Wissen nicht trügt, dann erfüllt diese Tatsache einen nicht unerheblichen Straftatbestand, der mit …«, hier machte Bronstein eine dramatische Pause, »dem Entzug der Staatsbürgerschaft geahndet wird. Und zwar automatisch.«

Bronstein lehnte sich wieder zurück und ließ seinen Blick schnell nach links und rechts wandern. Gespannt wartete er darauf, wie die hochgestellten Persönlichkeiten auf seinen Einwurf reagieren würden.

»Sacre bleu«, beendete Berger als Erster das entstandene Schweigen, »der Kollege hat vollkommen recht. Dass wir da nicht gleich drauf gekommen sind. Dieser Hitler hat mit seinem Eintritt in die bayerische Armee automatisch seine österreichische Staatszugehörigkeit verwirkt. Der ist gar kein Österreicher mehr, und zwar schon seit beinahe zehn Jahren!«

Den halb gemurmelten Einwand eines Justizbeamten, was er denn dann sei, wischte Wurzinger, der Berger sofort beipflichtete, mit einem »Na, ein Staatenloser halt« beiseite. Auch Seydel schloss sich der Argumentation an, wenngleich seine Wortschöpfungen eines Mittlers bedurft hätten, um sie in ein verständliches Deutsch zu übersetzen. Schober erkannte, dass die Anwesenden allesamt der Bronsteinschen These folgten, und so zeigte sich schließlich ein schmales Lächeln auf seinen Lippen.

»Ich wusste doch, dass wir im Handumdrehen eine Lösung dieses kleinen Problems finden. Wir sind eben immer noch das Rückgrat dieses Staates. Ohne uns ist kein solcher zu machen, meine Herren, und so soll es auch bleiben. Na, dann werde ich einmal dem Sei …, meinem verehrten Herrn Nachfolger die frohe Botschaft übermitteln. Das wird ihm zeigen, wer hier wirklich weiß, wo's langgeht. Ballhausplatz hin oder her. Meine Herren, ich danke Ihnen. Kollege Wurzinger, damit fällt die Angelegenheit jetzt wohl in Ihr Ressort. Ich darf Sie bitten, sich uns anzuschließen, damit wir gemeinsam einen Schriftsatz aufsetzen, der sich gewaschen hat. Sollen die in München ruhig sehen, wie wir in Wien hier auf Zack sind. Den anderen Herrschaften danke ich für ihre Anwesenheit. Noch einen guten Tag zu wünschen.«

Der Präsident erhob sich, und mit ihm jenes Gefolge, das zuvor mit ihm den Raum betreten hatte. Die Gruppe entschwebte förmlich, und Wurzinger schloss sich ihr an. Zurück blieben Berger und Bronstein. Berger sortierte noch seine Aktenbündel, dann stand auch er auf und trat auf Bronstein zu.

»Das haben S' hervorragend g'macht, Herr Kollege.«

Und nach einer kleinen Pause: »Und es freut mich sehr, dass ausgerechnet Sie diesen genialen Einfall gehabt haben, das wird die alte Zwiderwurzen so richtig fuchsen.«

Bronstein ahnte, worauf Berger da anspielte, doch das war ihm für den Moment egal. Er sonnte sich in dem kleinen Triumph und bemühte sich dabei gleichzeitig, sich das dazugehörige Gefühl nicht anmerken zu lassen. »Das war doch selbstverständlich, Herr Hofrat.«

»Na, sagen Sie das nicht. Sie haben die Regierung aus einer peinlichen Lage befreit! Und machen Sie sich bitte nichts d'raus, dass der alte Grantscherm Ihnen nicht dafür gedankt hat. Er kann halt nicht über seinen Schatten springen, wissen S' eh. Aber ich danke Ihnen dafür von ganzem Herzen. Sie haben wieder einmal das Vertrauen, das man in Sie setzt, voll und ganz gerechtfertigt. Ich werde Ihnen mit dem Maigehalt eine entsprechende Belohnung anweisen lassen, Herr Kollege.«

»Aber das wäre doch nicht nötig, Herr …«

»Papperlapapp! Ehre, wem Ehre gebührt. So, und wenn nichts Wichtiges anliegt, dann nehmen S' Ihnen heute frei. Sie haben Österreich genug Ehre gemacht für einen Tag. Nochmals danke und auf Wiederschauen.«

Bei den letzten Worten streckte Berger Bronstein die Hand hin. Nachdem dieser sie ergriffen und geschüttelt hatte, verließ auch Berger den Raum, Bronstein darin allein zurücklassend. Dieser ließ noch einmal den Blick durch die Stätte seines Triumphs schweifen und sah dann zu, dass er wieder in sein Büro kam.

Dort traf er auf einen immer noch missmutigen Pokorny.

»Weißt was, wir gehen jetzt essen. Ich lad‹ dich ein.«

Erstmals an diesem Tag erhellte sich Pokornys Miene.

»Na, da bin ich natürlich dabei«, gluckste er lachend.

Während des Mahls war es zur Abwechslung an Bronstein, des Langen und Breiten zu erzählen. Er verschwieg dabei auch nicht, wie er auf die Lösung des Problems gekommen war, was nun Pokornys Stimmung wieder verdüsterte.

»Wie verfahren wir jetzt in der Sache Wondratschek?«

»Gar ned.«

»Was heißt da gar ned? Wir können den doch ned laufen lassen! Du, das wird uns verfolgen bis an unser Lebensende. Wenn wir den nicht dingfest machen, dann werden wir jeden Tag an ihn denken.«

»Geh, bitte, lass die Kirche im Dorf. Hitler, Wondratschek, Krethi und Plethi. Das sind doch alles nur Nullen. Der Wondratschek wird froh sein, dass er bei uns ned Sacklpicken muss. Und wenn du recht hast, dann sitzt er jetzt ohnehin schon in irgendeinem Schiffanakl in Richtung Afrika. Von dort kommt er die nächsten 60 Monat' dann eh ned weg, und eines sag ich dir, da kannst mich zitieren: in fünf Jahren werden wir an den Wondratschek genauso wenig mehr denken wie an diesen anderen Narren.«

1925: ER UND SIE

»Hörst, erinnerst dich noch an den Schweinebären aus dem achten Hieb? Diesen Bettenreiter?«

Bronstein sah aus seinem Aktenberg auf und zog die Augenbrauen grüblerisch zusammen: »Du meinst den Bettauer, oder?«

»Wie auch immer«, raunte Pokorny und machte dabei eine wegwerfende Handbewegung, um danach erstaunlicherweise schweigsam zu bleiben.

»Und?«, murrte Bronstein nach einer Weile, der bohrenden Blicke überdrüssig. »Ja, ich erinnere mich. Wir haben ihn doch erst vor drei Wochen vernommen, wegen der Giftmischerin. Was soll mit dem sein?«

»Na ja. Da draußen ist seine Sekretärin und will eine Anzeige machen.«

Bronstein schloss den Aktendeckel möglichst geräuschvoll und seufzte vernehmlich: »Was denn? Hat schon wieder irgendwo irgendwer irgendwen vergiftet und beruft sich dabei auf diesen Schmierfinken als geistige Inspiration – oder was?«

»Nein. Soweit ich das verstanden habe, hat sie Angst um ihren Chef. Also, dass der jetzt das Opfer werden könnt'.«

So unlogisch schien das gar nicht zu sein. An der Person Hugo Bettauer schieden sich seit Jahren die Geister. Er galt als einer der erfolgreichsten und gleichzeitig kontroversiellsten Schriftsteller seiner Zeit. Seine Romane, durchweg ebenso reißerisch wie spannend, gingen weg wie die sprichwörtlichen warmen Semmeln und erreichten Auflagen, von denen die erklärten Olympier der schreibenden Zunft wie Werfel, Zweig oder Musil nur träumen konnten. Erschien ein neues Werk aus der Feder Bettauers, so dauerte es in der Regel nur wenige Wochen, bis es auch schon verfilmt war. Und in die Lichtspiele, in denen diese Streifen gezeigt wurden, strömten die Massen ebenso wie zuvor in die Buchhandlungen, die Bettauers Bücher feilboten. Und damit hätte es sein Bewenden haben können. Doch diese Tätigkeit schien Bettauer nicht auszulasten, weshalb er eine eigene Zeitschrift gründete, der er es verdankte, seit geraumer Zeit heftig angefeindet zu werden.

Bronstein erinnerte sich noch gut daran, wie im Vorjahr die Wogen hochgegangen waren, als die Behörden Bettauers Blatt verbieten wollten. Das Magazin nannte sich ›Er und Sie‹ und wollte, wie Bettauer behauptete, sexualpolitische Aufklärung bieten. Doch real war das Blättchen nichts als Schweinekram, und so schossen sich vor allem die Kirche und die Deutschnationalen – für die Bettauer ob seiner Herkunft nach wie vor Jude war – auf den Mann ein.

»Na«, sagte Bronstein daher zu Pokorny, »das ist ja auch nichts Neues. Dieser großdeutsche Gemeinderat, der ruft ja schon seit Monaten dazu auf, den Bettauer zu lynchen. Und passiert ist nichts. Also warum fürchtet sie sich dann?«

»Das ist ja der Punkt. Sie sagt, jetzt wird's wirklich ernst.«

»Na, Schmäh ohne?«

Pokorny nickte nur. Bronstein signalisierte durch schnelles Ausstoßen von Atemluft Unwillen, ließ seinen Körper auf die Sessellehne zurückfallen und meinte dann resigniert: »Na, dann brings‹ halt rein, in Gottes Namen.«

Pokorny entschwand am Gang und kam wenige Augenblicke später mit einer aparten Mittzwanzigerin wieder zurück. Sofort änderte Bronstein seine Haltung. War er eben noch wild entschlossen gewesen, die potentielle Nervensäge durch ein paar schneidende Worte aus dem Raum zu belfern, so beschloss er in dem Moment, als die Frau sich von Pokorny den Wintermantel abnehmen ließ, dass die Vernehmung der Dame oberste Beamtenpflicht sei, die mit aller Sorgsamkeit und ohne jede zeitliche Beschränkung gründlichst und bürgerfreundlichst zu erfolgen habe. Wie sagte doch Bürgermeister Reumann immer? Die ganze Verwaltung ist um des Volkes willen da! Na bitte, da konnte man sich als kleiner Kieberer doch nicht ausnehmen! Das gnädige Fräulein hatte ein Anliegen, dem gnädigen Fräulein musste geholfen werden.

Katzengleich war Bronstein aus seinem Sessel aufgesprungen und schnappte nach der Hand der Sekretärin, die er formvollendet küsste. »Gnädigste, Major Bronstein. Ich stehe voll und ganz zu Diensten.« Dabei verbeugte er sich.

»Wenn die Dame Platz zu nehmen beliebt?« Mit einer Geste, wie sie gestelzter selbst am französischen Hofe zu Zeiten Ludwigs XIV. nicht vollführt hätte werden können, wies er auf den Petentensessel, den er ihr sodann auch noch artig zurechtrückte, ehe er sich wieder auf seine Seite des Schreibtischs verfügte.

»Darf ich Ihnen eine kleine Stärkung aufwarten lassen? Kaffee vielleicht? Oder, angesichts der Kälte da draußen, ein Glaserl Tee? Meinem Mitarbeiter wird es auch eine Freude sein, Ihnen gegebenenfalls einen kleinen Imbiss … nicht? Die Linie? Gnädigste, Sie belieben zu scherzen! Ihre Linie ist, mit Verlaub …, ah, Sie wollen zur Sache kommen… Gut, ja, äh.«

Bronstein kaute an seiner Unterlippe, stand noch einen Moment ratlos im Raum, ehe er beschloss, sich gleichfalls zu setzen. »Pokorny«, rief er, um seine Souveränität wieder zu erlangen, »einen Kaffee! Aber pronto!«

»Alsdern, gnädiges Fräulein, was darf ich für Sie tun?«

»Die wollen meinen Chef umbringen!«, platzte es aus der Frau heraus.

»Mein Mitarbeiter hat mir bereits mitgeteilt, wer Ihr Chef ist. Was dieser geistig arme Tropf aber zu erwähnen vergessen hat – und was viel wichtiger ist: mit wem habe ich überhaupt das Vergnügen?«

Die Sekretärin sah kurz irritiert auf, beschloss dann jedoch, die Frage des Majors zu beantworten: »Maria Lang heiße ich. Ich bin die persönliche Assistentin von Herrn Bettauer.«

»Ah ja! Sehr angenehm, Fräulein Lang. Jetzt erzählen Sie mir einmal bitte in aller Ruhe und Ausführlichkeit, was Sie zu der Vermutung bringt, dass Ihr Chef in Gefahr ist. Also über das bereits bekannte Maß hinaus, denn, wenn ich das so sagen darf, im Großen und Ganzen bin ich ja mit dem Fall vertraut.«

Die Lang sammelte sichtlich Kraft, dann begann sie zu sprechen: »Der Herr Bettauer, der ist ja nicht nur der geniale Schriftsteller, den jeder kennt. Er ist auch ein guter Samariter, wie es in dieser Stadt keinen zweiten gibt. In der Redaktion …«

»Die in der Lange Gasse im 8. Bezirk?«

»… ja! In der Redaktion hält er zweimal die Woche Sprechstunden für Bedürftige ab. Sie glauben ja gar nicht, Herr Inspektor, wer da alles kommt! Das sind bei Weitem nicht nur Leut', die ein … sexuelles … Problem haben, da sind unendlich viele Arbeits- oder Wohnungslose darunter, die den gnädigen Herrn um Geld oder Unterkunft angehen. Ich sag's Ihnen, bei uns geht's oft gar nicht zu wie in einer Zeitungsredaktion, sondern weit eher wie in einem Sozialamt.«

Bronstein erinnerte sich an diese ›Sprechstunden‹. Durch eben diese war er ja erst in persönlichen Kontakt zu Bettauer gekommen. Vor drei Wochen erst, Mitte Februar, hatte er Bettauer im Namen des Sicherheitsbüros vorgeladen, da dieser in seinem Magazin über eine Frau geschrieben hatte, die ihm im Rahmen einer solchen Aussprache gestanden haben wollte, ihren Mann vergiftet zu haben. Diese Sache war natürlich an ihm hängen geblieben, und so ermittelte er seitdem in einem Mordfall, der, wie sich mehr und mehr zeigte, noch in der Monarchie geschehen war, falls er nicht überhaupt – und diese Version hielt Bronstein mittlerweile für die wahrscheinlichste – lediglich in der Einbildung einer überspannten Alten existierte, die es nicht verwand, dass sich ihr Ehemann bei gutem Wind von ihr verabschiedet hatte. Bettauer war jedenfalls dieser Ansicht gewesen, und da man ihm auch beim bösesten Willen in dieser Sache keinen Vorwurf machen konnte, hatte Bronstein den Schriftsteller nach einem kurzen Gespräch wieder entlassen.

»Sozialamt, ha?«, sagte er, um der Lang zu signalisieren, dass er ihren Ausführungen aufmerksam gelauscht hatte.

»Sie glauben gar nicht, Herr Inspektor, wie oft der gnädige Herr zu mir ins Vorzimmer gekommen ist, um sich bei mir ein Geld auszuborgen, bloß, damit er wieder einem von diesen Unglückswürmern etwas zustecken konnte. So viel kann der gnädige Herr gar nicht verdienen, wie er verschenkt. Bei dem rinnen die Kronen kiloweis' aus dem Haus.«

»Na, das ist doch sehr löblich! Wo ist da das Problem?«

»Wie Sie sicherlich wissen, wird mein Chef von gewissen politischen Kreisen auf höchst aggressive Weise angefeindet. Die Deutschradikalen, die trachten ihm nach dem Leben. Und schön langsam kriegt es dieser feine Herr wirklich auch selbst mit der Angst. Stellen Sie sich Ihnen vor, Herr Inspektor, er hat sogar sein Testament g'macht. Und es vergeht kein Tag, an dem wir nicht etliche Briefe bekommen, in denen er mit dem Tod bedroht wird… Warten S', ich hab' Ihnen ein paar davon mitgebracht.«

Die Lang griff in ihre Tasche und zog ein Bündel Briefe daraus hervor, das sie Bronstein über den Tisch hinweg in die Hand drückte. Bronstein öffnete wahllos einen davon und begann zu lesen: ›Du Judensau! Verrecke!‹ Nun, nicht gerade originell. Ein anderer Briefschreiber hatte sich da schon mehr Mühe gegeben: ›Wir werden dich auf die Gaslaterne hängen, du moralloses Schwein.‹ Ein dritter schien den Vogeldoktor vom Alsergrund dringend nötig zu haben, denn er beschrieb detailgenau, wie er Bettauer auszuweiden gedachte: ›Ich schlize dir den Bauch auf und hohle deine Gederme heraus, die gebe ich dir dann zum fressen, damit du daran erstikkst, du Ostler.‹ Ohne Frage war dieser Drohbriefschreiber eine Zierde seines germanischen Volkes. Bronstein verzichtete auf die Lektüre der restlichen Elaborate, sie würden ihn kaum noch überraschen können.

»Das ist wahrhaft übel, Fräulein Lang«, wandte er sich wieder der Sekretärin zu, »aber glauben Sie mir, deshalb braucht man noch nicht den Kopf hängen zu lassen. Solche Post bekommt praktisch jede Berühmtheit, vom Filmsternchen bis zum verehrten Herrn Kardinal. Das ist so eine Art Ventil für schlichte Gemüter. Die würden es aber allesamt niemals wagen, ihren vorlauten Worten auch irgendeine Tat folgen zu lassen. Glauben Sie einem alten Kriminalisten: gefährlich sind nur die, die nichts ankündigen.« Dabei setzte Bronstein ein selbstbewusstes Lächeln auf.

»Deswegen bin ich ja da«, insistierte die Lang.

»Wie? Deswegen?«

»Sehen S', heute Vormittag war so eine komische Gestalt in der Kanzlei. Die hat eigentlich gar nichts g'sagt, außer natürlich, den gnädigen Herrn sprechen zu wollen, der aber nicht da war. Das hab' ich dem Mann auch gesagt, und der hat sich erkundigt, wann er denn wieder da sei. Da hab' ich halt g'sagt, um drei. Er hat g'nickt und ist gangen. Aber wissen S', Herr Inspektor, den hätten S' sehen müssen. Da ist es einem kalt über den Rücken gelaufen, wie der da war. Die ganze Art, wie der 'gangen ist und g'schaut hat. Direkt zum Gruseln. Und jetzt hab' ich halt große Angst, dass der wiederkommt und dann dem gnädigen Herrn wirklich etwas antut.«

Das war also des Pudels Kern. Die loyale, ihrem Chef bedingungslos ergebene Vorzimmerdame sorgte sich um das Leben ihres Brötchengebers, weil ein Schrull in den Räumlichkeiten der Redaktion aufgetaucht war, wie es wahrscheinlich alle zwei, drei Tage einmal geschah. Doch bislang hatte die Sekretärin keine Veranlassung gesehen, argwöhnisch zu sein. Nun aber übertrug sich die Angst des Chefs auf die Mitarbeiterin, und so sah sie plötzlich Gefahr, wo nach aller Logik gar keine war.

Natürlich ließ Bronstein die Lang nicht an diesen seinen Gedanken teilhaben, denn dafür war ihre Erscheinung viel zu berückend. Einer solchen Schönheit musste man viel zuvorkommender begegnen.

»Schauen Sie, gnädiges Fräulein, ich verstehe Ihre Sorge. Und ich meine, nebenbei bemerkt, dass der Herr Bettauer sich glücklich schätzen kann, eine derart fürsorgliche Assistentin zu haben. Auch bin ich weit davon entfernt, Ihrer Beobachtung nicht allerhöchste Priorität einzuräumen. Allerdings sind mir, und zwar von Gesetzes wegen, die Hände gebunden.«

Er wartete einen Moment, wie die Lang auf diesen Satz reagieren würde. Doch da diese einfach nur dasaß und ihn durchdringend ansah, fuhr er erklärend fort: »Wir leben ja jetzt in einer Demokratie. Da darf die Polizei niemanden festnehmen, nur weil er, sagen wir, böse schaut. Selbst die Ankündigung eines Verbrechens ist als solche noch nicht strafbar, solange nicht der dringende Verdacht besteht, dass dieser Ankündigung auch tatsächlich eine Tat folgt.«

Er langte in die Innentasche seines Jacketts und holte sein Zigarettenetui hervor. Er öffnete es und bot der Lang eine an, was diese jedoch ablehnte. So nahm er sich selbst eine Zigarette und zündete sie an. Nachdem er den Rauch ausgeblasen hatte, griff er den Gesprächsfaden wieder auf. »Sie glauben gar nicht, wie oft wir hier mit Drohungen aller Art konfrontiert sind. Schon im ganz normalen Straßenverkehr wird mindestens hundertmal am Tag der Satz ›I bring di um‹ geäußert. Doch bis dato ist mir kein einziger Fall bekannt, wo es tatsächlich so weit kam. Und, bitte mich zu entschuldigen, nur, weil einer komisch schaut, kann die Mordkommission nicht gleich auf Verdacht ausrücken. Denn, seien wir uns ehrlich, Gnädigste, blöd ausschauen ist so etwas wie die Uniform der Wiener.« Dabei bemühte er sich um ein Lachen, in das freilich die Sekretärin nicht einfiel.

»Nun, wie auch immer«, setzte er aufgeräumt, um nicht zu sagen ernüchtert, fort, »Sie sind hier bei der Mordkommission. Und die kann qua lege nur tätig werden, wenn ein ebensolcher erfolgt ist.«

»Sie wollen mir sagen, solange mein Chef nicht mausetot ist, kann ich abmarkieren?« Der Ton der Lang war schneidend geworden.

»Aber Gnädigste, so dürfen Sie das auf keinen Fall sehen. Was ich meine, ist …«

»Ich weiß schon, was Sie meinen! Dass ich spinn' und Ihnen die Zeit stehl'.« Zornbebend stand die Lang auf und schickte sich an, den Raum zu verlassen. »Dass Sie sich nicht schämen, Herr Inspektor. Ich hoffe nur, dass Sie dann keine schlaflosen Nächte haben, wenn der liebe Herr Bettauer wegen Ihrer Untätigkeit vom Leben zum

Tode befördert worden ist.« Dabei traten ihr tatsächlich Tränen in die Augen.

»Na, na, gnä' Fräulein!« Auch Bronstein war aufgestanden. »So lass' ich Sie ganz sicher nicht gehen. Wir wollen ja nicht, dass die Bürgerinnen und Bürger dieses Landes ihren Glauben in die Polizei verlieren.«

Der Blick blieb skeptisch, doch immerhin strebte sie nicht länger dem Ausgang zu.

»Ich sag' Ihnen, was ich machen werd'. Pokorny!«

Der Adlatus, der offenkundig hinter der Tür gelauscht hatte, trat augenblicklich ein. »Ja?«

»Ich hab' einen Auftrag für dich.«

Bronstein hatte diesen Satz gesagt, ohne seinen Blick von der Lang abzuwenden. »Wann soll er wiederkommen, der Finsterling? Um drei, nicht?« Die Sekretärin nickte. »Gut«, jetzt drehte er sich in Pokornys Richtung, »du wirst dich kurz vor drei in der Lange Gasse einfinden. Hausnummer …«

»Sieben«, ergänzte die Frau.

»Sieben«, wiederholte Bronstein, »dort wirst du Posten beziehen. Und wenn sich irgendetwas Auffälliges ereignet, dann wirst du umgehend tätig. Hast mich verstanden?«

»Jawohl, Herr Major«, entgegnete Pokorny betont förmlich. Bronstein lächelte die Lang an: »Sind Sie nun wieder mit uns zufrieden, gnädiges Fräulein?«

Auch der Besucherin kam nun ein Lächeln aus: »Ja, wenn Sie das für meinen gnädigen Herrn machen, dann bin ich zufrieden.«

»Na, sehen S'. Gut ist's g'gangen, nichts ist g'scheh'n. Pokorny! Den Mantel der Dame!«

Pokorny beeilte sich, mit dem genannten Kleidungs-stück an die Lang heranzutreten, doch noch ehe er sich richtig genähert hatte, nahm ihm Bronstein den Mantel ab und half der jungen Frau in selbigen. »Gnädiges Fräulein, es war mir ein Vergnügen, Ihnen behilflich sein zu dürfen. Ich stehe stets zu Ihren Diensten. Wenn ich Ihnen jetzt noch einen schönen Nachmittag wünschen dürfte?« Dabei verbeugte er sich erneut.

»Sie dürfen. Gleichfalls!«, antwortete die Lang und hielt ihm automatisch die rechte Hand hin, die er abermals küsste. Mit einer nicht zu leugnenden Grazie verließ die Sekretärin schließlich das Büro.

Bronstein ließ sich schwer auf seinen Sessel plumpsen: »Hast des G'stell g'sehen? Bist du narrisch, a Wahnsinn normal!«

»Eh klar! Nur weil's ned schiach is wie der Zins, darf ich mir nachher den Arsch abfrieren! Ich dank' auch recht!«

»Ned schiach?! Sag, hast was auf die Augen, du tramhapperter Grantscherm, du? Gegen diese Wohlgestalt ist die schöne Helena a Mülifrau! Wenn mich so eine erhören tät', dann wär' ich mit 42 nicht immer noch Junggeselle, da würd' ich spornstreichs Segel setzen, um in den Hafen der Ehe einzulaufen.«

»Du kannst siebensüßlert daherreden, Major, wenn dich der Hafer sticht. Aber auch wenn es Seiner Hochwohlgeboren ned taugen wird, was ich jetzt sag': die hat sich nicht einmal deinen Namen g'merkt.«

»Pokorny, auf deine Ezzes bin ich ned neugierig. G'holfen hätt' ich ihr sowieso. Ohne Ansehen der Person …«

»Ja, ja, wer's glaubt.«

»Pokorny! Mach mich ned fuchtig! Sonst schick' ich dich partout schon um zwei hin. Dann frierst wirklich!«

Pokorny wusste, wer ob der amtsinternen Hierarchie am längeren Ast saß, und schluckte eine allfällige Antwort mannhaft hinunter. Bronstein zündete sich eine Zigarette an und sah versonnen aus dem Fenster. Vielleicht war es ein Fehler gewesen, vorschnell Pokorny mit diesem Auftrag zu betrauen? So hatte er sich um das Vergnügen gebracht, der Lang gleich noch einmal die Aufwartung zu machen. Allerdings hatte er ihr so eindrucksvoll unter Beweis gestellt, wer hier der Chef war. David Bronstein, Herr über eigene Legionen! Nun, zumindest war Pokornys Leibesfülle überdimensional. Und die Zahl seiner schlechten Anekdoten war in der Tat Legion. Auf jeden Fall wusste die holde Dame nun, dass David Bronstein jemand war, der anderen Arbeit anschaffen konnte, der also auch ein gnädiger Herr war.

Und wenn, was zu erwarten war, der komische Kauz einfach nur ein komischer Kauz mit einem seltsamen G'schau war, dann konnte er, Bronstein, sich beizeiten beim Fräulein Lang erkundigen, ob alles zum Besten stünde. Auf diese Weise war es möglich, Kontakt zu halten und diesen allmählich, langsam, Schritt für Schritt zu intensivieren. Das Fräulein Lang neigte offensichtlich zur Ängstlichkeit, und beim nächsten Mal, wenn sie wieder ihren Bettauer bedroht sah, schlug dann seine Stunde. Da konnte er dann gönnerhaft sagen: Wissen S' was, gnädiges Fräulein, diesmal kümmere ich mich persönlich um die Sache. Mit einer solchen Haltung musste er der Lang einfach als Held erscheinen.

Und sie hatte den angenehmen Nebeneffekt, dass man den Bettauer vielleicht bei Gelegenheit fragen konnte, ob das Fräulein Lang vielleicht in irgendeiner Weise zu begeistern wäre. Warum fiel ihm bloß gerade jetzt Wagners Lohengrin ein? Merkwürdig!

Doch alsbald trat ein anderes Bild von Wagner in Bronsteins Gehirn. Tannhäuser übernahm die Vorherrschaft, konkret die Burg Schreckenstein bei Aussig an der Elbe. »Ich geh' jetzt einmal in die Kantine«, sagte er und erhob sich. »Freudig begrüßen wir die edle Halle!«

Kein Liebeslodern vermochte solche Gefühlsstürme auszulösen wie ein gut zubereiteter Tafelspitz mit Apfelkren.

Gut gelaunt kehrte er aus der Kantine zurück, war jedoch auch weiterhin nicht in der Lage, sich auf die Akten zu konzentrieren, die ihn beschäftigt hatten, ehe das Fräulein Lang sein Büro betreten hatte. Warum nur? Natürlich! Weil ihm der Pokorny jedes Mal, wenn er den Blick hob, ins Auge sprang, woraufhin er sofort wieder an die Lang denken musste. Instinktiv blickte Bronstein auf die Uhr. Es war knapp nach eins.

»Weißt was, Pokorny«, begann er, »damit du siehst, dass ich kein Unmensch bin: gönn dir eine Pause. Am besten, du gehst ordentlich was essen. In einer guten Stund', na, sagen wir, so um halb drei, meldest dich wieder bei mir, und dann gehst mir in die Lange Gasse. Ist das eine Red'?«

»Ja, Major, das lass ich mir g'fallen.«

Na bitte, dachte Bronstein nach einer kleinen Weile. Aus den Augen, aus dem Sinn. Also, wie war das da jetzt noch einmal mit diesem Aktenberg da?

Verabredungsgemäß erschien Pokorny Schlag 14 Uhr 30 wieder im Büro, und Bronstein schärfte ihm ein, sich sofort fernmündlich zu melden, falls irgendetwas vorfallen sollte. Erschiene die beschriebene Gestalt jedoch bis zum Ende der Sprechstunde, also bis 5 Uhr nachmittags, nicht, dann könne er ohne Umschweife nach Hause gehen, denn eines Berichts brauche es dann ja nicht. Pokorny nickte und machte sich auf den Weg.

Ehe er sich wieder seinen Akten widmete, überschlug Bronstein noch, wie lange Pokorny für den Weg in die Lange Gasse brauchen würde. Mit der Ringlinie zur Bellaria waren es inklusive Wartezeit knappe zehn Minuten, von dort ging dann jemand von Pokornys Statur nochmals etwa zehn Minuten bis zur Redaktion. Selbst wenn er also trödelte, der Pokorny, würde er immer noch zehn Minuten vor drei an Ort und Stelle erscheinen. In dieser Hinsicht stand also nichts zu befürchten, befand Bronstein und konnte nun tatsächlich sein Aktenstudium endlich wieder aufnehmen.

Zwanzig Minuten später läutete das Telefon. Bronstein dachte sich nichts dabei, außer vielleicht, dass es sich nicht um Pokorny handeln konnte, denn der war sicher noch auf dem Weg in den achten Bezirk. Umso erstaunter vernahm er die Stimme seines Mitarbeiters.

»Du, Major, ich fürcht', da hat's was …«

»Pokorny, du sprichst in Rätseln. Wo hat's was?«

»Na da, in der Lange Gasse …«

Bronstein war erstaunt: »Du bist schon dort?«

»Ja. Aber das, was es da hat, das wird dir ned g'fallen, Major.«

Bronstein unterdrückte die in ihm aufsteigende Sorge

und versuchte stattdessen, nachhaltigen Groll zu generieren.

»Pokorny«, knurrte er drohend, »spuck's aus! Was ist los? Und ich rate dir, komme ohne Umschweife zur Sache, sonst vergess' ich mich hier und jetzt!«

»Der Bettenreiter ...«

»Bettauer!«, schrie Bronstein zornbebend.

»Ja, der ..., der ist ... na ja ..., der liegt da. ... Aber wir haben ihn, Major!« Die letzten Worte waren eilig hinzugefügt worden, als ob sie darauf abzielen sollten, den ersten Worten die Schärfe zu nehmen. Dennoch schwante Bronstein Fürchterliches.

»Was heißt, er liegt da? Und wen habt ihr? Sprich deutlich, Mensch!«

»Na, den Täter. Er hat sich mir sofort ergeben. Das heißt, mir, dem Fräulein Lang und zwei Herrschaften, die auch wegen der Sprechstunde da waren.«

»Den Täter?« Bronstein schlug mit der Faust auf den Tisch. Es war offenkundig, dass er es vermasselt hatte.

»Ja, das Fräulein Lang sagt, es ist genau der, der was in der Früh schon da g'wesen ist. Der ist um halb drei noch einmal kommen und hat dem Herrn Betten ..., dem Chef da aufgelauert. Dann hat er sich Zutritt zum Büro verschafft und gleich g'schossen. Fünfmal. In Brust, Arme und Hände... Das gnädige Fräulein sagt g'rad', direkt vorgedrängt hat er sich. Eigentlich wären vor ihm noch zwei andere Herrschaften drang'wesen. Aber anscheinend hat er's nicht erwarten können, der Lump, der.«

Bronstein hatte Mühe, nicht den Hörer aus der Hand fallen zu lassen. Eine solche Katastrophe war ihm schon lange nicht mehr widerfahren. Wenn es erst ruchbar

187

wurde, wie sehr er sich in dieser Angelegenheit verschätzt hatte, dann war es um seinen Ruf als Kriminalist geschehen. Jetzt, so wusste er, konnte er nur noch versuchen, den Schaden in irgendwelchen Grenzen zu halten.

»Pokorny, bleib' dort. Ich komm sofort hin!«, rief er in den Hörer, ehe er selbigen auf die Gabel knallte. Dann riss er ihn wieder aus seiner Halterung und kurbelte nach dem Fräulein vom Amt: »Einen Einsatzwagen, aber sofort!«, schrie er, ehe er aufsprang, im Vorbeihasten seinen Mantel griff und die Stiegen hinab ins Parterre eilte.

Zehn Minuten später war er am Tatort angekommen. Die Sanitäter trugen eben den schwer verletzten Bettauer, der sichtlich ohne Bewusstsein war, die Treppe abwärts. In der Tür zur Redaktion stand eine Frau, die hemmungslos weinte, und die Frau Lang, die durch Bronstein hindurchsah, als wäre er Luft.

»Ich weiß, gnädiges Fräulein, was Sie sich jetzt denken. Aber glauben Sie mir, das hat keiner kommen sehen können.«

»Ich hab's kommen g'sehen«, sagte sie kalt und wandte sich ab. Bronstein wusste, dass er hier vorerst nichts ausrichten konnte, und konzentrierte sich auf seine Aufgabe als Ermittler. Wie sich herausstellte, war der Täter ein arbeitsloser Herumtreiber, der noch bei seinen Eltern in der Margaretner Jahngasse wohnte. Er bezeichnete sich als Mitglied der NSDAP und erklärte, er habe Bettauer erschossen, weil dieser mit seinem jüdischen Schweinekram die deutsche Jugend verderbe. Der Mann, und das war neben dem Umstand, dass Bettauer noch lebte, das einzig Positive, war in vollem Umfang geständig, sodass die Ermittlungen vor Ort recht rasch abgeschlossen waren. Dennoch verließ Bronstein die Redaktion wie einst Varro das Schlachtfeld von Cannae.

Erst sieben Monate später wagte Bronstein, mit dem Fräulein Lang, dessen Adresse im Zuge der Ermittlungen aktenkundig geworden war, wieder in Verbindung zu treten. Er schickte ihr einen Brief, genau genommen die zwölfte Version eines Schreibens, an dem er seit dem Herbstbeginn gearbeitet hatte. Und dennoch ähnelte es weit eher einem Telegramm als einer Epistel.

›Sehr geehrtes Fräulein Lang. Ich bin mir sicher, Sie haben mich nicht in guter Erinnerung behalten. Deshalb habe ich auch sehr lange gezögert, noch einmal bei Ihnen vorstellig zu werden. Ohne Erwartung, doch mit dem kleinen Hauch einer Hoffnung, Gnade für mein Fehlen von Ihnen erhalten zu dürfen, möchte ich Ihnen dennoch erneut kundtun, wie sehr es mich schmerzt, diese eminente Situation damals so grausam falsch eingeschätzt zu haben. Sehen Sie, Fräulein Lang, wir Polizisten sind eben auch nur Menschen und als solche nicht minder fehleranfällig als jeder andere Mensch auch. Dessen ungeachtet bin ich mir natürlich bewusst, dass sich unsere Fehler stets fataler auswirken als jene anderer Menschen. Und so vermag ich rein gar nichts zu meiner Verteidigung zu sagen. Ich kann nur in aller Demut vor Sie, Fräulein Lang, hintreten und um Vergebung bitten. Und ich weiß natürlich auch, dass nichts, was ich noch dazu sagen könnte, Ihren Schmerz zu lindern in der Lage wäre. Und doch mag es Sie trösten, dass morgen im Wiener Landesgericht der Prozess gegen den heimtückischen Mörder Ihres so verehrten Herrn Hugo Bettauer beginnen wird, und ich versichere Ihnen, dass dieser Unmensch seiner

Strafe nicht entgehen wird. Da kann ihm kein noch so gewiefter Anwalt – wie es der Anführer der österreichischen Nazis, der es sich natürlich nicht nehmen hat lassen, ihn zu verteidigen, sein soll – mehr heraushelfen. Und dass die Gerechtigkeit obsiegen wird, woran kein Zweifel bestehen kann, dass also die schreckliche Tat gesühnt und der Herr Bettauer so gerächt wird, mag wenigstens ein kleiner Lichtstrahl in dieser Finsternis für Sie, gnädiges Fräulein Lang, sein. Mehr vermag ich nicht mehr zu sagen. Ich verbleibe – ohne jede Erwartung eines Antwortschreibens – dennoch stets Ihr

David Bronstein, Major.'

Völlig gegen seinen Willen hatte sich in Bronstein gleichwohl ein Fünkchen Hoffnung eingenistet, die Dame würde, und sei es auch nur um der Höflichkeit willen, sich zu einer Antwort bereitfinden, doch dieses Fünkchen verglomm mit jedem Tag, der dahinschwand, mehr und mehr, bis Bronstein sich irgendwann gar nicht mehr daran erinnern konnte, diesen Brief überhaupt geschrieben zu haben. Nur, wenn Pokorny in einer seiner zahllosen Emanationen das Wort ›lang‹ benutzte, zuckte Bronsteins Auge noch unmerklich – so lang, bis auch diese Reaktion Geschichte war.

1926: PÜLCHER VOM GRUND

»Aber wenn ich es Ihnen doch sag', Herr Major. Ich bin Frank. Ich weiß überhaupt ned, wovon Sie reden.«

Bronstein fand diese einfallslosen Unschuldsbeteuerungen der Unterwelt ermüdend. Die Galerie wusste haargenau, dass er ihr nicht glaubte, und doch legte sie immer wieder dieselbe Platte auf. So auch der ›gache Toni‹, ein echter Gauner vom Grund, dessen Speisekarte länger war als jene des Restaurants im Hotel Sacher. Es gab eigentlich kaum eine Straftat, die Anton Deutsch noch nicht begangen hatte. Und obwohl man ihm attestierte, wieselflink zu sein, woher auch sein Spitzname rührte, hatte er sich immer wieder als nicht schnell genug erwiesen. Allein seit der Ausrufung der Republik vor mehr als sieben Jahren war er dreimal eingefahren: wegen Zuhälterei, wegen schwerer Körperverletzung und wegen Einbruchs. Erst seit Kurzem befand er sich wieder auf freiem Fuß, nachdem er fünf Jahre am Felsen abgerissen hatte, die ihm vom Gericht dafür aufgebrummt worden waren, dass er einen Rivalen am Strich einen Lungenstich verpasst hatte. Diese fünf Jahre freilich waren genug gewesen, um Deutsch aus dem Geschäft mit den Venuspriesterinnen zu drängen, und so musste er sich zwangsläufig seiner Kernkompetenz besinnen, und die bestand im Einbrechen. Dafür hatte Deutsch schon in der Monarchie mehrmals Schmalz ausgefasst, und so schien es naheliegend, den gachen Toni für den Einbruch in der Kleinen Sperlgasse verantwortlich zu machen, zumal diese nur wenige Meter von seinem Stammcafé, dem ›Café Klein‹ in der Hollandstraße, entfernt war.

Das wäre nun für einen Major der Mordkommission weiter keine Angelegenheit gewesen, die ihn zu kümmern brauchte, wenn nicht, ja, wenn es diesmal nicht auch einen Toten gegeben hätte. Offenbar war der Einbrecher von der Haushälterin der Wohnungsinhaber überrascht worden und hatte diese in seiner Panik erstochen. Und genau diese Tötungsart deutete eben auf Deutsch hin, von dem alle wussten, dass er mit dem Messer stets schnell zur Hand war. Zumindest in dieser Hinsicht verdiente er sich seinen Spitznamen immer noch. Doch eines machte Bronstein stutzig. Bislang hatte Deutsch noch nie jemanden ermordet. Schon gar keine Unbeteiligten. Innerhalb der Galerie konnte er schon einmal grob werden, aber bei seinen sonstigen Delikten achtete er stets penibel darauf, dass niemand zu Schaden kam, was, würde er erwischt, das Strafmaß deutlich verringerte. Und deshalb glaubte Bronstein eigentlich nicht, dass er mit Anton Deutsch den richtigen Mann im Visier hatte. Doch es konnte natürlich sein, dass der Toni auf seine alten Tage unvorsichtig wurde. Fünf Jahre in Stein an der Donau konnten einen Mann mürbe machen, vor allem, wenn die besten Tage hinter einem lagen.

Allerdings war der ganze Einbruch derart dilettantisch durchgeführt worden, dass Bronsteins Zweifel dadurch nur bestärkt wurden. Deutschs Methode bestand für gewöhnlich darin, ein Objekt lange Zeit auszuspionieren und die Gewohnheiten aller sich darin aufhaltenden

Personen zu studieren, um nur dann einzusteigen, wenn er ganz sicher sein konnte, dort absolut niemanden anzutreffen. Außerdem pflegte er stets sofort ein hieb- und stichfestes Alibi vorzuweisen, wenn er tatsächlich etwas auf dem Kerbholz hatte. Und insofern war sich Bronstein schon nach den ersten gestammelten Worten des ›gachen Toni‹ sicher, dass der für die Tat nicht verantwortlich zeichnete.

Doch natürlich durfte man sich von solchen Überlegungen in der Ermittlungsarbeit nicht beeinflussen lassen. Mutmaßungen waren keine Beweise, und daher blieb Deutsch auch weiterhin ein Verdächtiger.

»Ich frag' dich jetzt noch genau einmal: wo warst gestern auf d'Nacht? Entweder du gibst mir jetzt stante pede eine plausible Antwort, oder ich kastel dich ein. Alsdern! Ich höre.«

Der gache Toni begann sich zu winden. Nervös wetzte er auf seinem Sitzplatz hin und her. Wie auch Bronstein fühlte er unzählige Augenpaare auf sich ruhen. Anscheinend verfolgten alle, die zu dieser Zeit das Kaffeehaus bevölkerten, gespannt den Disput zwischen Räuber und Gendarm.

Natürlich musste der gache Toni Haltung zeigen. Das wusste er, und das wusste auch Bronstein. Innerhalb der Galerie bewahrte man sich nur dann einen gewissen Respekt, wenn man als Steher galt. Daher war von vornherein klar, dass Deutsch frühestens am Kommissariat singen würde, wenn es dafür keine Zeugen aus der Unterwelt mehr gab. Bronstein kannte die Regeln und wollte die Prozedur daher abkürzen.

»Gut, Toni, du hast deine Chance g'habt. Gemma!«

Und nach einer kurzen Pause: »Oder soll ich dich gewaltsam in die Liesl schleppen lassen?«

»Wenn S' meinen, Herr Major. Aber eines sag ich Ihnen: Sie haben den Falschen. Ich bin so unschuldig wie ein kleines Gschrapperl.«

»Jo eh«, sagte Bronstein mit einem Hauch Resignation in der Stimme. Dann wandte er sich an die beiden Zechkumpane Deutschs, mit denen dieser eben Karten gespielt hatte, als Bronstein im Café erschienen war. »Sie werden uns entschuldigen«, sagte er mit gespielter Ironie. Dann zog er Deutsch, der sich freilich nicht sonderlich wehrte, von seinem Platz hoch und führte ihn in Richtung Ausgang. Deutsch aber drehte sich noch einmal um und sagte mit einem gewinnenden Lächeln auf den Lippen: »Es wird ned lang dauern, wir seh'n uns dann später.«

»Wer's glaubt«, brummte Bronstein und schob den gachen Toni vor sich her.

Der Streifenwagen brachte die beiden direkt in das Polizeigefangenenhaus auf der Elisabethpromenade, wo Bronstein den Verdächtigen erst einmal eine Weile dunsten ließ. Er selbst genehmigte sich ein vorgezogenes Abendessen, das er in betonter Langsamkeit zu sich nahm. Deutsch sollte, so sein Plan, schon ordentlich genervt sein, wenn das Verhör endlich begann, denn aus langjähriger Erfahrung wusste er, dass Männer just dann Fehler machten, wenn sie die Contenance verloren. Und die Bedingungen dafür standen gut, denn Bronstein hatte Deutsch alles abgenommen, womit er sich irgendwie die Zeit hätte vertreiben können. So blieb dem Unterweltler nichts anderes übrig, als die Wände anzustarren.

Naturgemäß neigten Leute wie Deutsch dazu, die Wartezeit zunächst einmal dazu zu nützen, sich eine Strategie zurechtzulegen. Sie gingen ihre Optionen durch, achteten darauf, sich eine Geschichte ohne Widersprüche einfallen zu lassen, und memorierten diese dann mehrmals, um sie glatt und stimmig erzählen zu können.

Das dauerte, je nachdem, wie helle das jeweilige Gemüt war, zwischen 30 Minuten und einer Stunde. Dann fühlten sie sich sicher und für das Verhör gewappnet. Es war also ganz schlecht, just zu diesem Zeitpunkt in das Vernehmungszimmer zu kommen. Genauso unklug freilich war es, ein Verhör sofort beginnen zu wollen, denn da waren die Gauner in der Regel bockig und verlegten sich darauf, gar nichts zu sagen. Also musste man warten, bis sie mürbe wurden. Die Euphorie, eine lupenreine Rechtfertigung parat zu haben, dauerte im Allgemeinen etwa 30 Minuten. Dann wurde den Verdächtigen wieder langweilig, und sie begannen, ihre Geschichte erneut durchzugehen. Dabei fielen ihnen dann meist doch noch irgendwelche Details ein, die sie umgestalten wollten, und genau das machte sie dann wieder angreifbar. Hatten sie sich eben noch unbezwingbar gefühlt, so wurden sie nun wieder unsicher und suchten selbst nach möglichen Haken in ihrer Strategie. Meistens verwarfen sie dann am Ende ihre ganze Darlegung und kehrten zur Bockigkeit zurück.

Die Kunst der Vernehmung bestand folglich darin, sie genau in dem Augenblick zu beginnen, wo noch ein Quäntchen Euphorie vorhanden, die Saat des Zweifels aber schon gesät war. Just an dieser Stelle war die Verteidigung des Gegners am anfälligsten für Fehler. Und bei jemandem wie Deutsch veranschlagte Bronstein 90 Minuten zum Erreichen dieses Punkts. Er trank also in aller Ruhe noch einen Kaffee, rauchte eine Zigarette und begab sich dann langsam in Richtung Zellentrakt.

Wie gewöhnlich ging er zunächst in den Neben-raum, von wo aus man den Festgenommenen beobach-ten konnte. Dort warteten schon zwei Justizwachebe-amte auf ihn. Er nickte ihnen jovial zu: »Und? Randa-liert er schon?«

»Das nicht. Aber er beginnt g'rad, an seinen Nägeln zu kauen.«

Bronstein lächelte. Na bitte, ein gutes Zeichen.

»Ich geh‹ hinein, ihr haltet da die Stellung.«

Bronstein setzte sich Deutsch genau gegenüber. Er griff nach dem Aschenbecher, der sich in der Mitte des Tisches befand, und zog ihn zu sich. Dann holte er eine Zigarette aus seinem Etui und rauchte sie an. Genussvoll blies er den Rauch in Deutschs Richtung und schwieg. Die Stille legte sich bleiern über die beiden Männer.

»Willst mich mit dem Schmäh weichkriegen, Kiebe-rer? Das kann ich dir gleich sagen, das funktioniert ned. Ich hab Zeit.«

Bronstein schwieg weiter.

»Na ehrlich«, setzte Deutsch nach, »ich hab keine Ter-mine... Na gut, am 2. Oktober dann, weil da hat die Maly-Tant' Geburtstag. Aber bis dahin ist mir wurscht, was ist.«

Stille am anderen Ende des Tisches. Nur die Zigarette knisterte leise, als Bronstein wieder einen Zug machte.

»Hörst, du g'fallst mir, Kiebere. Machst da auf Trap-pist oder was?« Deutsch bemühte sich um ein Kichern, doch es klang hohl und unsicher. Bronstein wusste, bald hatte er Deutsch genau dort, wo er ihn haben wollte. Eine Zigarette noch, und der Mann würde explodieren. Bronstein dämpfte seine Zigarette aus und ließ seinen Blick haargenau am gachen Toni vorbeischweifen.

»Schaust ins Narrenkastl oder was?«

Pause.

»Hörst, Kieberer, red mit mir! Was soll das? Wann nichts anliegt, dann kannst mich ja auslassen.«

Weiter Funkstille.

Endlich holte Bronstein ein weiteres Mal sein Etui hervor und steckte sich eine neue Zigarette an.

»Darf ich auch eine haben?«

Bronstein tat, als hätte er nichts gehört. Genüsslich rauchte er und übte sich ansonsten in Kontemplation.

»Hörst, ich hab dir schon im Café g'sagt, dass ich mit dem Bruch nichts zu tun hab'.« Und nach einer kleinen Weile: »Das müssen S' mir glauben, Herr Major.«

Na bitte, er knickte allmählich ein.

»Willst dir das wirklich antun?«, brach Bronstein endlich sein Schweigen, »du wanderst lebenslang auf den Felsen. Ist dir das klar? Du wirst dort verrecken, wennst jetzt ned niederlegst. Das ist deine letzte Chance, dass du vielleicht in Freiheit stirbst. Also red'. Und schnell auch noch!«

»Hörst, Herr Major, das ist doch gar ned meine Visitenkarten, das weißt du auch! Ich wär doch nie so blöd, irgendwo einzusteigen, wenn auch nur die allerkleinste Gefahr bestünd', dass dort jemand auftaucht. Dass Sie mir einen derartigen Pallawatsch zutrauen, des kränkt mich in meiner Ganovenehre.«

197

»Wer war's dann?«

»Was weiß denn ich. Jedenfalls keiner von der Galerie, das kann ich dir sagen.«

Bronstein musste sich eingestehen, dass beide Aussagen ziemlich plausibel klangen. Obwohl jeder wusste, dass Anton Deutsch sicher schon zehn oder fünfzehn Einbrüche begangen hatte, konnte er nur ein einziges Mal überführt werden, und auch das nur, weil er entgegen seinen sonstigen Gewohnheiten versuchte hatte, die heiße Ware direkt bei einem Hehler loszuschlagen. Genau deshalb würde der gache Toni einen solchen Anfängerfehler nicht begehen. Und wenn ein anderer aus dem Kreis der üblichen Verdächtigen die Tat begangen hätte, dann wäre die Ware schon im Café Klein aufgetaucht. Bronstein dämpfte ärgerlich die Zigarette aus. Der Fall drohte, kompliziert zu werden.

»Weißt ja selber, wie's ist«, fuhr Deutsch einstweilen fort, »das Milieu ist nimmer das, was es einmal war. Da tummeln sich jede Menge Ostler und sonstiges Gelichter. Da wird schon einer dabei sein, der den Bruch g'macht hat. Denen musst zuwesteigen. Ned jemandem wie mir. Ich hab damit nix zu tun. Glaubst, i hätt sonst ned a hieb- und stichfestes Alibi, das ich dir in einer Art erzählt hätt', dass dir denkst, ich bin der Karl May.«

Auch diese Sätze klangen ziemlich glaubwürdig.

»Du weißt aber auch, wie's ist«, entgegnete Bronstein daher, »wenn wir jemanden Bestimmten ned finden, dann nehmen wir halt wen anderen. Unter'm Strich ist das wurscht, es trifft keinen G'fehlten.«

Deutsch wurde blass. Er wusste, dass Bronstein nicht bluffte. Die Polizei hatte keine Skrupel, den nächsten Besten zu arretieren, damit die Aufklärungsrate stimmte. Und bei seinem Vorleben gab es wohl kein Gericht im ganzen Land, das ihn nicht schuldig sprechen würde.

»Ich mein, Toni, es geht um Mord. Da musst schon mit etwas G'scheiterem rüberkommen als mit einem ›i war's ned‹, verstehst?«

»Das tät' ich ja sofort, wenn ich könnt'. Aber ich weiß rein gar nichts über die G'schicht', das müssen S' mir einfach glauben. I war doch die letzten Tag' viel zu blau, als dass ich irgendetwas g'merkt hätt'. Und grad gestern hab' ich meinen Rausch ausg'schlafen. Allein und ohne Zeugen. Was soll ich denn machen?« Deutsch klang direkt verzweifelt.

Bronstein beugte sich vor. Es war die Zeit gekommen, dem Verdächtigen einen Strohhalm zu bieten, an den er sich klammern konnte. »Schau«, sagte er begütigend, »ich kann dir ned helfen, wenn du mir ned hilfst. Irgendetwas musst du mir schon bieten, sonst kann ich nichts für dich tun. Und dann …« Bronstein unterstrich seine Worte mit einem Kreuzzeichen.

Nun richtete sich auch Deutsch auf. Er winkte Bronsteins Gesicht näher zu sich und flüsterte dann: »Schaut euch den Moransky in der Praterstraße einmal an. Angeblich ein ganz ein feiner Herr und ehrlicher Geschäftsmann. Topfen! Der hat mehr g'fladert als wir alle zusammen. Würd' mich nicht wundern, wenn der nicht auch über Leichen ginge.«

Ohne diese letzte Information zu kommentieren, stand Bronstein auf und verließ grußlos den Raum, einen verdatterten Deutsch darin zurücklassend. Im Nebenraum traf er dort nun auch Pokorny an, den er zuvor hatte holen lassen.

»Und? Was sagt ihr?«, fragte er die drei Kriminalisten, die die Vernehmung in diesem Zimmer verfolgt hatten.

»Geh, bitte, der war das. Hundertprozentig«, begann Pokorny. »Das ist wie die Wiesmeier-G'schicht' im Zehnerjahr. Der Toni wird alt. Und wer alt wird, der macht Fehler …«

»A so? Du bist auch nicht mehr der Jüngste, vergiss das nicht«, warf Bronstein ein. Pokorny aber ließ sich nicht beirren. »Der ist erst seit drei Monaten wieder draußen. Der ist sicher komplett blank und braucht dringend eine Marie. Und mit der Hausmamsell hat er halt ned g'rechnet. Wie g'sagt, wie der Wiesmeier damals. Der hat …«

»Nix Wiesmeier«, unterbrach Bronstein den Redefluss seines Mitarbeiters, »da geht's jetzt um den Deutsch. Und der hat noch nie jemanden umgebracht.«

»Du vergisst den Buckel vom Praterstrizzi. Wegen dem ist er ja zuletzt g'sessen.«

»Ja, schon wahr, aber das war wahrscheinlich wirklich Notwehr …«

»Das war das böhmische Mariedl auch. Der hat die g'sehen und hat sich denkt, wenn die ihn verpfeift, dann fahrt er gleich wieder fünf Jahr' ein. Und mit Mitte 40 willst du dir das einfach nicht mehr antun.«

»Also, ich weiß nicht. So einen kaltblütigen Mord trau ich dem Toni einfach nicht zu.« Bronstein fingerte eine weitere Zigarette aus seinem Etui und bot den beiden Beamten gleichfalls eine an. Die bedienten sich und gaben ihm im Gegenzug Feuer. Bronstein blies den Rauch aus und sah dann Pokorny erwartungsvoll an.

»Wissen wir schon was über das Opfer?«

Pokorny griff nach dem Aktendeckel, den er mitgebracht hatte, und öffnete ihn. »Brigitte Sevcik. 36 Jahre. Alleinstehend. Im Dienst des Wohnungsinhabers seit 1910. Keine Auffälligkeiten.«

»Einen Galan hat s' nicht g'habt? Was sagt ihre Herrschaft?«

»Ja. Richtig. Die hab' ich in der Zwischenzeit befragt«, bemühte sich Pokorny um Professionalität. »Die sagen, sie hat sich vor zehn Jahren einmal in irgend so einen Griasler verschaut, aber das ist lange her. Und seitdem lebt sie angeblich fromm wie eine Klosterschwester.«

»Na servus. So ein ausg'schamtes Luder«, grinste Bronstein.

»Ha ha«, machte Pokorny pikiert.

»Haben wir schon einen Überblick, wie viel der Täter überhaupt mitgehen hat lassen?«, wurde Bronstein wieder sachlich.

»Nach Meinung der Herrschaft fehlt eigentlich nicht viel. Der ganze Schmuck von der gnädigen Frau, der was an sich schon eine Lawine wert ist. Aber sonst nichts. Vor allem hat der Täter das Geldversteck ned g'funden. Aber das dürfte eben damit zusammenhängen, dass er von der Sevcik erwischt worden ist.«

Also doch Schmuck! Aber hätte Deutsch den Einbruch begangen, dann wäre das Diebesgut sicher irgendwo im Café Klein aufgetaucht. Und die Hausdurchsuchung, die Bronstein gleich nach der Verhaftung von Deutsch hatte durchführen lassen, war ergebnislos geblieben. Auch in seinen üblichen Verstecken herrschte, wie sich zeigte, gähnende Leere. Wenn Deutsch die Sore nicht einfach weggeworfen hatte, dann wäre sie irgendwo zutage getreten. Und dass man nicht fündig geworden war, das sprach ebenfalls für Deutschs Unschuld.

»Wie g'sagt, ich glaub nicht, dass er es war. Wir sollten auch noch in andere Richtungen ermitteln.« Bronstein überlegte kurz. »Das mach ich selber. Den Deutsch kastelt ihr mir ein. Der bleibt vorerst da.« Dann blickte er auf die Uhr: »Heut' geht eh nix mehr. Machen wir Feierabend, meine Herren. Und morgen schau ich mir dann selber die Sperlgasse an.«

Am nächsten Morgen schlenderte Bronstein, bewaffnet mit einer Fotografie der Sevcik, durch die Kleine Sperlgasse. Wer, so fragte er sich, mochte die Haushälterin gekannt haben? Nun, andere Haushälterinnen, mutmaßte er. Vielleicht auch die Geschäftsleute, bei denen sie für ihre Herrschaft einkaufte.

Die Milchfrau zum Beispiel. Die war sicher eine gute Adresse. Solche Leute waren in der Regel immer gut informiert. Bronstein sah sich um und fand einen Milchladen genau gegenüber von Sevciks letzter Wohnstätte. Kurz entschlossen trat er ein und zeigte der Dame hinter der Budel das Foto.

»Kennen S' die?«

»Die Gitti. Aber sicher. Die hat zehn Jahr' bei mir eingekauft. Grausliche G'schicht', ich sag's Ihnen. Direkt weinen könnt' man.«

»Sehen S', ich hab da ein Problem, das ein bissl heikel ist. Mein Chef ist absolut davon überzeugt, dass ein alter Griasler die Gitti g'macht hat. Jetzt kenn ich den ein bissl, und ich denk' mir, der war's nicht. Aber ich kann ihm ned helfen, wenn ich nicht irgendetwas über die Gitti da herausfind‹, was die G'schicht‹ in einem anderen Licht erscheinen lasst. Verstehen S' das?«

Die Milchfrau machte ein mitfühlendes Gesicht: »Was wollen S' wissen, Herr Inspektor?«

Bronstein war erstaunt: »Woher wissen S' …?«

»Sonst täten S' ned so fragen! Alsdern, wonach suchen S'?«

»Nun ja, zuerst einmal: wie war das Verhältnis zwischen der Frau Sevcik und ihrer Herrschaft?«

»Korrekt, würde ich sagen. Sie hat jedenfalls nie ein schlechtes oder auch nur abfälliges Wort fallen lassen über den alten Herrn. Die Frau Gemahlin dürft' ein bissl hantig sein, aber ned bösartig, wenn S' wissen, was ich mein'.«

»Ja. Versteh‹ schon. Und, sagen S', wissen S', was die Frau Sevcik g'macht hat, wenn's ihren freien Tag g'habt hat?«

»Jo mei, was man halt so macht in unseren Kreisen. In d' Lichtspiele. Oder ins Kabarett. Hie und da zum Heurigen. So Sachen halt.«

»Und mit wem is' sie da hing'gangen? Mit einer Freundin? Oder war sie allein unterwegs?«

Die Milchfrau schien mit sich zu kämpfen. Doch dann gab sie sich einen Ruck. »Früher ist sie immer mit der Fanni Franta ausg'gangen. Das ist die Haushälterin vom alten Vavrinek, drüben in der Hollandstraße. Aber seit drei Monat' hat's einen Gschamsterer g'habt, die Gitti. Überglücklich war sie, und die ganze Zeit hat's grinst wie ein frischlackiertes Hutschpferd. Jo mei, ich sag' Ihnen das ja nur, weil des ein unguter Patron ist, dem was die Gitti da aufg'sessen ist. Der hat sie nach Strich und Faden ausg'nutzt, wenn S' mich fragen. Den sollten S' Ihnen einmal anschauen. Ich glaub ned, dass der ganz koscher ist, der Filou, der.«

Bronstein merkte auf: »Aha. Und wissen wir auch den Namen dieses Hallodris?«

»Na, eh klar. Wickerl Koller heißt er. Angeblich ist er Marqueur im Café Dogenhof. Aber ich weiß aus sicherer Quelle, dass er schon seit Monaten arbeitslos ist. Und davor war er ned im Dogenhof, sondern im Klein. Und man weiß ja genau, was dort für Leut' verkehren.«

»Die Adress' von dem Koller wissen S' ned zufällig auch noch?«

»Novaragasse 32.«

»Na, habe die Ehre! Wie haben S' denn die so schnell parat?«

»Weil ich der Gitti einmal g'holfen hab', a paar Sachen zum Essen dort hinzubringen. Und da ist er dann g'standen, dieses Bild von einem Mann! Glauben S', der hätt' uns g'holfen. Ka Red davon! Durch die Tür hab' ich dann sogar noch g'hört, wie er ihr einen Baum aufg'stellt hat, weil sie mir 50 Groschen Trinkgeld geben hat für die Mühe, die was ich mir g'macht hab.«

Bronstein lächelte: »Gnädigste, ich glaube, Sie haben mir gerade sehr geholfen.«

»Gern g'schehen! Es soll keiner unschuldig ins Elend kommen, sag ich immer. Ich hoff', Sie finden den Richtigen.«

»Das hoff' ich auch.«

Wenig später überquerte Bronstein den Praterstern und hielt auf die Praterstraße zu, um von dort in die Novaragasse abzubiegen. Vor dem Haus mit der Num-

204

mer 32 blieb er stehen. Er klopfte an das ebenerdige Fenster und wartete, dass sich die Hausmeisterin zeigte. Die riss mürrisch die Flügel auf: »Was wollen S'?«

»Wohnt hier ein Koller?«

»2. Stock, Tür 8.« Ohne eine weitere Sekunde zu zögern, schloss die Hausbesorgerin wieder ihr Fenster. Bronstein blickte noch eine Weile irritiert auf das schmutzige Glas, dann machte er sich auf den Anstieg in die zweite Etage. Dort klopfte er. Nichts rührte sich. Er pochte heftiger an die Tür. »Herr Koller!«, schrie er und meinte, ein leises Stöhnen zu hören. Nach kurzem Zaudern drückte er die Klinke nach unten und stellte so fest, dass die Wohnungstür nicht versperrt war. Er betrat Kollers Behausung und sah direkt in einen maßlos derangierten Mann, der sichtlich vollkommen betrunken war.

»Habt's mich endlich g'funden«, stammelte er, »Zeit is' worden.« Er rülpste und zog gleichzeitig Rotz auf. »Ich wollt' mich ja … schon selber … stellen, aber …« Lang anhaltender Husten verunmöglichte jedes Reden, »… aber ich komm … nicht auf.«

»Stellen? Weswegen?«

Koller blinzelte unsicher in die Richtung Bronsteins. »Sind Sie ned wegen der Gitti da?«

»Doch.«

»Das war ein Unfall, müssen S' wissen. Und ein ganz blöder noch dazu.«

Bronstein sah sich um. Er entdeckte eine Kaffeemaschine, mit der man halbwegs gefahrlos einen tiefschwarzen Mokka zubereiten konnte. Dann riss er das Fenster auf, um frische Luft in die stickige Bude zu lassen. Schließlich stellte er den Kaffee auf dem Tisch vor Kollers

Lager ab, rauchte sich und ihm jeweils eine Zigarette an und setzte sich auf einen freien Stuhl. »Na, dann erzählen S' einmal, Herr Koller. Ich hab' Zeit.«

Fünfzig Minuten später war Bronstein ziemlich umfassend im Bild. Anscheinend war auch die Sevcik allmählich dahintergekommen, dass Koller eine gescheiterte Existenz war, weshalb sie nichts mehr mit ihm zu tun haben wollte. Sie hatte ihn zur Rede gestellt und ihm anschließend, nachdem keine Besserung der Lage eingetreten war, den Weisel gegeben. Er aber wollte das Ende der Beziehung nicht wahrhaben und unternahm daher einen Versuch, sie zurückzugewinnen. In der Wohnung ihrer Herrschaft – woanders hatte er sie nicht mehr antreffen können – war es dann zu einem handfesten Streit gekommen, an dessen Ende sie ihm mit vorgehaltenem Küchenmesser die Tür wies. Er habe darauf versucht, sie in den Arm zu nehmen, um sie zu begütigen, und um dies bewerkstelligen zu können, wollte er ihr das Messer entwinden. Dabei sei es zu einem Handgemenge gekommen, in dessen Verlauf das Messer plötzlich in die Sevcik eingedrungen sei. In seiner Panik habe er dann schnell den Schmuck der Herrschaft aus dem Schlafzimmer gestohlen, um es wie einen Einbruch aussehen zu lassen. Doch am Heimweg habe ihn die Trauer um den unermesslichen Verlust überwältigt, und so habe er sich seitdem in einem fort betrunken.

Um den Wahrheitsgehalt seiner Geschichte zu unterstreichen, hatte Koller Bronstein die Tatwaffe und den Schmuck ausgehändigt. Dann war er weinend zusammengebrochen.

Bronstein vermochte nicht zu beurteilen, wie nahe

Kollers Erzählung an der Wahrheit war, doch vorerst hatte das auch keine Bedeutung. Wichtig erschien ihm, bei Deutsch den richtigen Riecher gehabt zu haben. Mit einem zufriedenen Lächeln ging er zum Wirtshaus am Eck und rief von dort eine Streife. Die Beamten wies er an, den Koller in die Elisabethpromenade einzuliefern, vorerst aber darüber noch keine Mitteilung zu machen. Darum würde er sich, ließ er sie wissen, persönlich kümmern.

Als in der Novaragasse alles geregelt war, beschloss Bronstein, gemütlich die Praterstraße entlang zum Kanal zu marschieren, um von dort gleichfalls zu Fuß das Polizeigefangenenhaus anzusteuern. Unterwegs kam er am Haus Praterstraße 12 vorbei, wo sich Moranskys Juweliergeschäft befand. Bronstein riskierte einen Blick auf die im Schaufenster ausgelegte Ware und kam dabei zu dem Schluss, dass diese in der Tat obszön billig war. Vielleicht hatte der Deutsch recht, und Moransky war tatsächlich ein Ganove. Es würde nicht schaden, sich den Laden einmal näher anzusehen. Doch das war, dachte Bronstein vergnügt, nicht sein Bier.

Eine knappe halbe Stunde später betrat er das Polizeigefangenenhaus und erkundigte sich beim Journalbeamten nach Deutsch.

»Der ist beim Verhör«, bekam er zur Antwort.

»Beim Verhör? Der Deutsch ist mein Gefangener. Wer verhört ihn?«

»Der Pokorny«, lautete die nachlässige Antwort.

Der Pokorny! In Bronstein stieg Unmut auf. Wahrscheinlich musste der alte Depp seine krause Theorie partout beweisen, weshalb er den Deutsch jetzt durch die Mangel drehte, um ein Geständnis aus ihm herauszubringen, mit dem er dann bei Bronstein zu punkten hoffte. »So ein Trottel!«, entfuhr es ihm. Er nickte dem Journalbeamten rasch zu und hechtete dann die Treppe aufwärts. Leicht außer Atem kam er beim Verhörzimmer an. Er betrat den Nebenraum und sah durch die Verspiegelung, was er bereits befürchtet hatte. Ein Justizwachebeamter malträtierte Deutschs Ohren, während Pokorny, keine zehn Zentimeter von Deutschs Gesicht entfernt, auf diesen einbrüllte: »Jetzt gib's endlich zu, du Schwein. Du hast des Hausmariedl g'macht!«

Bronstein eilte wieder auf den Flur und riss die Nebentür auf: »Sofort aufhören!«, schrie er. »Aber Chef«, replizierte Pokorny verdattert, »der is' patzwach. Zehn Minuten noch, und er singt wie ein Lercherl.«

»Ja, aber wenn er das tut, dann nur, damit die Qual da aufhört. Und ned, weil er wirklich schuldig wäre!«

»Aber wenn ich dir doch sag', der Drecksbazi war's.«

»Pokorny«, dabei bemühte sich Bronstein um einen denkbar strengen Blick, »er war's nicht. Der richtige Mörder hat schon gestanden. Er sitzt g'rad ein Stockwerk tiefer ein.«

»Aber ...«, Pokorny griff sich an den Kopf, und in seinem Gesicht machte sich maßlose Enttäuschung breit, »... das gibt's doch nicht.«

»Alles gibt's, Pokorny, weil's einen Gips auch gibt. Und jetzt schau', dass du weiterkommst, weil sonst werd' ich ernsthaft sauer. Geh und schreib den Bericht. Aber prontodallisubito. Hast mi?!«

»Ja, Chef«, gab Pokorny kleinlaut zurück. Bronstein

beachtete ihn nicht und sah stattdessen den zweiten Beamten an: »Und du putzt dich auch. Wir reden später.« Mit einer leichten Kopfbewegung wies er in Richtung Ausgang. Deutsch rieb sich die Ohren und seufzte hörbar auf.

»Dank recht schön, Herr Major. Die haben mich so drangsaliert, dass ich echt schon g'glaubt hab, ich …«

»Gar niemand hat dich drangsaliert!«, schrie Bronstein in einer Lautstärke, welche die Fensterscheiben hinter dem Gitter zum Klirren brachte. Unweigerlich zuckte Deutsch zusammen und hob wie zum Schutz die Arme vor's Gesicht. »Du schmierst jetzt ab, du Häuselratz! Aber gach a no, du gacher Toni, du. Und eines sag' ich dir. Den nächsten Bruch in deinem Grätzel, den häng' ich dir an. Da kannst Gift drauf nehmen. Also pass' ja auf. Ich pick an dir wie eine Kletten! Du gehst ned einmal auf's Scheißhaus, ohne dass ich dort ned auf dich wart'! Und wann du irgendwo auch nur eine einzige blöde Meldung schiebst, dann sorg' ich persönlich dafür, dass du weißt, was Drangsalieren ist. Dann dreh'n wir dich wirklich durch die Mangel. Aber ned solche Dilettanten wie die zwei Christkindl da. Da schick' ich dir echte Henker. Hast mi?! Und jetzt schleich dich, oder ich tret' dich höchstselbst die Stiegen abwärts.«

Deutsch war durch Bronsteins Zornesausbruch so paralysiert, dass er es nicht wagte, sich zu bewegen. »Renn!«, brüllte der Major und war sich dabei sicher, dass man dieses Wort auch noch in Jedlesee verstanden hatte. Deutsch rutschte vom Sessel, schlich die Wand entlang, schummelte sich halbrechts an Bronstein vorbei und rannte dann, als wäre der Leibhaftige hinter ihm her, dem Ausgang zu.

209

Bronstein sah ihm verschmitzt lächelnd nach und zündete sich eine Zigarette an. »Wo haben wir das nächste Telefon?«, erkundigte er sich dann im Nebenraum. »Ah, eh da«, erkannte er, ohne eine Antwort auf seine Frage zu benötigen. Er scheuchte den verbleibenden Kriminalbeamten aus dem Zimmer und setzte sich dann nieder.

»Gruppeninspektor Rernböck«, sagte er, nachdem sich das Fräulein vom Amt gemeldet hatte. Und nach einer kleinen Pause: »Norbert? Servus, Bronstein da. Du, ich hab' da was, das könnt' euch vielleicht interessieren. Ein Juwelier in der Praterstraße. Ich glaub', der ist nicht ganz frank. Den solltet ihr euch vielleicht einmal anschauen. ... Ja, wart', ich geb dir die Daten.«

1927: ES BRENNET DER PALAST

1927 ermittelt Bronstein in dem Roman "Ezzes", erschienen 2009 im echomedia Verlag, Wien. ISBN 978-3902672087

1928: MORD IN DER SYMPHONIE

»Na geh bitte, was soll ich denn dort?«

Bronstein gab sich keine Mühe, seinen Unwillen zu verbergen. Was sollte ein kleiner Kieberer wie er im Wiener Konzerthaus? Dort verkehrte die Haute Volée , und er passte dazu wie ein Schaf in den Klub der Wölfe. Er würde sich den ganzen Abend lang höchst unwohl fühlen und keine Gelegenheit finden, die dargebotene Musik wirklich zu genießen. Da saß er schon lieber beim Heurigen und hörte irgendwelchen Bänkelsängern zu, denn da war er unter seinesgleichen, dort gehörte er hin.

Doch Pokorny ließ nicht locker. »Schau, Major, wenn meine Fini doch ned kann. Das wär' doch echt eine Sünd', eine so sauteure Karten einfach verfallen zu lassen.« Und er setzte gleich nach: »Was heißt eine. Ohne Begleitung geh ich ja auch nicht hin. Also verfallen dann gleich zwei Karten. Das kannst du nicht machen, Chef. Außerdem ist der Vasa Prihoda eine Institution. Wer den nicht g'sehen hat, der hat wirklich was versäumt.«

Tatsächlich musste Bronstein zugeben, dass Prihoda so berühmt war, dass sogar er ihn kannte. In den letzten Jahren der Monarchie hatte er als absolutes Wunderkind gegolten, vor allem, als er 1913 im Prager Konservatorium Tartinis ›Teufelstrillersonate' gespielt hatte. Der Virtuose hatte Konzertreisen durch die halbe Welt hinter sich, die ihn sogar bis in die Carnegie Hall gebracht hatten, und war doch erst 28 Jahre alt. Jemanden, der derart mit Talent gesegnet war, sollte man vielleicht doch mit einem Besuch beehren.

Aber zwei, vielleicht sogar drei Stunden an der Seite von Pokorny? Wer vermochte das privat auszuhalten? Wahrscheinlich würde der alte Pokorny bei jedem Ton, den der Meister anschlug, zu sprechen anheben und dabei behaupten, dieses Tun erinnere ihn an irgendeinen Fall aus dem Jahre Schnee.

»Also ich weiß nicht«, unterstrich Bronstein daher seine Skepsis.

»Aber ich«, resümierte Pokorny. »Du bist eing'laden, also gehst auch mit. Wir treffen uns um 6 im ›Kronprinz‹ auf der Wieder Hauptstraße, dort stärken wir uns, und anschließend lassen wir uns von den unsterblichen Melodien der Herren Tschaikowsky und Paganini verzaubern. Ende und aus.«

Bronstein verdrehte die Augen. »Also gut ist's«, sagte er schließlich und schickte sich ins Unvermeidliche.

Einige Zeit später hatte er schon eine völlig andere Sichtweise, was den Verlauf des Abends anbelangte. Pokorny war während des Abendessens nicht zu bremsen gewesen. Ohne Pause erging er sich in zweifelhaften Anekdoten, denen nur ihre vollkommene Redundanz gemeinsam war und die Bronstein zudem die Gelegenheit boten, sich über Pokornys Fähigkeit zu wundern, einen Tafelspitz samt Beilagen in den Schlund zu befördern, ohne ein einziges Mal seinen Redefluss unterbrechen zu müssen. In diesem Licht besehen, konnte das Konzert nur eine Verbesserung seiner Lage bedeuten. Bronstein beeilte sich daher, die Rechnung zu begleichen, und drängte Pokorny zum Aufbruch.

Schnell hatte er, den immer noch vor sich hinplaudernden Pokorny im Schlepptau, den Karlsplatz erreicht, von wo aus sie nach rechts ausscherten, um durch den Resselpark in Richtung Schwarzenbergplatz durchzustoßen. Bald kam das prächtige Gebäude des Konzerthauses in Sicht, und Bronstein hoffte inständig, dort wenigstens für ein paar Augenblicke Ruhe zu finden.

Schon von Weitem war zu erkennen, dass Prihoda sein Publikum fand, denn vor dem Eingang hatte sich eine beachtliche Schlange gebildet, in die sich Bronstein und Pokorny gottergeben einreihten. Von Zeit zu Zeit waren typisch wienerische Unmutsäußerungen zu vernehmen, wenn irgendein Prominenter von den Bediensteten des Musentempels an der Menschenmenge vorbei ins Innere des Hauses geführt wurde.

»Na, da schau her«, unterbrach Pokorny plötzlich seine Emanationen und schickte einen Pfiff hinterher. Dann sah er Bronstein an: »Hast die gekannt?«

Bronstein fuhr herum, konnte jedoch nur noch einen Schatten ausmachen. »Nein«, entgegnete er daher wahrheitsgemäß nach einer kurzen Pause.

»Das war die Prinzessin Dschidschi, die Tochter des Mougeb Pascha.«

»Aha«, meinte Bronstein desinteressiert. Doch da er Pokornys ungeduldiges Herumtrippeln richtig zu deuten verstand und überdies wusste, Pokorny würde die entsprechenden Informationen ohnehin nicht für sich behalten können, tat er seinem Kollegen den Gefallen und schickte, da er eindeutig keine andere Wahl hatte, ein »Und wer ist nachher das?« hinterher.

»Der Mougeb Pascha war einer der bedeutenden Politiker Ägyptens. Er spielte nach dem großen Krieg dort eine zentrale Rolle, bis er bei König Fuad in Ungnade fiel. Daher hielt er es für ratsam, sich am Nil rar zu machen und stattdessen an der Donau Quartier zu nehmen. Hast das gar nicht mitbekommen?«

Bronstein schüttelte nur den Kopf. Weshalb hätte er von einer solchen Angelegenheit Notiz nehmen sollen? Es gab für einen Kriminalbeamten wohl Wichtigeres, als sich mit gestrandeten Existenzen auseinanderzusetzen, zumal, wenn sie hierorts nicht auffällig wurden.

Pokorny bekam von Bronsteins Sinnieren nichts mit, er fuhr ungerührt mit seiner Erzählung fort. »Jedenfalls hat der alte Pascha eine wunderschöne Tochter, die Prinzessin Wedjiha, die aber allgemein nur Dschidschi gerufen wird.«

Warum denn Dschidschi? Nein, diesen Gedanken sprach er jetzt besser nicht aus, sonst würde Pokornys Referat noch länger ausfallen.

»Du fragst dich jetzt sicher, warum denn Dschidschi? Nun, darauf kann ich dir auch keine Antwort geben, wahrscheinlich hatte sie irgendeine Affäre mit einem italienischen Gigolo. Oder sie hat selbst etwas Italienisches an sich. Oder aber …«

»Pokorny. Wir sind dran!«

Bronstein war dankbar, endlich das Entree erreicht zu haben. Wenigstens für ein paar Augenblicke würde Pokorny abgelenkt sein.

»Billets!« Gelangweilt forderte der livrierte Bedienstete die Zutrittsberechtigungen ein. Bronstein registrierte verstärkte manuelle Aktivität bei seinem Nebenmann.

»Na, so was. Grad hab ich s' doch noch g'habt.«

Guter Gott! Wenn Pokorny nun die Eintrittskarten verlegt oder verloren haben würde, dann wäre eine Explosion unausweichlich. Bronstein bemühte sich, Ruhe zu bewahren, doch innerlich war er einem lautstarken Ausbruch nahe. Komm schon, David, denk' an irgendetwas Unverfängliches. An den Tschaikowsky zum Beispiel. Was hat denn der überhaupt komponiert? Den Nussknacker? War das von ihm? Schwanensee! Das war ganz sicher von ihm! Ja, dieses Stück hatte Klasse! Im Gegensatz zu diesem unrettbar verblödeten Pokorny! Der hatte die Karten nämlich immer noch nicht gefunden. Es war so unendlich peinlich! Zum Glück kannte ihn da niemand!

»Grüß Sie, Herr Major! Na, auch ein Musikfreund?«

»Aber sicher, Herr Präsident …, Herr Kanzler …, äh …« Pokorny, du Ausgeburt eines zynischen Schicksals, jetzt mach uns nicht ausgerechnet vor dem Schober lächerlich!

»Na, da sind s' ja! Weißt eh, wie's ist, Bronstein …, ah, guten Abend zu wünschen, Herr Präsident! … Wer suchet, der findet. Nichts ist so fein gesponnen, es kommt doch an die Sonnen …«

»Sammas jetzt nocha endlich.« Der Billeteur bedachte Bronstein und Pokorny mit einem Blick, als stünde er zwei Leprakranken gegenüber, gab ihnen schließlich mit einer nachlässigen Bewegung des Kopfes zu verstehen, sie mochten sich ins Innere des Gebäudes verfügen, in dem Polizeipräsident Schober ob seiner Prominenz schon längst verschwunden war.

Bronstein aber entriss Pokorny die Karten und machte

sich auf die Suche nach dem für sie vorgesehenen Zugang. Als sie endlich ihre Sitze eingenommen hatten, schnaufte Bronstein hörbar durch. Und selbst Pokorny schien den Ernst der Lage erkannt zu haben, denn erstmals an diesem Abend blieb er still. Bronstein nutzte die eingekehrte Ruhe und studierte das Programmheft. Allzu klug wurde er nicht daraus, denn keines der avisierten Stücke war ihm bekannt. Leicht verunsichert, ließ er es sinken und sah sich im Saal um. Tatsächlich wurde nun auch er der ägyptischen Prinzessin ansichtig, die in wallenden Gewändern in einer der vorderen Logen stand und darauf wartete, dass ihr Begleiter ihr den Stuhl richtete. Der Mann schob ihr schließlich die Sitzgelegenheit zurecht, doch es war ihm deutlich anzusehen, wie lästig ihm diese gesellschaftliche Verpflichtung fiel.

Eigentlich wollte er dem merkwürdigen Paar keine weitere Beachtung schenken, doch unwillkürlich fiel ihm jener Maiabend vor drei Jahren wieder ein, da eine eingeschleuste Provokateurin im Wiener Burgtheater einen balkanischen Exilpolitiker während der Aufführung ermordet hatte. Damals war die Tat zunächst gar nicht aufgefallen, da das Publikum glaubte, der Schuss habe zur Szene gehört. Erst, als eine Frau in der Nachbarloge aufgeschrien hatte, um danach in Ohnmacht zu fallen, war der Mord entdeckt worden.

Aber hier schien eine solche Gefahr nicht zu bestehen. Zwar war auch in diesem Fall die Frau wunderschön und bemerkenswert jung, doch der alte Mann an ihrer Seite konnte schwerlich irgendeine Prominenz für sich ins Treffen führen. Das einzige Rätsel, das dieses Paar mithin in sich barg, war die Frage, weshalb eine solche

Frauensperson sich mit einem derart bedeutungslosen Männlein abgab.

Es klingelte zum dritten Mal, und damit wusste auch Bronstein, dass das Konzert nun gleich beginnen würde. Vorne quietschten noch ein paar Instrumente, die offensichtlich von ihren Spielern noch einmal gestimmt wurden, dann trat der Dirigent auf die Szene, nahm mit einer Verbeugung den Applaus des Publikums entgegen, stellte sich an seinen Platz und klopfte mit dem Taktstock in kurzer Abfolge mehrmals auf sein Pult, ehe er ihn wieder anhob und in der Luft mit ihm bewegungslos verharrte.

Nun ging auch der Vorhang auf und der Meister selbst wurde sichtbar. Auch er verbeugte sich, dann klemmte er seine Violine unter das Kinn und wartete auf seinen Einsatz. Die Musik hob an – Bronstein vermutete darin eine Art Ouvertüre, denn Prihoda griff vorerst nicht in das Spiel ein –, und das Publikum lauschte gespannt den Harmonien, die sich im Raume ausbreiteten.

Einmal mehr bekam Bronstein für sich bestätigt, dass ihm die Muse nicht gewogen war. Während andere Zuhörer hingerissen jeden einzelnen Ton förmlich aufzusaugen schienen, machte sich in ihm einfach nur Langeweile breit. Nicht, dass er nicht auch ein Musikfreund gewesen wäre, doch er benötigte, um sich für eine Melodie begeistern zu können, etwas Bombastischeres als eine Geige, die so vor sich hin fiedelte. Wagner! Ja! Das war Musik. Da konnte man förmlich spüren, wie die Welt aus den Angeln gehoben wurde, wie der Mensch mit seinem Schicksal rang. Aber hier? Was sollte das alles überhaupt darstellen? Eine unglückliche Liebesgeschichte?

Eine lyrische Melancholie? Einen Blick auf die Steuer-vorschreibung? Wie lange es wohl noch bis zur Pause dauern würde?

Erschreckt fuhr Bronstein hoch. Irgendetwas hatte sich ihm in die Seite gebohrt. War er verwundet worden? Verwirrt blickte er um sich und starrte alsbald in Pokornys missbilligendes Gesicht: »Schlafen kannst im Büro«, zischte der, »aber ned in der Philharmonie!«

Bronstein zuckte entschuldigend mit den Achseln. »Trink in der Pause einen starken Kaffee, damit du nicht noch einmal wegbüselst.« Der Rest von Pokornys Tadel wurde durch ein durchdringendes »Schscht!« aus der Sitz-reihe hinter ihnen abgewürgt. Die Pause! Wenn die nur endlich käme!

Offenbar hatte Maestro Prihoda Mitleid mit dem künst-lerisch überforderten Kieberer, denn er setzte plötzlich und unvermutet den Bogen ab, während gleichzeitig alle Musik erstarb. Prihoda verbeugte sich, der Dirigent und die Per-sonen im Orchestergraben taten es ihm gleich. Allesamt wurden sie stürmisch bejubelt, und erst nach einer klei-nen Weile wagten sich die ersten Konzertgäste aus ihren Sitzreihen, um sich ins Foyer zu begeben. Bronstein ent-wickelte eine ungeahnte Energie und überholte auf dem Weg zum Café eine erkleckliche Zahl an Personen, die sich lange vor ihm in Bewegung gesetzt hatten. Mit einer gewagten Kombination aus Axel und doppeltem Rittber-ger, die Karl Schäfer in der Engelmann-Arena alle Ehre gemacht hätte, setzte er sich an die Spitze der Kolonne und konnte so als Erster eine Schale Gold ordern. Kaum hatte er sein Heißgetränk erhalten, brachte er sich hinter einer Säule vor dem Rest des Publikums in Sicherheit. Er zündete sich eine Zigarette an und empfand zum ersten Mal an diesem Abend so etwas wie Zufriedenheit.

Diese verfestigte sich noch, als Bronstein beobachtete, wie Pokorny vergeblich nach ihm Ausschau hielt. Wenigstens für eine Viertelstunde würde er Herr über sein Schicksal sein, dachte Bronstein dankbar und nahm genussvoll einen weiteren Zug von seiner Egyptischen. Zwei Zigaretten später verspürte Bronstein ein gewisses Bedürfnis. Er lugte hinter der Säule hervor und sah sich nach den Toiletten um. Rasch hatte er sie gefunden, und doch waren sie für ihn unerreichbar. Denn sie wurden von einem unüberwindlichen Zerberus bewacht. Pokorny war offenbar zu dem Schluss gekommen, früher oder später würde Bronstein just an diesem Ort vorbeikommen, wo er ihn dann wieder arretieren konnte. Bronstein aber war nicht gewillt, sich so leicht in sein Schicksal zu fügen. Es musste ja auch im ersten Stock Sanitärräume geben, und wie es der Zufall so wollte, befand er sich gerade drei Meter von der Treppe entfernt. Mit einem eleganten Dreisprung, mit dem Vilho Tuulos wohl auch in Amsterdam Gold geholt hätte, katapultierte sich Bronstein auf die erste Stufe und eilte daraufhin mit Riesenschritten in die obere Etage.

Er hatte die Pforte zur physischen Erleichterung bereits beinahe erreicht, als er unabsichtlich Zuhörer eines lautstarken Dialogs wurde. Fraglos kam er aus der Loge, die dem Abort gegenüberlag.

»Dich heiraten? Wo denkst du hin! Eher eheliche ich einen Beduinen in seinem Zelt.«

»Aber Schatzi, schau, das wär doch das Beste für alle. Dann hat das Kind einen Namen.«

»Welches Kind? Glaubst du, ich lasse mir von dir ein Balg andrehen? Eher übe ich für den Rest meines Lebens strikte Enthaltsamkeit.«

Bronstein stieß einen kurzen Pfiff aus. Da konnte man wohl getrost von dicker Luft reden. Nun, ihn ging das nichts an, er hatte andere Aufgaben, die einer Erledigung harrten. Eiligen Schrittes näherte er sich dem Pissoir, wo er sodann endlich verrichtete, was die Natur von ihm schon seit geraumer Zeit verlangte.

Erleichtert trat Bronstein wieder in den Rundgang. Just in diesem Moment wurde die Tür der Loge aufgerissen, aus der zuvor der heftige Wortwechsel gedrungen war. Für einen Augenblick erkannte Bronstein das Gesicht der jungen Prinzessin, und für den Bruchteil einer Sekunde trafen sich ihre Blicke. Bronstein meinte, in diesen dunklen Augen unendliche Traurigkeit erkennen zu können, doch noch ehe sich dieser Gedanke in seinem Gehirn wirklich voll entfaltete, wurde die Tür von innen hart zugestoßen.

»Du bleibst da, hab ich g'sagt!«, hörte er wieder die Männerstimme, die wohl dem alten Galan gehörte.

»Einen feuchten Kehricht werd' ich! Ich gehe jetzt, und du kannst mich vergessen. Und zwar für immer!«

Tja, da hat's was, dachte sich Bronstein und schickte sich an, ins Erdgeschoss zurückzukehren.

»Lass mich raus! Du sollst mich rauslassen!«

Ob er eingreifen sollte? Nein. Da blamierte man sich nur. Derlei Kalamitäten in höchsten Kreisen regelten sich immer irgendwie, und als kleiner Ordnungshüter zog man sich in der Regel den Zorn beider Seiten zu, wenn man sich zwischen sie drängte.

»So lass doch endlich los! Hilfe!!«

Durfte man ein »Hilfe!« ignorieren? Man konnte ja einmal unverbindlich an die Tür klopfen und unter Berufung auf das Ruhebedürfnis des übrigen Publikums um Mäßigung bitten. Zumal es bereits zum zweiten Mal geläutet hatte und das Konzert gleich weitergehen würde. Bei dieser Gelegenheit mochte man sich dann auch unauffällig einen Eindruck verschaffen, ob weiteres Eingreifen vonnöten war. Bronstein verharrte mitten im Schritt auf der Treppe und konstatierte, dass in ihm Pflichtbewusstsein und das Gefühl, sich möglicherweise bemerkenswerter Peinlichkeit auszusetzen, um die Vorherrschaft rangen.

Das Läuten klang jetzt plötzlich ganz anders. Nicht mehr so schrill und langwährend, eher sehr dumpf und kurz. Nein, das war gar nicht das Läuten gewesen. Das war … ein Schuss! Da! Noch einer! Und noch einer! Vier! Fünf! Hier hatte ohne Frage eben jemand in schneller Abfolge fünf Schüsse abgefeuert. Bronsteins Oberkörper vollführte eine Halbdrehung in Richtung der Loge, aus der eben noch der lautstarke Streit gedrungen war. Dort war es mit einem Mal bemerkenswert still. Keine Frage, nun musste er Nachschau halten. Daran führte kein Weg mehr vorbei.

Der Rest seines Körpers vollzog nun ebenfalls die bereits begonnene Bewegung, und eben, als Bronstein wieder die erste Etage erreicht hatte, wurde die Logentür aufgerissen und der ältere Galan rief ihm »Mord! Mord!« entgegen.

»Na, schauen S' ned so blöd. Die Prinzessin ist von einem Wahnsinnigen erschossen worden«, schrie der

Mann, »aufhalten müssen S' ihn. Dahin ist er gelaufen!«
Dabei zeigte Bronsteins Gegenüber nach links.

So ein Topfen! Wenn da wirklich gerade ein Mörder geflüchtet wäre, dann hätte ich ihn sehen müssen, sagte sich Bronstein. Ein plumpes Ablenkungsmanöver. Natürlich hatte der alte Trottel selbst geschossen. Die Prinzessin wollte ihn abservieren, und das hat er nicht verkraftet, der Schmalspur-Casanova.

»Na, so helfen S' mir doch!«, belferte der mutmaßliche Mörder und schickte sich an, in die von ihm angezeigte Richtung zu entschwinden. Doch Bronstein war schneller. Blitzschnell packte er den Mann am Oberarm und riss ihn zurück. Dieser war zwar einige Jahre älter als Bronstein, aber er war offensichtlich weitaus sportlicher. Eine kurze Bewegung, und schon hatte er sich wieder losgemacht. Doch die unvorhergesehene Intervention erschwerte es dem Täter, schnell genug Geschwindigkeit aufzunehmen. Bronstein hechtete nach vor und umfasste seinen Gegner nun mit beiden Händen. Dazu schrie er laut: »Mord! Mord! Zu Hilfe! Zu Hilfe!« Mit immer grimmerer Wut versuchte der Gigolo, sein lästiges Gepäck abzuschütteln, Bronstein machte sich schwer und ließ die Knie einsinken, in der Hoffnung, den Bösewicht so zu Boden zu ziehen. Tatsächlich wurden dessen Schritte unkoordinierter, fahriger. Bronstein beschloss, alles auf eine Karte zu setzen. Er ließ los und stieß im Fallen mit beiden Fäusten in das Knie des Flüchtigen. Der verlor das Gleichgewicht. Bronstein umklammerte nun das rechte Bein des Widersachers und zog es mit aller Kraft nach hinten. Endlich kam der Taumelnde zu Fall. Behände war

Bronstein über ihm und begann, dessen Nieren mit Faustschlägen zu traktieren. Als der Widerstand des anderen erlahmte, robbte er auf ihm nach vorn, packte den Kopf, hob ihn schnell an und donnerte ihn dann mit aller Wucht auf die Dielen. Dann brachte er sich in eine sitzende Position.

Bronstein schnaufte durch. Aus dieser Fesselung entkam der Mörder nicht. Und das anschwellende Stimmengewirr sagte ihm, dass nun endlich Verstärkung kam. Er hatte es geschafft, er hatte einen Mörder gestellt.

Zwei Stunden später saß der Schütze, ein pensionierter Rittmeister mit Namen Felix Gartner von Machtenhofen, wie ein verschüchtertes Häuflein Elend in einem Verhörzimmer auf der Elisabethpromenade. Bronstein und Pokorny beobachteten ihn durch die verspiegelte Wand und tranken Kaffee.

»Wann willst ihn denn vernehmen?«

»Ein bissl lass' ich ihn noch dunsten. Damit er schön mürb' wird. Hamma noch einen Kaffee?«

»Aber sicher.«

Während er sich eine Zigarette anzündete, schlug er den Aktendeckel noch einmal auf, der alles enthielt, was behördlicherseits zu Gartner zu sagen war. Der Mann war ziemlich genau fünf Jahre älter als Bronstein und hatte ursprünglich die Offizierslaufbahn eingeschlagen. Sonderlich weit war er freilich nicht avanciert, denn während des großen Krieges diente er als Rittmeister in der Etappe. Zuvor war Gartner ein echter Herrenreiter gewesen, hatte er doch der österreichischen Kavallerie angehört. Bronstein konnte sich bildlich vorstellen, wie Gartner an der

Sirkecke in seiner schmucken Uniform auf und ab paradiert war und Ausschau hielt nach einem Wäschermädel, dem er den Kopf verdrehen konnte. Wie alle Offiziere war er wohl bald in einem Schuldenberg versunken, und so flüchtete er noch vor dem Krieg in eine ertragreiche Ehe. Als das Vermögen durchgebracht war, verstieß der kaiserliche Reiter seine Frau und heiratete auf's Neue. Wieder Geld.

Doch irgendwann stand er wieder vor dem Bankrott. Ob Gartner das Geld der zweiten Gemahlin versoffen, verhurt oder einfach nur verspekuliert hatte, darüber wusste der Akt keine Auskunft zu geben. Fakt aber war, dass Gartner zweifach geschieden war, ehe er sich mit beinahe 50 Lenzen an die junge ägyptische Schönheit herangemacht hatte. Nun war nur mehr zu klären, warum er die Prinzessin ermordet hatte. Aber Bronstein war sich ziemlich sicher, auf diese Frage bereits die Antwort zu kennen.

Er schloss geräuschvoll den Aktendeckel und blickte auf die Uhr, die über der Tür angebracht war. Es ging gegen Mitternacht. Er stellte den Kaffee ab, dämpfte seine Zigarette aus und sah Pokorny mit einem leichten Augenzwinkern an: »Also. Gemma's an.«

Sie öffneten die Tür zum Verhörzimmer, wo Gartner auf ihr Eintreten gehetzt aufsah. Bronstein blieb am Eingang stehen, während Pokorny sich zum Fenster begab, wodurch er direkt hinter Gartner Aufstellung genommen hatte. Der drehte sich kurz um, richtete seine Augen dann aber sofort wieder nach vorne, wo Bronstein reglos verharrte und sich darauf beschränkte, Gartner mit einem langen Blick einzuschüchtern.

»Alsdern«, brach er endlich die Stille, »leg nieder. Warum hast die Prinzessin g'macht?«

Für einen Moment schien es, als wollte Gartner die Tat leugnen, doch Bronsteins mitleidiges Grinsen ließ ihn sich anders besinnen. »Ich hab' sie geliebt«, begann er, »ich wollt' sie heiraten …«

»Damit du ihr Vermögen auch noch durchbringen kannst, du Lump!«, fauchte Pokorny hinter ihm, sodass Gartner unweigerlich zusammenzuckte. Beinahe bittend wandte er sich an Bronstein: »Sie müssen mir glauben, Herr Kommissär, mit Geld hat das gar nichts zu tun.«

»So? Da haben wir aber etwas anderes gehört. Angeblich können S' nicht einmal mehr Ihre Stromrechnung zahlen. Daheim am Möllwaldplatz.«

»Aber gehen S', Herr Kommissär, das ist doch nur ein vorübergehender Engpass. Das sagt gar nix. In zehn Tag' krieg' ich meine Pension, dann gleich' ich mein Konto wieder aus. Und außerdem hab' ich Geld in ein todsicheres Geschäft investiert. Das rentiert sich schnell, werden S' sehen.«

»Blödsinn«, blaffte Pokorny hinter ihm, »ein mieser Schleichhändler bist. Mehr ned! Glaubst, du kommst uns noch aus? Vergiss das lieber gleich wieder! Wir haben dich, da fahrt die Eisenbahn drüber.«

»Ja«, griff Bronstein Pokornys Redefluss auf, »da hat er recht, der Kollege. Also leg' nieder, dann kommst vielleicht mit Totschlag durch. Oder mit Mord im Affekt.«

»Ja, freilich war das ein Affekt. Das war ja nicht einmal Absicht! Ich wollt' ja gar nicht schießen, Herr Kommissär. Aber wie sie mir dahergekommen ist mit ihrem arabischen Prinzen, den was sie angeblich heiraten wird, da

225

hab' ich rot g'sehen, Herr Kommissär. Da hab' ich nicht mehr g'wusst, was ich mach'… Ich war außer mir, Herr Kommissär. Nicht Herr meiner Sinne.«

»Na, das werden die zuständigen Ärzte schon noch herausfinden. Jetzt erzähl‹ uns einmal die ganze G'schichte. Und immer schön der Reihe nach.«

Gartner wirkte, als wolle er sich sammeln. Dann zog er Nasenschleim hoch, seufzte und fing an, die Dinge zu rekapitulieren. »Wie ich sie kennengelernt hab', die Dschidschi, da hab' ich mich auf den ersten Blick verliebt in sie. Dabei war mir ganz wurscht, was sie war, verstehen S', die hätt' auch ein Wäschermädel sein können. Eigentlich hätt' sie ja nur gutes Benehmen bei mir lernen sollen, so wollt's zumindest ihr Vater. Na, und so hab' ich Konversation g'macht … und sie hat mir schöne Augen g'macht. Die hat natürlich sofort g'wusst, was los ist. Frauen sind doch alle gleich! Erst locken s' uns, und dann verderben s' uns.«

»Ja, ja, genau. Du, wenn ich für jedes Mal, wo mir irgendein Eifersuchtsmörder diese G'schicht' erzählt hat, einen Schilling gekriegt hätt', dann wär' ich jetzt ein reicher Mann. Es ist spät, und mir geht die Geduld aus. Also red' jetzt ned länger um den heißen Brei herum. Gemma!«

Gartner blieb hartnäckig dabei, dass die Prinzessin zumindest vorgeschützt habe, gleichfalls in ihn verliebt zu sein. Immer wieder habe sie sich ihm in seiner Wohnung am Möllwaldplatz hingegeben, und in der Tat seien alsbald von beiden Seiten Heiratspläne gewälzt worden.

Bis plötzlich und unerwartet ein arabischer Nebenbuhler aufgetaucht sei. Ab diesem Zeitpunkt habe sich die Prinzessin ihm gegenüber völlig anders verhalten, was er kaum zu verkraften imstande gewesen war. Hatten zuvor Lust und Wonne regiert, so waren es nun Zank und Hader. Sogar bei einem harmlosen Schachspiel habe es mit einem Mal Schreiduelle gegeben. Und als sie dann auch noch erklärt habe, die Beziehung zu ihm, Gartner, nicht länger fortsetzen zu wollen, da sei er in eine tiefe innere Krise gestürzt.

Bronstein sah Pokorny an und verdrehte dabei die Augen nach oben, was besagen sollte: Credat Iudaeus Appella, non ego.

Er habe sich einen Revolver besorgt, erklärte Gartner weiter, um, wenn es denn zum Äußersten käme und die Dschidschi ihn wirklich verließe, seinem Leben ein Ende zu setzen. Doch dann habe er versucht, sie zur Besinnung zu bringen.

»Aha, und wie hast das wieder angestellt?«

»Ich hab sie zu einem Treffen im Kaffeehaus einbestellt. Um vier am Nachmittag war das. Doch sie hat mich wieder einmal behandelt wie den letzten Dreck. Hat laut darüber philosophiert, warum sie überhaupt ihre Zeit mit mir vergeudet. Wer uns g'sehen hat, musste glauben, da redet eine Herrschaft mit ihrem Diener.«

»Und weiter?« Bronstein ging die Geduld endgültig aus.

»Nix weiter. Sie ist dann einfach aufg'standen und gangen. Grußlos. Und ich hab' mir denkt, so darf das nicht zu Ende sein. Und weil ich ja g'wusst hab', dass sie am Abend in die Philharmonie gehen wird – ich hab' ihr ja sogar noch die Karten dafür g'schenkt, nicht –, bin ich hin und wollt' das Gespräch wieder aufnehmen.«

»Klar, sie war dir wichtig«, belferte Pokorny, »weil sie dein letzter Rettungsanker vor dem Bankrott war.«

»So ein Powidl«, entgegnete Gartner und drehte sich zu Pokorny um. »Ich habe sie geliebt. Wenn's mir nur um's Geld gegangen wäre, dann hätt' ich jederzeit irgendwo eine Blöde finden können, das können S' mir glauben. Sie glauben ja gar nicht, wie viele reiche Witwen herumrennen! Der Krieg, ned wahr. Die haben eine Menge Marie, aber keinen, der es ausgibt. Aber das sag ich Ihnen, so einer bin ich nicht.«

»Und was ist mit deine beiden Frauen?«

»Das war nur ein Unglück, dass ich halt nicht gleich die Richtige g'funden hab'. Und jetzt, wo ich sie endlich g'funden hab', wollt' ich sie nicht wieder verlieren.«

Bronstein wurde der Emanationen müde. Letztlich war es egal, ob Gartner die Frau aus Eifersucht oder aus Geldgier ermordet hatte. Für ihn als Kriminalisten zählte nur der Umstand, dass der Mann geständig war. Die Bewertung des Verbrechens kam ihm nicht zu, dafür gab es die Gerichte.

Bronstein sah Pokorny an: »Lassen wir's gut sein. Gestanden hat er, und der Rest geht uns nichts mehr an. Schauen wir zu, dass wir nach Hause kommen.« Er bedeutete den Schließern, den Mann abzuführen. Dann verließ er mit Pokorny auch selbst den Raum.

»Und was wird jetzt mit dem?«

»Na, was schon? Der fahrt ein ins Landl, und irgendwann gibt's den Prozess. Und wie immer der auch ausgeht, schöne Augen wird der Gartner so schnell keiner mehr machen.«

»Ja, ja, verweht im Wüstensand …«

»Pokorny, werd' ned poetisch, das passt dir ned.«

»Na gut, dann werd' ich eben prosaisch. Gemma noch auf a Haße?«

1929: EINE BANK REISST EIN BANKEL

»Hast du's schon g'hört. Die Bodencredit geht krachen!«

»Was d' ned sagst! Sapperlot, das ist jetzt aber ein Witz, oder?«

»Aber wenn ich dir's doch sag! Der Singer und die ganzen anderen Kapazunder von der Bank sind g'rad beim Chef. Der soll ihnen aus der Malaise heraushelfen.«

Bronstein hatte genug gehört. Was Brandl, die rechte Hand von Polizeipräsident Schober, und Seydel, dessen formeller Stellvertreter, eben besprochen hatten, würde, wenn es der Wahrheit entsprach, unzähligen Sparern das Genick brechen. Und das just zu einer Zeit, da ohnehin eine Tatarennachricht die nächste jagte. Über die Bodencreditanstalt war ja schon seit dem Frühjahr gemunkelt worden, als der erzreaktionäre Bankenchef Rudolf Sieghart plötzlich etlichen Bankenbesitz mittels Notverkäufen ausgerechnet an das ›rote Wien‹ veräußerte. Der alte Sieghart musste am Ende sein, mutmaßten damals die Medien, sonst hätte er sich eher die Hand abgehackt, als einen Kontrakt mit dem Austrobolschewismus zu schließen. An dieser Stelle rächte es sich, dass Sieghart all die Jahre nur Feinde noch eifriger als Geld aufgehäuft hatte, denn er wurde nun von links und rechts mit Häme übergossen. Die roten Gazetten erinnerten an den Kriegsgewinnler und skrupellosen Börsenspekulanten, dessen

Hochmut nun offenbar vor dem Fall komme, und die extreme Rechte sprach vom raffenden Kapitalisten Sieghart, der ja bis zu seiner Konversion zum Protestantismus Singer geheißen habe. Ein Jude bleibe eben immer ein Jude, hetzten Hitlers Horden in Wien, und Singer sei eben ein Shylock reinsten Wassers.

Ein regelrechter Sturm auf die Schalter der Bank war dann erfolgt, doch Sieghart hatte alle Sparer, die ihr Geld beheben wollten, auf Heller und Pfennig zufriedengestellt, und so kehrte bald wieder Ruhe ein. Die Gazetten suchten sich andere Opfer, und Sieghart blieb an der Spitze seiner Bank.

Und nun sollte sie doch noch kollabieren. Bronstein war dankbar, dass er stets nur bei der Postsparkasse Gelder angelegt hatte. Die war staatlich, da konnte nichts geschehen. Diese privaten Institute, die waren immer irgendwie eine Risikogeschichte. Sie lockten vielleicht mit attraktiveren Zinssätzen und vermeintlich lukrativen Anlagemöglichkeiten, aber das gute alte Postsparbuch, das würde nie aus der Mode kommen. Egal, ob ein Kaiser, ein Diktator, ein Demokrat oder ein roter Politkommissar das Sagen hatte, Briefe schrieben sie alle, und darum brauchten sie die Post. Und deshalb brachte die allen etwas. Auch ihm, der sich zu Jahresbeginn immer über ein paar Schilling freuen konnte, mit denen sich ein nettes kleines Diner ausging.

»Aber was wird er jetzt machen, der Chef?« Das war wieder der Vizepräsident. Bronstein war gar nicht aufgefallen, dass die beiden immer noch am Gang vor seiner Bürotür standen. Offenbar war ihnen nicht bewusst, dass er sich im Zimmer befand, denn sonst hätten sie so heikle Themen nie so offen besprochen.

231

»Na, weißt eh, wie er ist, der Alte«, hörte er Brandl glucksen, »er wird halt einen anderen Itzig dazu bringen, dass der die Krot schluckt.«

Bronstein echauffierte sich zwar im Stillen über Brandls Wortwahl, aber er wusste natürlich genau, wen Schobers rechte Hand meinte. Der Baron Rothschild, der Chef der Creditanstalt, würde offenbar die Bodencredit retten müssen. Warum er das allerdings freiwillig tun sollte, war Bronstein nicht einsichtig.

In diesem Augenblick läutete das Telefon. Bronstein zuckte zusammen und lugte instinktiv um die Ecke, um so herauszufinden, ob Brandl und Seydel ihn nun als heimlichen Lauscher enttarnen würden, doch anscheinend maßen sie dem Klingeln keine Bedeutung bei. Bronstein atmete durch und hob ab. Die hauseigene Vermittlung war am anderen Ende der Leitung. »Grüß' Sie, Herr Oberstleutnant. Eine Dame von der Bodencredit ist am Apparat.«

Na, so ein Zufall, dachte Bronstein, ehe die Frau von der Vermittlung fortfuhr: »Sie sagt, es geht um einen Mord.«

Hatte die Causa schon eine tragische Note bekommen, noch ehe die Nachricht vom Zusammenbruch der Bank überhaupt an die Öffentlichkeit kam? Ein Mitarbeiter, der die Nerven verloren hatte? Ein Sparer, der sich betrogen fühlte und daher rotsah? Oder hatte der Anruf vielleicht gar nichts mit der aktuellen Krise zu tun und fiel nur zufällig mit der Unterredung der beiden Spitzenbeamten vor seinem Büro zusammen?

»Na, stellen S' durch.«

»Hilfe«, kreischte eine hörbar hysterische Frau in den

Hörer, »wir werden bedroht. Da fuchtelt einer mit der Krachen herum und sagt, er bringt uns alle um.«

Bronstein war alarmiert. »Wo sind Sie?«, fragte er.

»Teinfaltstraße 8«, lautete die Antwort. Dann hörte Bronstein einen peitschenden Knall, ehe die Leitung unterbrochen war.

Nach aller Wahrscheinlichkeit stammte das Geräusch von einem Schuss. Bronstein erinnerte sich daran, dass die Mordkommission einst ›Abteilung Leib und Leben‹ geheißen hatte, und hier ging es offensichtlich tatsächlich um das Leben von Bankangestellten. Also war sein Einsatz erforderlich. Dies umso mehr, als die Teinfaltstraße nur etwa zehn Fußminuten vom Präsidium entfernt war. Bronstein öffnete seine Schreibtischschublade, entnahm dieser seine Dienstwaffe, die er umständlich in der Gesäßtasche seines Beinkleids verstaute, und begab sich auf den Flur.

Zwei Minuten später querte er die Ringstraße, wieder zwei Minuten später bog er auf der Freyung nach rechts ab. Nach etwa hundert Metern, die er geradeaus zurückgelegt hatte, stand er vor der Zentrale der Bodencredit.

Auf den ersten Blick sah alles ruhig aus. Das Wichtigste war, sich nicht überraschen zu lassen, sagte er sich. Er nahm in seiner Gewandung eine grundlegende Umgruppierung vor, an deren Ende sein Zigarettenetui in der linken Sakkotasche landete, während die rechte nun die Schusswaffe beherbergte. Bronstein umklammerte deren Griff und spielte mit dem Gedanken, im Ernstfall einfach durch das Sakko zu schießen. Er atmete tief durch, sprach sich Mut zu und trat dann ins Innere des Gebäudes.

Vor ihm tat sich ein mächtiges Stiegenhaus auf. Am

Fuß der Treppe war ein Übersichtsplan angebracht, dem er entnehmen konnte, wo sich welche Abteilung befand. Dummerweise hatte er nicht in Erfahrung bringen können, aus welchem Departement der Anruf gekommen war. Das freilich erschwerte die Sache, denn er konnte unmöglich jedes Stockwerk durchkämmen und dabei fragen, ob sich hier ein Bösewicht herumtrieb. Also war Kombinationsgabe gefragt. Mit welcher Art Täter konnte er es hier zu tun haben? Im Lichte der eben erst gewonnenen Erkenntnisse schien es naheliegend, dass der Mann ein geprellter Sparer war. Oder zumindest jemand, der Angst davor hatte, um sein Erspartes zu kommen.

Nein, Letzteres war auszuschließen. Jemand, der um sein Geld fürchtete, kam, um es abzuheben. Und wenn er es dann doch nicht bekam, dann krakeelte er vielleicht herum, wurde eventuell auch gewalttätig gegen diverses Inventar, unter Umständen auch gegen einige Bankbeamte, aber er käme nicht schon mit einer Waffe in das Institut. Das taten nur Bankräuber oder aber Menschen, die auf Rache aus waren.

Bankräuber aber war der Mann auch keiner, sonst wäre er in die Schalterhalle im Erdgeschoss gestürmt, um binnen weniger Minuten mit größtmöglicher Beute wieder zu türmen. Also hatte er es, quod erat demonstrandum, mit einem selbsternannten Rächer zu tun.

Aber wofür beabsichtigte der Mann, sich zu rächen? Vermutlich war er der Ansicht, die Bank hatte seine Existenz ruiniert. Und da es eine normale Bedienstete gewesen zu sein schien, die bei der Polizei angerufen hatte, konnte man davon ausgehen, dass der so Betrogene eher eine kleine Nummer war, denn sonst hätte er wohl intel-

ligentere Wege gefunden, sich für einen vermeintlichen
Angriff auf seine Person zu revanchieren. Also, welche
Möglichkeiten gab es da?

Es konnte jemand sein, der vollkommen überschul-
det war und den man deshalb gepfändet bzw. delogiert
hatte. Oder er hatte durch die Bank seine Stelle verloren. Einen direkten Zusammenhang mit der Bank schloss
Bronstein aus, denn dann hätte die Anruferin den Täter
beim Namen genannt. Also musste es sich, wenn die
Sache mit einem Arbeitsplatz zusammenhing, eher um
einen Betrieb handeln, der, zumindest in den Augen des
Rächers, durch die Bank ins Elend gekommen war.

Wäre diese Überlegung zutreffend, dann hätte der
Mann wohl die Direktion gestürmt. Handelte es sich
aber um einen Delogierten, dann wäre vermutlich die
Kreditabteilung sein primäres Ziel gewesen. Bronstein
versuchte, sich auf dem Übersichtsplan zu orientieren.
Die Kreditabteilung war im zweiten Stockwerk untergebracht, die Direktion aber befand sich auf der letzten
Etage. Es konnte also nicht schaden, sich zunächst einmal im zweiten Stock umzusehen.

Bronstein öffnete die große Tür, die, dem Aufzug
genau gegenüber, auf den großen Gang führte, hinter
dem straßenseitig die Büros angelegt waren. An der Wand
befand sich ein Schild, auf dem ›Firmenkredite‹ und ›Pri-
vatkredite‹ geschrieben stand. Das eine Wort war von
einem Pfeil nach links, das andere durch einen ebensol-
chen nach rechts unterstützt. Bronstein entschied sich für
die linke Seite. Ohne zu klopfen, öffnete er die erste Tür.
Das Zimmer war verwaist. Doch war es vom nächsten
Raum durch eine Glastür geschieden, und durch diese

235

konnte Bronstein sofort sehen, dass er den richtigen Riecher gehabt hatte. Mit dem Rücken zu ihm stand tatsächlich ein Mann, der mit einer Pistole herumfuchtelte und drei oder vier weibliche Personen in Schach hielt. Der Mann schrie laut, doch durch die geschlossene Tür vermochte Bronstein nicht zu verstehen, was er sagte. Offenbar aber forderte der Aggressor, irgendeine »Sau« möge auf der Stelle in der Abteilung erscheinen, widrigenfalls er von der Waffe Gebrauch machen werde.

Bronstein presste sich an die Wand, um von niemandem gesehen zu werden, da ihn auch die Frauen verraten konnten, wenn sie seiner ansichtig wurden und erkennbar Hoffnung schöpften. Er versuchte auszumachen, ob es schon ein Opfer gab, doch schien es, als wäre der Schuss, den er gehört hatte, in die Decke abgefeuert worden.

Allerdings wunderte ihn, dass dieser niemanden alarmiert hatte. Warum hatte seitens der Bank niemand Nachschau gehalten? Immerhin aber war der Täter sichtlich allein, sodass man es wohl riskieren konnte, ihn von hinten zu überraschen, um ihn so zu überwältigen. Bronstein zog seine Pistole aus der Jackentasche und sank die Wand abwärts auf den Fußboden. Dann kroch er auf allen vieren auf die Tür zu, die erst ab ihrer Mitte gläsern war. Dort angekommen, plante Bronstein sein Manöver. Er würde die Tür aufreißen, die Waffe auf den Gewalttäter richten und ihm zurufen, dass sein Spiel zu Ende war, weshalb er die Pistole fallen lassen und sich ergeben solle. Erneut atmete er tief durch, dann richtete er sich wieder auf.

Und starrte durch das Glas auf die Pistole des Mannes, der ihren Lauf direkt auf Bronsteins Brust gerichtet hatte. Mit einer knappen Handbewegung bedeutete dieser Bronstein, er möge die Tür öffnen. »Und weg mit der Krachen«, hörte er die gedämpfte Stimme des Geiselnehmers. Bronstein hob langsam die Rechte und warf dann sichtbar die Waffe hinter sich. Dann öffnete er die Tür.

»Wen haben wir denn da? Einen ganz Tapferen, was? Eine mit dir, aber gach a no!« Mit hängendem Kopf leistete Bronstein dieser Aufforderung Folge. Er hatte das Bedürfnis, sich selbst zu ohrfeigen. Wie ein Amateur war er überrumpelt worden. Natürlich hatten die Frauen gesehen, wie er in das Zimmer getreten war, und natürlich hatten sie sich durch ihre Mimik verraten. Und er war nun der Teschek!

»Schleich dich zu den anderen, du Falott!« Abermals tat Bronstein, wie ihm geheißen.

Als er sich sicher war, dass keine unmittelbare Gefahr drohte, fragte er, ob er wenigstens wissen dürfe, worum es eigentlich ging.

»Das geht dich zwar original gar nix an, aber es kostet mich auch nichts, es dir zu verraten: die Scheißbank hat die Firma ruiniert, bei der ich gearbeitet hab'. Wegen die Verbrecher da bin ich jetzt hackenstad. Und dieselbe Bank will mich jetzt pfänden lassen. Irgendwo gibt's Grenzen. Und die sind jetzt erreicht. Darum soll gefälligst diese Sau von der Direktion da antanzen und das alles wieder in Ordnung bringen. Sonst wird Blut fließen.«

Das Verlangen, sich zu ohrfeigen, wurde übermächtig. Offensichtlich hatte er in der Theorie so gut kombiniert wie Sherlock Holmes. In der Praxis aber war er ein Versager allerersten Ranges gewesen. Nun blieb ihm nur noch, irgendwie Zeit zu gewinnen. Einen Gegner, der dir überlegen ist, den kannst du nur mürbe machen, erinnerte sich Bronstein an den alten Lehrsatz an der Polizeischule. Also versuchte er, den Mann in ein Gespräch zu verwickeln.

»Und was ist das für eine Firma, wenn ich fragen darf?«

»Ich will jetzt endlich den Direktor da haben, sonst knall ich dich ab«, erhielt er zur Antwort.

Bronstein bemühte sich, Ruhe zu bewahren: »Ich schlag dir ein Tauschgeschäft vor: Du sagst mir, warum du genau da bist, dann hole ich dir den Sieghart höchstpersönlich da her. Ist das eine Red'?«

Der Mann schien zu überlegen.

»Mechaniker bin ich«, begann er dann unvermittelt. »Und ein guter dazu. Was heißt gut! Der beste, den sie für Geld kriegen können. Und jetzt soll ich mir die Kugel geben – wegen den Arschlöchern da!«

Bronstein versuchte, Mitgefühl zu signalisieren: »Dein Betrieb ist von der Bank geschnupft worden!«

»Aber woher denn«, brauste der Mann von Neuem auf, »die Steyr-Werke werden von niemandem g'schnupft! Aber die Scheißbanken mischen sich überall ein, ohne dass sie eine Ahnung von irgendwas haben. Für die zählt allein der Profit; was aus den Leuten wird, ist denen egal. Dabei hab' ich das schönste Auto 'baut, das es in Österreich je gegeben hat!«

»Wirklich? Welches denn?«

»Den Austria. Den müssten Sie sehen!«, kam der Mechaniker ins Schwärmen. »Acht Zylinder Reihenmotor. Viertakter natürlich. Mit hängenden Ventilen. 5.300 Kubik! Und 100 PS. Der geht Ihnen locker 120, wenn die Straße das hergibt. Fünf Meter lang ist er, einssiebzig hoch und fast zwei Meter breit. Ein Gedicht von einem Auto.« Einen Moment lang schwieg der Mann versonnen. Dann verhärteten sich seine Züge plötzlich wieder: »Und dann dürfen wir ihn nicht bauen, weil die Scheißbank Nein sagt!«

Das klang nun seltsam in Bronsteins Ohren. Weshalb sollte eine Bank ein derart lukratives Geschäft sabotieren?

»Aber warum sollte eine Bank ein solches Auto verhindern? Das wär' doch ein programmierter Erfolg und damit ein satter Gewinn. Auch für die Bank.«

»Das ist ja der Wahnsinn«, sagte der Mann und platzierte dabei die rechte Gesäßhälfte auf einem Schreibtisch. »Die Bank gibt den Steyr-Werken Kredit, sie gibt aber auch den Daimler-Werken Kredit. Und die bauen ihre Limousinen schon seit zwei Jahren. Jetzt in der Krise gehen die Verkaufszahlen natürlich zurück, weil sich so ein teures Auto jetzt nur mehr ein paar Leute leisten können. Und da wäre unser Austria natürlich eine gefährliche Konkurrenz für die Austro-Daimler. Die haben aber bei der Bank mehr Kredite laufen als wir. Für die Bank wäre es also gefährlicher, die gehen in Konkurs, als wenn wir in Konkurs gehen, weil wir sind ja nur ein ganz ein kleines Radl bei den Steyr-Werken. Also sagt die Bank einfach: ihr dürft das nicht machen! Und unsere Konzernleitung sagt Jawohl. Und genau deswegen kann ich jetzt baden gehen! Dabei hätten S' sehen sollen, wie unser Butzerl in Paris angekommen ist. Alle waren begeistert. Gegen den Austria ist die Daimler-Limousine ein krauplerter Kasten!«

»Das heißt«, versuchte Bronstein, der Konversation eine konkrete Richtung zu geben, »Sie wollen jetzt, dass die Bank ihre Entscheidung revidiert, sodass der Austria doch in Produktion gehen kann.«

»Zum Beispiel. Das wär' einmal ein Anfang. Und dann sollen s' mir gefälligst meine Wohnung lassen. Weil ich wär' nie in die Lage gekommen, wenn ich nicht auf diese Scheißbank vertraut hätt'.«

»Die Bank hat Ihnen sicher ned g'sagt, dass Sie sich bis über beide Ohren verschulden sollen«, ließ sich plötzlich eine der Angestellten vernehmen, die ein polterndes »Gusch« dafür erntete. »Sie hat mir ned g'sagt, dass sie mich mit ihre Scheißzinsen aussackelt bis auf's letzte Hemd«, belferte der Mann, »des hat s' mir ned g'sagt!«

»Und überhaupt«, redete dieser sich in Rage, »es wär's sich ja alles bestens ausgegangen, wenn alles so gekommen wär', wie die sauberen Herren immer g'sagt haben. Lerne, leiste, spare was, haben s' g'sagt, na, und genau das hab' ich g'macht. Und eure Bank hat zu mir g'sagt, so eine Hypothek, das ist ja praktisch auch eine Sparform, nur dass ich das Ersparte gleich ausbezahlt bekomm'. Dass mich die Zinsen halbert auffressen, davon hat niemand was erwähnt. Ohne die Scheißbank hätt' ich also gar keine Schulden!«

Hektisch fuchtelte der Geiselnehmer mit seiner Waffe durch die Luft, den Zeigefinger dabei beständig am Abzug. Bronstein wusste, er musste den Mann irgendwie beruhigen.

»Sagen Sie, Herr …, wie darf ich Sie denn nennen?«

Bronstein erntete einen echt überraschten Blick:

»Glauben S', ich verrat' Ihnen jetzt meinen Namen oder was?«

»Na ja, das kommt ja ohnehin raus. Wie viele Mechaniker von Steyr wird's geben, die in Ihrer Lage sind?«

Der Mann dachte nach. »Haben S' eigentlich recht. Das ist jetzt auch schon wurscht. Ich heiß' Karl.«

Für einen Moment sah es so aus, als ob Karl Bronstein die Rechte zum Handschlag hinstrecken würde, dann besann er sich jedoch eines Besseren und ließ es bleiben.

»Wirklich? Witzig! Der Mechaniker vom Baron Malberg hat auch Karl g'heißen«, sagte Bronstein so leichthin wie möglich. Karl entglitten die Gesichtszüge.

»Was? Sie kennen den Malberg?«

»Na, was heißt da kennen? Unser bester Mann. Semmering-Bergrennen, Ries-Rennen, Fernfahrt Paris-Nizza …, die österreichische Alpenfahrt. Der Mann war ein Genie am Volant. Und das konnte er sein, weil er, wie man mir gesagt hat, einen Mechaniker gehabt hat, der auch ein Genie war.«

»Sehen S', da haben wir's! Das war wirklich ich! Und jetzt muss ich da den wilden Mann spielen, nur damit ich zu meinem Recht komm'! Und wissen S', was das Beste ist? Der Malberg ist jetzt genauso arbeitslos wie ich!«

Diese Nachricht traf nun Bronstein überraschend. Karl aber nickte nur: »Ja, ja, den hat auch diese Bank da auf dem Gewissen!«

»Herr Karl, ich muss Ihnen sagen, ich verstehe Ihre Empörung. Dass so verdienstvolle Persönlichkeiten ins Elend kommen, das ist eine Frechheit. Aber glauben Sie mir, was Sie jetzt machen, das verbessert Ihre Lage nicht gerade. Wir müssen nach einer anderen Lösung suchen.«

»Aha! Und wie soll die ausschauen?«

Bronstein hatte eine Idee.

»Lassen Sie mich einen Anruf machen?«

Karl zögerte. Dann wies er mit der Pistole auf den Apparat, von dem aus wohl Bronstein selbst zuvor angerufen worden war. »Aber keine Macheloikes, gelt!«

Bronstein schüttelte den Kopf.

Er hob den Hörer aus der Gabel und läutete an. Vom Fräulein vom Amt ließ er sich mit Pokorny verbinden, der sich selbst zur Pension einen Telefonanschluss geschenkt hatte.

»Ja, Chef, sag', wo bist denn um Himmels willen! Da geht alles drunter und drüber …«

»Pokorny, ich hab' jetzt überhaupt keine Zeit für irgendwelche Fisimatenten. Hör mir einfach zu und beantworte meine Fragen knapp und präzise.«

»Ja, aber …«

»Aus jetzt. Erste Frage: Du bist doch eigentlich aus Reichenberg, oder?«

»Ja, wieso …«

»Gut! Und hast du mir nicht erzählt, euer Nachbar war ein Spengler?«

»Der Porsche Toni, ja. Warum …«

»Gut! Wie gut kennst du den?«

»Na, ziemlich gut, mir sind ja mitsammen aufg'wachsen, ned? Aber was hat jetzt nachher das …«

»Gut! Kennst du seinen Buben auch?«

»Den Ferdinand? Na ja, schon irgendwie …«

»Gut! Kannst du da eventuell etwas einfädeln?«

242

»Ja mei, den hab' ich seit Ewigkeiten nicht mehr g'sehen. Aber er ist ja in Wien da, ned? Also ich denk' schon, wenn ich ihn anruf, dass er mich um der alten Zeiten willen …«

»Sehr gut, Pokorny. Ich komm' in der Sache auf dich zu. Vorerst einmal danke. Wir hören uns bald wieder. Bis dann, Servus!«

Noch ehe Pokorny reagieren konnte, hatte Bronstein abgeläutet. Er sah Karl an. »Ich bin mir sicher, der Herr Porsche wird ein Talent wie Sie brauchen können.«

»Sie meinen, ich soll zur Konkurrenz gehen? Wie stellen Sie sich das vor?«

»Wieso zur Konkurrenz? Der Porsche sitzt bei Steyr und bei Daimler im Vorstand. Da kann man kaum von Konkurrenz reden!«

Karl kam ins Wanken.

»Ich sag' dir was, Karl. Du lässt die vier Damen da jetzt gehen, und ich sorge dafür, dass du für die G'schichte da nicht allzu hart angefasst wirst. Da finden wir schon einen Weg. Und beim Porsche legen wir ein gutes Wort für dich ein, dann wirst sehen, wie die Sonn' auch für dich wieder scheint! Was sagst?«

»Wie viel tät' ich denn ausfassen?«

»Na ja, Nötigung. Freiheitsberaubung. Gefährliche Drohung, … ein bis drei Jahre. Dafür bist unbescholten. Na, sagen wir: ein Jahr, davon 6 Monate unbedingt. Mit ein klein wenig Glück nicht einmal das. Das wird schon.«

Karl rang noch einen Augenblick mit sich, dann entkrampfte sich seine rechte Hand. Die Pistole veränderte ihre Position, der Lauf zeigte nach unten. Zögernd reichte er Bronstein die Waffe.

»Glaub' mir, das war die beste Lösung.«

Karl ließ den Kopf hängen: »Wenn die Scheißbank ned wär', dann wär' ich jetzt noch ein ehrlicher Mensch.«

Bronstein konnte Karl beim besten Willen nicht widersprechen. Die Gouverneure der Banken, sie gingen buchstäblich über Leichen. Dagegen war ein Banküberfall ja direkt noch ein Kavaliersdelikt. ›Was ist schon das Berauben einer Bank gegen die Gründung einer solchen!‹ Wo hatte er diesen Satz bloß kürzlich gelesen?

1930: UNERHÖRT

»Hörst, David, hast a wengerl a Zeit?«

Bronstein blickte auf und erkannte den alten Polizeirat Berger vom Raubdezernat, der in seiner Bürotür stand.

»Aber sicher, um was geht's denn, Ferdinand?«

»Ich hab' da irgendeinen Komiker am Fernsprecher, der fantasiert mir was z'samm von wegen, Gold und Silber hätt' er da, und ich versteh' einfach nicht, was der von mir will. Das wär' ja noch ned so schlimm, aber ich müsst' dringend zum Präsidenten, und alle anderen in der Abteilung haben schon Feierabend g'macht, weil der alte Hackl heut' ja seinen Abschied nimmt.«

»Du, Ferdl, ja – warum ned?! Bei mir liegt eh grad nix an. Und bevor mir fad wird, hör ich mir den seine Gspassettln einmal an.«

Bronstein folgte also Berger in dessen Büro am anderen Ende des Ganges und nahm dort den am Schreibtisch liegenden Hörer auf, während Berger seligen Blicks in andere Etagen entschwebte.

»Oberstleutnant Bronstein am Apparat«, meldete er sich, »worum geht's?«

»Das hab' ich dem anderen Spinaterer schon g'sagt! Sag, wollt's ihr mi pflanzen? … Ich muss das da ned machen!« Der Mann am anderen Ende der Leitung war hörbar sauer, und Bronstein konnte ihm diese Stimmungslage auch nicht verübeln. Da war jemand bereit, seiner Bürgerpflicht nachzukommen, und dann ließ man ihn ewig lange warten und schickte ihn auch noch von Pontius zu Pilatus.

»Es tut mir sehr leid, der Herr, aber wir sind wieder einmal chronisch unterbesetzt. Sie wissen schon, die Regierung und ihr Sparzwang. Außerdem ist es ja schon sechs am Abend, da dauert's halt mitunter ein bisserl. Mit wem hab' ich denn die Ehre, wenn ich fragen darf?«

»Pospischil der Name, ich arbeit' in der Einlöseanstalt Scheid auf der Gumpendorfer Straße. Und da war jetzt grad ... das heißt, vor einer halben Stund' mittlerweile ..., so ein komischer Dienstmann da, der Schmuck und Uhren schätzen lassen wollt'. Und wissen S', das ist ein solcher Haufen, das kann unmöglich koscher sein.«

In Bronstein stieg Skepsis auf. Wahrscheinlich irgendein verträumter Verkaufsgehilfe, der hinter jeder normalen Transaktion gleich ein Verbrechen vermutete, weil er in seiner Freizeit zu viele Schundhefte las.

»Vielleicht hat da jemand eine größere Erbschaft g'macht«, sagte er laut, »und will das nicht an die große Glocke hängen.«

»Ich hab's zählt! 60 Ringe! Wer, bitte schön, hat 60 Ringe? Ned einmal die Zita. So viele hat nur ein Juwelier. Und da sind dann auch noch jede Menge Uhren unterschiedlichster Fabrikation, dazu Colliers und Armbänder. Glauben S' mir, Herr Inspektor, das ist keine Erbschaft, das ist ein Bruch.«

Bronstein ärgerte sich, dass Berger im Augenblick nicht greifbar war, denn die logische Frage, die er diesem nun hätte stellen müssen, lautete, ob dieser Tage irgendwo in Wien ein Einbruch bei einem Juwelier oder einem Goldschmied gemeldet worden war. So aber blieb ihm zunächst nichts anderes übrig, als die Sache selbst in die Hand zu nehmen.

»Wissen S' was, Herr Pospischil. Schenken S' mir noch ein bissel von Ihrer Zeit. Ich komm' persönlich bei Ihnen vorbei und schau mir das an.«

Der Pospischil maulte, dass er eigentlich schon Dienstschluss habe und nach Hause wolle, doch Bronsteins Hinweis, dass, liege der Pospischil mit seiner Vermutung richtig, er wahrscheinlich ganz groß in die Zeitung käme, ließ Pospischil einlenken. »Alsdern, ich wart' auf Sie. Aber ned länger wie a halbe Stund'.«

Bronstein hinterließ Berger eine kurze Notiz auf dessen Schreibtisch, wonach er unbedingt auf ihn warten solle, weil es sich hier vielleicht doch um eine größere Sache handle, und eilte dann zurück in sein Büro, um sich seinen Überzieher zu holen. Dann begab er sich auf die Straße, wo die Kälte, dem Datum gemäß, ihn sofort unangenehm berührte. »Na servus«, sagte er zu sich selbst, »19. November und schon so kalt. Wie wird das erst zu Weihnachten werden?«

»Da werden wir 20 Grad und Sonnenschein haben«, flötete ein Passant im Vorüberhasten, der offenbar Bronsteins Gemurmle gehört und verstanden hatte. »Sehr lustig«, maulte Bronstein und schlug den Mantelkragen hoch.

Mit der Ringlinie fuhr er bis zur Babenbergerstraße, von dort kämpfte er sich in die Gumpendorfer Straße durch und sah schon von Weitem einen Mann in der typischen Kluft eines kleineren Angestellten hektisch winken.

»Da sind S' ja endlich. G'rad wollt' ich gehen.«

»Na ja, jetzt bin ich ja da. Alsdern, wo is' die Sor'?«

Wenige Minuten später war sich Bronstein sicher, dass der Mann recht hatte. Ein derartig umfangreiches Sammelsurium an diversen Schmuckstücken und Wertgegenständen konnte unmöglich einer Privatperson gehören. Nicht einmal der Hochadel besaß noch derart viel an Pretiosen, und wenn ein Liechtenstein, Schwarzenberg oder Schönborn um einen solchen Hort gebracht worden wäre, dann stünde das schon längst in allen Blättern.

»Und Sie sagen, ein Dienstmann hat das vorbeigebracht?«

»Ja. Er hat g'sagt, er lasst fragen im Auftrag von zwei Herren.«

Zwei Herren. Diese Auskunft bekräftigte den Verdacht. Wahrscheinlich waren es die Diebe, die auf diese Weise in Erfahrung bringen wollten, wie viel sie da eigentlich erbeutet hatten, um sodann von einem Hehler nicht allzu sehr übervorteilt zu werden.

»Und was haben Sie ihm g'sagt?«

»Ich wollt' Zeit gewinnen. Natürlich hätt' ich ihm gleich sagen können, wie viel das Zeug da ungefähr wert ist. Aber dann wäre er wahrscheinlich einfach wieder gegangen, und die ganze Sache wär' erledigt g'wesen. So aber hab' ich ihm g'sagt, der Schätzmeister ist nimmer da, und er soll morgen in der Früh wiederkommen. Das war eigentlich alles. Wobei, was mir aufg'fallen ist, war, dass der Mann offenbar derrisch war. Weil ich hab' ihm mehrmals sagen müssen, was ich ihm g'sagt hab', und am End' hab' ich richtiggehend g'schrien mit ihm.«

Nun ja, dachte Bronstein, der Dienstmann war sicherlich nur Mittel zum Zweck, den konnte er getrost außer Acht lassen. Insofern war es auch gleichgültig, dass der Mann schwerhörig war. Viel wichtiger schien es, dass der Dienstmann die Kollegen direkt zu den Dieben führen würde, wenn man es richtig anstellte. Bronstein überlegte einen Augenblick, dann wandte er sich wieder an den Pospischil. »Wann sperren Sie morgen auf?«

»Wie immer. Um acht.«

»Gut, Herr Pospischil. Das ist vorläufig alles. Sie haben uns sehr geholfen. Ich bin überzeugt, dass Sie recht haben. Wir müssen nur noch herausfinden, wer der Bestohlene ist. Aber dank Ihnen kriegen die Einbrecher für ihr Diebesgut jetzt nur eins: die Achter.«

Bronstein sah zu, dass er wieder ins Präsidium kam, denn der Fall duldete, wie er meinte, keinen Aufschub. Er hoffte, Berger würde seine Notiz gefunden haben und auf ihn warten. Tatsächlich saß Berger in Bronsteins Büro, als dieser eintrat, um seinen Mantel aufzuhängen.

»Hat der doch was G'scheites g'sagt«, ließ sich Berger vernehmen.

»Sag, Ferdl, weißt du etwas über einen größeren Einbruch oder Raub die Tage?«, beantwortete Bronstein Bergers Frage mit einer Gegenfrage. Dessen ratlose Miene beantwortete selbige jedoch umgehend. Dennoch ließ sich der Polizeirat vernehmen: »Also bei uns sicher ned. Aber schau'n wir einmal bei mir, ob sonst irgendwo was reingekommen ist ... Hat der leicht eine Sore bei sich?«

»Ich denk' schon. Das ist viel zu groß für herkömmlichen Privatbesitz. Ich mein', der Experte bist du, aber ich bin mir ziemlich sicher, das Zeug bei dem Scheid, das stammt von einem größeren Bruch.«

»Na ja, das kann schon sein. Vielleicht haben s' das irgendwo außerhalb mitgehen lassen und wollen's jetzt da loswerden, weil s' glauben, da fallt's ned so auf.«

»Siehst, genau das hab' ich mir auch denkt.«

In Bergers Büro angekommen, kramte Bronsteins Kollege in seinen Unterlagen. Immer tiefer wühlte er sich in den Stapel von Papieren, die scheinbar ohne Sinn und Ordnung neben dem Telefon aufgeschichtet waren. »Jetzt, wo du das g'sagt hast«, meinte er währenddessen, »ist mir eing'fallen, da war irgend so ein Wisch aus Brünn die Tag'. ... Wo ist denn der?«

Mit einem leisen Rascheln stürzte der Stapel in sich zusammen und die einzelnen Papierstücke verteilten sich zwanglos auf dem gesamten Schreibtisch. Einige wagemutigere stoben über den Tischrand hinaus und segelten wie Weiland Otto Lilienthal langsam dem Erdboden entgegen.

»Fix Laudon«, fluchte Berger, »jetzt ist meine ganze Ordnung tschari.«

Bronstein verkniff sich die Antwort, dass diese zuvor schon nicht anwesend gewesen sei, und half stattdessen Berger dabei, die diversen Aktenstücke vom Boden aufzulesen.

»Hast vielleicht das gesucht?«

Bronstein hielt Berger ein Fernschreiben unter die

Nase, das die Brünner Kollegen am 11. November an das Sicherheitsbüro in Wien geschickt hatten. Dort stand zu lesen, dass tags zuvor, also am 10., ein Einbruch bei dem Schmuckwarenproduzenten ›Sequens‹ verübt worden war, bei dem die Schränker Uhren, Ringe, Arm- und Halsbänder im Wert von 115.000 tschechischen Kronen erbeutet hatten.

»115.000 Kronen, na servus«, entfuhr es Berger, »das sind ja … fast …«

»Fast 50.000 Schilling«, übernahm Bronstein die Umrechnung, »ja, kein Lapperl.«

Berger sah Bronstein an: »Und du meinst, da beim …«

»… Scheid liegt das Diebesgut? Ja! Zumindest teilweise.« Bronstein pfiff durch die Zähne. Mit einer solchen Beute hatte man ausgesorgt. Kein Wunder, dass die Diebe eine geraume Zeit hatten verstreichen lassen, ehe sie sich wieder ans Tageslicht wagten. Und dass sie in einer anderen Stadt nach einem Hehler suchten, unterstrich den Hang zur Vorsicht noch.

»Ich möcht' wissen, wie die mit dem Klumpert über die Grenz' kommen sind.«

»Das, Ferdl, ist eine gute Frage. Wahrscheinlich werden sie sich irgendwo zwischen Nikolsburg und Drasenhofen durch die Büsche g'schlagen haben.«

»Ja, oder dort bei Schrattenberg. Wennst dort spazieren gehst, dann weißt gar nicht, ob du noch in Österreich bist oder schon in der Tschechoslowakei.«

»Na, alsdern, das haben wir geklärt. Was wir allerdings noch nicht wissen, ist, wer den Bruch tatsächlich g'macht hat«, räsonierte Bronstein. »Ich sag', das waren trotz allem Uns'rige, weil sonst hätt' sich der Dienstmann anders verhalten. Der hätt' das sicher erwähnt, dass ihn Ausländer g'schickt haben – wenn er den Auftrag überhaupt ang'nommen hätt'.«

»Aber geh«, winkte Berger ab, »pecunia non olet. Das weißt ja eh.«

»Na, wie auch immer«, fasste Bronstein die Unterredung zusammen, »bis morgen werdet ihr euch gedulden müssen.«

»Wir?«

»Na, das Dezernat halt«, erläuterte Bronstein.

»Aber geh, David, sag' bloß, du willst nicht dabei sein, wenn wir die Schränker dingfest machen?«

»Du, das ist nicht mein Revier. Ich hab' dir gern g'holfen, aber ab morgen g'hören die Burschen euch.«

»Ich mach' dir einen Vorschlag, David. Die schnappen wir zwei uns. So auf unsere alten Tag', hmm. Da zeigen wir den ganzen Junghupfern, zu was ein g'standener Kieberer fähig ist. Wir spielen dort morgen in der Früh die gelangweilten Passanten, und dann schlagen wir blitzartig zu wie die Python.«

»Wie die Kobra!«

»Ha?«

»Wie die Kobra. Die schlägt blitzschnell zu. Die Python erwürgt dich einfach nur«, meinte Bronstein mit einem Anflug von Lakonie in der Stimme.

»Ach so«, lächelte Berger, »hab' ich schon wieder Regierung mit Justiz verwechselt.«

»Alter Zyniker.«

»Besser alt und zynisch als jung und deppert.«

»Na, ich weiß nicht. Manchmal wär' ich lieber jung und deppert als alt und blöd.«

»Ich sag' dir was, David. Ich weiß, wer morgen blöd dasteht. Die Diebe und die Kollegenschaft. Weil beide werden daran zu schlucken haben, was wir da auf die Füß' g'stellt haben.«

Bronstein blieb skeptisch.

»Oder tust lieber Akten umblättern und dabei vor Fadesse wegbüseln?«

»Ferdl, du machst es einem nicht leicht.« Bronstein seufzte. »Na gut, du sollst deinen Willen haben. Morgen um drei viertel acht vorm Scheid.«

»David, das is' a Red'. Ich sag' dir's, das gibt a fette Belobigung.«

»A dicke Belohnung von der Sequens wär' mir lieber.«

»Wer weiß, vielleicht ist die auch drin.«

Zehn Minuten nach 8 Uhr morgens studierten Bronstein und Berger übereifrig das Warenangebot der benachbarten Buchhandlung, als ein alter Mann in Dienstmannsuniform die Straße entlanggeschlurft kam. Bronstein stupste Berger unmerklich an und nickte in die Richtung des Greises. Tatsächlich verschwand der Mann im Inneren der Pfandleihanstalt und kam wenige Minuten später genauso apathisch, wie er sie betreten hatte, wieder heraus. Berger und Bronstein hatten einige Mühe, sich der unendlichen Langsamkeit des Mannes anzupassen, und mussten immer wieder stehen bleiben, um zu verhindern, ihn zu überholen. In der Kasernengasse überquerte das Weißhaupt die Straße und hielt auf zwei Männer zu, die sich dort in einem Hauseingang postiert hatten. Unwillkürlich gingen die beiden Polizisten in Deckung.

253

Sie schlichen sich langsam an das fragliche Haus heran. Aufgeregte Stimmen drangen an ihre Ohren.

»Einschmelzen hab' ich g'sagt, du Trottel, ned einschätzen! Bist derrisch oder was?« Einer der potentiellen Diebe war sichtlich echauffiert.

»Ha, bitte was?«, ließ sich der Dienstmann mehrere Nuancen zu laut vernehmen.

»Du, der is' echt deppert«, kam es von der dritten Gestalt.

»40.000, hat er g'sagt. Vielleicht a bisserl mehr«, erinnerte sich der Alte wieder seines eigentlichen Auftrags.

»Ned so laut, du Zwetschgenkrampus«, herrschte ihn der erste Dieb an.

»Genau, das muss ja ned a jeder wissen«, ergänzte der andere.

»Richtig, denn die, die's wissen sollen, die wissen es schon«, erklärte Bronstein und trat aus der Deckung auf die drei Männer zu. Er hob seine Kokarde und lächelte siegesgewiss.

»Ihr seid ein paar feste Deppen. Direkt gegenüber der Kasern' macht ihr euch was aus. Wie glaubt's ihr denn ernsthaft, dass ihr euch da noch 'rauswindet? Gebt einfach auf, das wird das Beste sein.«

Der ältere der beiden Diebe fluchte undeutlich.

»Der Herr Johann Eisen, na, sieh mal einer an«, statuierte Berger, der zu Bronstein aufgeschlossen hatte. »In Fachkreisen heißt er schlicht der Eisenschani. Na, mit Eisen wird er jetzt die nächsten paar Jahre genug zu tun haben.«

»Leck mi am …«

»Na, na, Herr Eisen«, fuhr ihm Bronstein in die Parade, »das ist aber nicht bon ton!«

»Und du a glei!«

Berger ließ sich nicht irritieren und sah stattdessen auf den zweiten Mann, der wie angewurzelt in dem Mauervorsprung festgeklebt schien.

»Der Schimmerl. Das hätt' ich mir denken können.« Halb an Bronstein gewandt, erklärte er: »Die zwei sind schon lange amtsbekannt. Die haben beide eine Speiskarten, dass dir schlecht wird. Na ja, jetzt wird noch einmal ordentlich Schmalz dazukommen.«

Bronstein war im Begriff, Berger freundlich zuzunicken, als er im Augenwinkel wahrnahm, wie sich die beiden Einbrecher mit einem kurzen Augenkontakt verständigten.

»Die wollen palessieren!«, rief er automatisch und wuchtete seinen Körper nach vor.

Dabei war ihm aber der Dienstmann im Weg, der immer noch zwischen den Dieben und den Polizisten stand und dem Disput verständnislos gefolgt war. Bronstein rempelte ihn an, was der Nestor mit einem »Na hallo, hallo, was ist denn« quittierte. Schimmerl nützte den Moment der Irritation und sprintete los. Eisen wollte ihm folgen, doch Berger fuhr blitzschnell seinen rechten Fuß aus, über den Eisen stolperte, sodass er der Länge nach hinfiel und sich den Schädel an der Gehsteigkante aufschlug.

»So a Schaß!«, fluchte er, während ihn Berger in Gewahrsam nahm.

Bronstein hechtete derweilen Schimmerl nach und schrie dabei aufgeregt: »Halt's ihn auf! Halt's ihn auf! Ein Verbrecher ist das!«

Schimmerl versuchte, sich zur Mariahilferstraße durchzukämpfen, um dort im Gewühl unterzutauchen. Doch wenige Meter vor dem Erreichen seines Zieles stellte sich ihm ein Riegel von einem Mann entgegen. »Für di is jetzt Antoni am letzten«, ließ sich der Riese vernehmen und rammte Schimmerl ansatzlos die Rechte in den Bauch. Schimmerl stöhnte, verdrehte die Augen und klappte zusammen.

Eine Viertelstunde später klopfte Berger auf die Fahrertür des Polizeitransporters und signalisierte so, dass dieser mit seiner Fracht abfahren konnte. Dann wandte er sich Bronstein zu: »Na, was hab' ich dir gesagt! G'schafft haben wir's! Und die Beute haben wir auch noch sichergestellt. Wenn das kein Triumph ist!«

Bronstein lächelte milde: »Ja. Aber ned für uns. Für die Sequens!«

1931: STÜCKCHENWEISE

»Bundespolizeidirektion Wien, Mordkommission, Oberstleutnant Bronstein am Apparat, womit kann ich dienen?« Monoton rasselte Bronstein den Standardspruch herunter, verärgert über den Umstand, dass er bereits um Punkt 8 Uhr morgens, kaum dass er sein Büro betreten hatte, mit einem Anruf konfrontiert wurde. Weder stand ein Kaffee vor ihm, noch war es ihm gelungen, sich seine erste Amtszigarette anzuzünden. Er hatte vielmehr den Hörer noch im Stehen aus der Gabel gehoben. Was er zu hören bekam, veranlasste ihn jedoch, sich erst einmal zu setzen.

»Was sagen Sie da?«

»Ja, Herr Oberstleutnant, Sie haben richtig g'hört. Zwei Frauenschenkel. Einfach abgeschnitten und in Packpapier eing'wickelt. Die liegerten da bei uns am Kommissariat.«

Jetzt wirkte er bereits 24 Jahre im Dienste der Wiener Polizei, und in diesen Jahren war ihm doch einiges an Merk- und Denkwürdigkeiten untergekommen, aber dass jemand zwei Frauenbeine abgetrennt und in Packpapier eingeschlagen hätte, als handelte es sich dabei um Hühnerklein oder Schweinshaxen, das war sogar ihm neu.

»Jetzt alles einmal der Reihe nach«, bemühte er sich um Contenance. »Sie wollen mir erklären, irgendwer hat ein paar Wei..., Frauenbeine gefunden? Einfach so?« Seine

257

Stimme verriet seine nachhaltige Skepsis, und Bronstein ertappte sich, dass er über das Telefon hinweg auf den Standkalender linste, um sich en passant zu vergewissern, ob man nicht den 1. April schrieb. Nein, es handelte sich um den 9. März. Für einen Aprilscherz wäre die Nachricht auch entschieden zu geschmacklos gewesen.

»Ja, schauen S', Herr Oberstleutnant. Heute ist um 6 Uhr morgens ein Herr auf das Kommissariat gekommen und hat gemeint, er hätt' da einen Haxen g'funden. Er ...«

»Jetzt warten S' einmal, Herr Kollege. Wo sind Sie überhaupt?«

»Koat drei ...«

»Wissen S' was, ich schau mir die Sache persönlich an. Telefonieren S' derweil dem Polizeiarzt, der soll auch hinkommen und uns sagen, was er davon halt.«

Der Uniformierte sicherte Bronstein die prompte Erfüllung dieser Anweisung zu, und Bronstein hängte ein. Er blickte auf die Uhr, die fünf Minuten nach acht zeigte. In den dritten Bezirk würde er mit öffentlichen Verkehrsmitteln etwa eine halbe Stunde benötigen. Genug Zeit also für einen Kaffee und eine Zigarette, wenn man es richtig anstellte. Er griff noch einmal zum Telefon. Auf das Melden des gewünschten Teilnehmers reagierte Bronstein prompt: »Ich brauch' in 15 Minuten einen Wagen. Mordverdacht auf der Landstraße.« Dann lehnte er sich zurück und rauchte sich eine Zigarette an. Durch die offene Tür verlangte er nach einem Kaffee, der zwei Minuten später vor ihm auf dem Tisch stand.

Weitere 28 Minuten später betrat Bronstein die Amtsstube des Landstraßer Kommissariats. »Alsdern«, belferte er, »wo hamma die Schlögel?«

Ein Revierinspektor Pieslinger wies die Funde vor und erläuterte sie: »Um 6 Uhr in der Früh ist der Herr …«, Pieslinger konsultierte kurz seine Aufzeichnungen, »Fuchs, Eduard Fuchs, wohnhaft Krummgasse 5, zu uns gekommen und hat g'sagt, er hätt' ein Frauenbein g'funden. Das da«, dabei deutete Pieslinger auf das linke, das ohne jede Umhüllung auf dem Tisch lag, »und er hat g'meint, er hat es in einer Tornische des Hauses Krummgasse 4 entdeckt. Na ja, wir haben eine Niederschrift g'macht, aber er hat nur g'meint, mehr könnt' er darüber ned sagen. Er hat seinen üblichen Morgenspaziergang g'macht und sich über den Schneehaufen in der Nische g'wundert, weil der Hausbesorger vom Viererhaus so ein penibler und ordnungsliebender Mensch sei, dass ihm so ein Haufen nie nicht passieren könnt'. Also sei er – der Fuchs, nicht der Hausmeister – hingangen und hätt' sich die Sache näher ang'schaut. Na, und da hat er dann g'merkt, dass der Schenkel da liegt, nur notdürftig mit ein bissel einem Schnee zugedeckt.«

»Aha«, machte Bronstein, »und weiter?«

»Na, der Herr Fuchs ist dann gegangen, aber zehn Minuten später war er schon wieder da. Sie werden's ned glauben, hat er g'sagt, aber ich hab' noch einen Haxen g'funden.« Dabei wies Pieslinger nun auf das rechte Bein, welches in Packpapier gewickelt war. »Auch bei der Krummgasse 4. Das ist ihm auf dem Heimweg aufg'fallen.«

»Na, ein guter Beobachter, der Herr Fuchs, was?«, ließ sich Bronstein vernehmen und wippte dabei mit den

259

Zehen leicht auf und ab, sodass er für kurze Zeit größer wirkte, als er in Wirklichkeit war. »Ist der Onkel Doktor schon da?«

»Der ist schon da«, echote ein schmächtiger Mann, der Bronstein unbekannt war. »Gestatten, Dr. Zellinger, Amtsarzt für den hiesigen Bezirk.«

»Ah, sehr erfreut. Was können S' mir über die zwei Schenkerl da erzählen?«

Zellinger ließ seinen Kopf leicht nach links und rechts pendeln. »Nicht viel eigentlich. Die … äh … Besitzerin dieser Beine ist noch recht jung. 20, vielleicht 25 Jahre, mehr nicht. Und wer immer sie ihr abgenommen hat, der muss ein Grobian allerersten Ranges sein.«

»No na ned«, war Bronsteins lapidarer Kommentar. Wer sonst außer einem Grobian kam auf eine derartige Idee. Zellinger ging nicht näher auf Bronsteins Einwurf ein. »Sehen S' das da?« Dabei deutete Zellinger auf die Schnittstelle des einen Beins. »Das sind Sägespuren. Wer immer da gefuhrwerkt hat, er hat die Haxen einfach abg'sägt – wie seinerzeit die Feldschere im Krieg.«

»Na servas«, meinten Bronstein und Pieslinger gleichzeitig.

»Und so, wie der da vorgegangen ist, wundert's mich, dass er sie nicht gleich aus dem Rumpf herausg'rissen hat. Aber dazu reicht halt die menschliche Kraft für gewöhnlich nicht aus, gell!« Dabei lächelte der Mediziner schmal. »Allerdings eines kann ich Ihnen nicht sagen.«

»Und zwar was?«

»Ob die … Besitzerin g'lebt hat oder tot war, als ihr die Beine abg'nommen worden sind. Beides ist möglich, das kann man so nicht feststellen. Und es ist möglich, dass die Frau immer noch lebt. Heutzutage, wenn man richtig vorgeht, verblutet man an einer solchen Amputation nicht mehr.«

Bronstein erbleichte nun doch leicht und zündete sich, um zu verhindern, seine Fassung zu verlieren, eine Zigarette an. »Na, Prost Mahlzeit! Das heißt, wir suchen unter Umständen nach einer noch lebenden Person, der irgendwer zwei Haxen g'stohlen hat. Da ist … also …« Bronstein erstarb. Er wusste, es war höchste Eile angesagt, doch genauso gut wusste er, dass er keinerlei Grundlagen für eine Entscheidung, wie er nun genau vorgehen sollte, besaß. Er schnaufte und fühlte sich durch das penetrante Grinsen des Mediziners einigermaßen provoziert.

»Was grinsen S' denn wie ein frisch lackiertes Hutschpferd. Ich find' das nicht lustig«, knurrte er.

»Ich auch nicht«, bekräftigte Zellinger, »aber Sie erraten nie, was der Kollege Pieslinger z'erst g'funden hat.«

»Ich will auch nicht raten! Was hat er g'funden?«

Zellinger gab Pieslinger einen Wink: »Sie werden es nicht glauben, Herr Oberstleutnant, aber in der Sache ist entweder ein extrem abgebrühter Hundling oder aber ein bemerkenswerter Trottel am Werk. Der rechte Haxen ist nämlich in einem Strumpf g'steckt. Und wissen S', was da drin war?«

Bronstein war es entschieden zu früh am Tage für irgendwelchen Denksport. Zudem fühlte er sich durch die beiden Männer zunehmend gefrotzelt.

Hörts mir einmal zu, ihr zwa Safensieder. I hob überhaupt ka Animo, dass i mi do zum Dodel moch'. Also jetzt red'ts Fraktur, oder i kriag den Rotlauf.

Na, diese Gedanken behielt er besser für sich. Solch

ein Umgangston war vielleicht für einen Revierinspektor angemessen, doch bei einem Amtsarzt konnte man nie wissen, wie der auf eine solche Anrede reagieren würde. Bronstein zwang sich also zu einem Lächeln: »Was denn?«, fragte er dann und dehnte das zweite Wort, als wäre er kein gestandener Polizeioberst, sondern ein Hortkind aus dem Gemeindebau.

»Ein zerrissenes Kuvert!« Pieslinger war deutlich der Stolz anzusehen, den er ob dieser Eröffnung empfand. Er sah Bronstein triumphierend an und verharrte ansonsten in tiefem Schweigen. Bronstein verdrehte die Augen, blies andeutungsweise Luft aus und sagte dann gottergeben: »Und was steht d'rauf, auf dem Kuvert?«

Jetzt freilich war Pieslinger irritiert: »Woher wissen S', dass etwas draufsteht, Herr Oberstleutnant?«

»Wenn's einfach nur Papierschnitzel g'wesen wären, dann täten S' da jetzt nicht so auf Ecclesia Triumphans machen.«

Pieslingers Gesichtsausdruck changierte erneut. Diesmal eindeutig in Richtung Enttäuschung. Beinahe beiläufig sagte er: »Eine Adress'. Mitzi Thaler, Rochusgasse 11. Da auf der Landstraße.«

Bronsteins Miene hellte sich auf:

»Na sehen S', Herr Kollege! Gut g'macht.«

Pieslinger zeigte eine neue Facette seiner Mimik: Verwunderung.

»Na, das ist doch ein Ansatzpunkt. Die Frau Thaler werden wir jetzt aufsuchen – beziehungsweise, wenn wir sie nicht antreffen, nur suchen. Weil dann ist sie wahrscheinlich diejenige welche, der was jetzt die zwei Haxerln da fehlen.« Bronstein dämpfte die Zigarette aus.

»Meine Herren! Das war sehr aufschlussreich. Kompliment. Herr Kollege«, dabei wandte er sich an Pieslinger, »geben S' mir die Ehre?«

»Ich soll Sie begleiten, Herr Oberstleutnant?«

»Du reicht. Und ja. Das wär' praktisch.«

Pieslingers Antlitz bewies enorme Wandlungsfähigkeit. An die Stelle von Ver- trat nun Bewunderung. »Aber mit dem größten Vergnügen.« Bronstein verabschiedete sich per Handschlag von Doktor Zellinger und machte sich mit Pieslinger zu Fuß auf den Weg zur Rochusgasse, die freilich nicht sonderlich weit entfernt war.

Vor dem in Rede stehenden Haus hielt Bronstein kurz inne. »Am besten«, meinte er dann zu Pieslinger, »wir geh'n zuerst einmal zum Hausmeister. Diese Leut' wissen in der Regel alles.« Pieslinger nickte nur.

Im Inneren des Gebäudes wies ein winziges Schild mit kaum mehr leserlicher Schrift ins Souterrain. Dort hauste des Hauses Hausbesorger. Bronstein klopfte an. Der die Türe öffnende Bewohner der Unterkunft sah Pieslingers Uniform und sagte grußlos: »Was liegt an, Herr Inspektor?«

»Sagt Ihnen der Name Maria Thaler etwas?«, fragte Bronstein.

»Die Mitzi? Klar, die hat bei mir g'wohnt eine Zeit lang. Warum fragen S'?«

»Bei Ihnen? Waren Sie liiert mit ihr?«

»Na, natürlich ned. Sehen S' das ned, Herr Rat?« Offenbar wusste der Hausmeister Bronsteins Rolle nicht wirklich einzuschätzen und entschied sich daher für eine recht allgemeine Anrede, die anstelle wirklicher Amtstitel durchgehen mochte. »Ich bin fast 60, die Mitzi is'

g'rad' einmal 20. Da ist ma ned liiert mit so einem Alters-
unterschied.«

»Na, sagen S' das ned«, wiegelte Bronstein ab, »aber
warum hat sie dann bei Ihnen gewohnt?«

»Schauen S', Herr Rat, die G'schicht' ist a bissl heikel.
Wenn ich also um Diskretion bitten dürft'?«

»Solang es mit dem Fall nichts zu tun hat, sicher«, entgegnete Bronstein.

»Schauen S', ich krieg da als Hausmeister ned amoi an
feuchten Dreck. Wenn ich überleben will, dann muss ich
mich nach der Decke strecken, ned?! Und daher lass' ich
da manchmal Leut' wohnen. Gegen eine … gewisse Auf-
wandsentschädigung.«

Während des letzten Wortes war der Hausbesorger immer
leiser geworden. Offenkundig hatte er nicht das Recht, Teile
seiner Wohnung unterzuvermieten, und so verdiente er sich
schwarz ein Körberlgeld dazu. Doch das brauchte die Kri-
minalpolizei nicht zu interessieren. »Versteh' schon. Und
die … Mitzi … hat zu diese Leut' g'hört?«

»Genau. Sie hat als Hausgehilfin und als Bedienerin
gearbeitet. Aber wegen der vermaledeiten Krise da hat s'
natürlich a ihr Hackn verloren. Na ja, und Samariter bin
i a kaner, weil das kann i mir ned leisten.«

»Also ist sie ausgezogen«, resümierte Bronstein.

»Ja.«

»Und wissen S', wohin?«

»Nein. Aber wissen S' was, Herr Rat, der Wrbik könnt'
das wissen.«

»Und der Wrbik ist jetzt nachher wer?«

»Ein Kanalräumer, der was auch bei mir wohnen tut,
Herr Rat.« Der Hausmeister streckte seinen Hals vor

und sah nach links und nach rechts, ehe er sich Bronsteins Haupt beängstigend weit näherte. »Ein unguter Bazi, Herr Rat. Ein echter Säufer, der was schon mehrmals am Steinhof war wegen seiner Sauferei. A rechter Krawallmacher und Choleriker. Den sollten S' Ihnen einmal anschau'n. Wenn der seinen Rappel kriegt, dann rinnt meistens Blut. Aber von mir haben S' das ned, Herr Rat, sonst verdrischt der mi a no.«

»Na, die sind mir die liebsten. Den stutz' ich mir schon z'samm auf ein passendes Format. Aber warum soll der Wrbik jetzt was wissen?«

»Weil er ein Pantscherl hat mit der Mitzi. Und das, obwohl er verheirat' is' und zwa Gschrappen hat. Dabei is' der a schon 50. Von dem her hätt' s' mi eigentlich a drüberla …« Der Hausmeister erstarb und sah betreten zu Boden.

»Und wo finden wir den, den Wrbik?«, ging Bronstein nicht näher auf des Hausbesorgers Faux pas ein.

»Der wird im Dienst sein. Am Bezirksamt beim Borromäus-Platz, gleich da gegenüber. Da hat er sein Quartier.«

Bronstein nickte und bedeutete Pieslinger, ihm zu folgen. Dreißig Schritte später betraten sie das Amtshaus. Beim Portier erkundigten sie sich nach dem Arbeitsplatz des Kanalräumers und bekamen prompt die Richtung gewiesen. Bronstein öffnete die Tür und sah sich einem ungepflegten Mann gegenüber, der ob seiner Erscheinung der Wrbik sein musste.

»Sie sind der Wrbik, vermute ich«, polterte Bronstein, um sich gleich durch seinen Ton den nötigen Respekt zu verschaffen.

265

»Wer lasst fragen?«

Bronstein zeigte wortlos seine Kokarde.

»Was is'?«

»Kennen S' eine Maria Thaler?«

Aus dem Munde Wrbiks kam ein zögerliches Ja.

»Und wissen S', wo die jetzt ist, die Thaler?«

In Wrbik kam abrupt die Wut hoch: »Hörst, schleich dich, Kieberer. Das geht dich original nix an, wo die ist. Also schieb ab, und das gach a no, sonst kummt mir die Hand aus.«

»Na, dagegen haben wir ein probates Mittel.« Noch ehe Wrbik begriff, was vor sich ging, hatte sich Pieslinger auf ihn geworfen, ihn fixiert und ihm Handschellen angelegt. »So, den hamma«, sagte er dann zufrieden.

Bronstein kehrte zum Portier zurück und telefonierte nach der Justizwache, die Wrbik ins Gefangenenhaus auf der Elisabethpromenade bringen sollte. Dann sah er auf die Uhr. »Ein Mord, geklärt in 45 Minuten. Kein schlechter Schnitt.« Auch auf seinem Gesicht zeigte sich Zufriedenheit.

Kaum war der tobende Wrbik in den Arrestantenwagen verfrachtet worden, begannen Bronstein und Pieslinger, den Arbeitsplatz des Wrbik zu durchsuchen. Auf den ersten Blick war nichts Verdächtiges zu erkennen. Linker Hand befand sich ein Arbeitstisch, rechts ein Kasten. Bronstein besah sich kurz den Tisch und wandte sich dann dem Kleiderkasten zu. Irgendetwas an der linken Tür erweckte seine Aufmerksamkeit. Er beugte sich hinunter und untersuchte das Holz genauer. Seine Finger kramten in der Jackentasche nach Streichhölzern. Kaum waren diese zutage gefördert, als Bronstein eines davon

anriss. Die dadurch eintretende Helligkeit zerstörte seine
Zweifel, und lächelnd winkte er Pieslinger zu sich.

»Was sagst, eindeutig Blutspritzer!« Pieslinger bestätigte Bronsteins Aussage durch eine einschlägige Kopfbewegung. Der Oberstleutnant erhob sich wieder: »Na,
dann schau'n wir weiter. Das wird nicht der einzige Fehler vom Wrbik sein. Da bin ich mir sicher.«

Tatsächlich hielt Pieslinger einen Augenblick später die
Porzellankanne hoch, die am Waschtisch gestanden war.
Auch auf ihr waren Blutreste erkennbar. »Na, und erst
da«, zeigte Bronstein auf den Vorhang, der das Zimmer
abteilte. Er zog den Stoff zurück und erkannte eine abge-
nutzte Chaiselongue, die wohl zum Zwecke des Ausruh-
ens hier aufgestellt, aber offensichtlich von Wrbik zu
ganz anderen Zwecken benutzt worden war.

»Na servas, da schaut's aus wie in einer Fleischerei«,
kommentierte Pieslinger den Anblick, der sich den beiden Polizisten bot. Nun war es an Bronstein, eine zustim-
mende Geste zu machen.

»Wart' einmal«, sagte er dann zu seinem Kollegen,
»dort ist eine Stiege.«

Sie verließen den Raum durch eine Glastür am hinteren Ende und befanden sich auf einer Treppe, die in den
Keller des Gebäudes führte. Unten angekommen, tat sich
ihnen eine Maueröffnung auf, hinter der sich eine dunkle,
nur durch ein Oberlicht schemenhaft erleuchtete Kam-
mer befand. Direkt in der Pforte lag eine blutgetränkte
Damenunterhose, daneben entdeckte Pieslinger ein Stück
eines Oberarmknochens. Bronstein hielt sich ob des bes-
tialischen Gestanks unwillkürlich die Nase zu und bedeutete Pieslinger mit einer flüchtigen Bewegung seines lin-

ken Arms, hinter dem Hackstock nachzusehen, in dem ein offenbar rostiges Beil steckte.

Der Inspektor zog zuerst das Beil aus dem Holz. Was Bronstein aus der Entfernung für Rost gehalten hatte, war getrocknetes Blut. Er drehte sich um und atmete tief ein. Dann wandte er sich wieder an seinen Kollegen. »Vorwärts, immer der Nase nach. Da hinten muss was liegen, sonst tät's da nicht gar so stinken.«

Pieslinger räumte den Hackstock zur Seite und sprang erschrocken zurück, als ihm der Rumpf eines Frauenkörpers vor die Füße rollte. An dessen oberen Ende war noch der Ansatz des Halses zu erkennen, die Extremitäten waren sichtlich mit besagtem Beil abgehackt worden, was, so vermutete Bronstein, auch für den Kopf galt.

»Ich fürchte, wir wissen jetzt, wo die Mitzi Thaler geblieben ist«, sagte er mit einem Quantum Bitterkeit in der Stimme.

Eine gute Stunde später saßen Bronstein und Cerny, den Bronstein mittlerweile beigezogen hatte, Wrbik im Verhörraum gegenüber. Dessen Versuche, die Tat zu leugnen, quittierten beide mit einem mitleidigen Lächeln.

»Schau, Wrbik«, begann Bronstein schließlich, »die G'schicht' ist eindeutig, aus der kommst du nimmer raus, also ist es besser, du legst nieder. Das wird die Gerichte milder stimmen und dich vielleicht vor der Höchststrafe bewahren.«

Wrbik starrte wortlos zu Boden, und deutlich konnte man erkennen, wie seine Kiefer mahlten. Dann endlich hob er den Kopf und nickte.

»Ja, ich hab's derschlagen. Die Thaler Mitzi, mein' ich. Aber das ist ein Unfall g'wesen, das müssen S' mir glauben. Ich hab' s' ned umbringen wollen!« Dabei stand dem Mann die Hilflosigkeit ins Gesicht geschrieben.

»Na, dann erzählen Sie uns einmal, wie es überhaupt zu der Tat gekommen ist«, ergriff Cerny die Initiative.

»Also. Am Freitag auf d' Nacht hab' ich mich troffen mit ihr. Von Anfang an hat s' mir wieder schöne Augen g'macht, das Luder, das. Und natürlich bin i ganz narrisch worden darauf. Und so hab' i g'sagt, sie soll noch mitkommen in mein Quartier, damit wir a bissl ungestört sind. Was soll i sagen? Mitgangen is'. Na, und wie ich dann anfang, ihr das G'wand abz'nehmen, hat s' auf einmal auf spröde g'macht. Na, da bin ich natürlich rapplert worden. Hab' g'meint, sie kann mich doch ned aufkochen wie nur was und mich dann kalt abschrecken. Hat sie g'sagt, doch. Und grinst hat s' blöd dabei. Na, wollt ich ihr eine auflegen, damit s' wieder aufwacht, die Madame. I hab ja ned wissen können, dass die deswegen gleich die Patschen streckt. Na, und dann hab' i die Panik kriagt. I hab mir denkt, wann ich s' zerstückl', dann merkt keiner was.«

Bronstein und Cerny tauschten einen schnellen Blick. Es war bemerkenswert, wie gefühlskalt der Kanalräumer die Ereignisse schilderte. Hätte man nur auf den Tonfall seiner Stimme geachtet, man hätte glauben können, er berichte von einer unabsichtlich fallen gelassenen Vase, deren Überreste er heimlich entsorgt habe. Bronstein schüttelte den Kopf.

»So ein Widerling ist mir ja überhaupt noch nie untergekommen. Cerny, bring' mir den aus den Augen, sonst vergess' ich mich.«

Er saß bei einem Kaffee und einer Zigarette und starrte

zum Fenster hinaus, als Cerny sein Büro betrat. Wrbik, erklärte er, habe das Geständnis unterschrieben und sei daraufhin in seine Zelle zurückgebracht worden. Dort nehme er nun ein Mahl ein.

»Na, typisch. Zuerst ermordet er bestialisch ein junges Mädel, und zum Dank dafür darf er sich auch noch auf Staatskosten den Wanst vollschlagen. Verhungern sollt' man den Hund lassen, den elendigen.«

Cerny überlegte kurz, Bronsteins Ausbruch zu kommentieren, sah dann aber davon ab. Stattdessen setzte er sich an seinen Schreibtisch und schickte sich an, den Akt ›Wrbik‹ fertig für das Expedit zu machen. Er war gerade dabei, die Deckel des Papierbündels zusammenzubinden, als ein Angehöriger der Justizwache Bronstein am Telefon zu sprechen wünschte.

»Was gibt's?«, fragte dieser gelangweilt. Mit entsprechend langen Pausen dazwischen hörte Cerny seinen Vorgesetzten der Reihe nach »Was?«, »Das gibt's ja nicht!« und »Na sicher kommen wir« sagen. Neugierig sah er Bronstein an.

»Der Wrbik hat nach dem Essen sein Geständnis widerrufen wollen. Er verlangt, noch einmal einvernommen zu werden.«

Cerny seufzte und ließ die Schnüre des Aktes aus. »Also zurück an den Start«, maulte er.

»Glaubst du ihm das?«, fragte Bronstein nach der zweiten Einvernahme seinen Kollegen. Cerny schüttelte heftig den Kopf: »Jetzt, wo ihm klar geworden ist, dass er sich am Vormittag um Kopf und Kragen geredet hat, sucht er verzweifelt nach einem Ausweg, um nicht sein Leben am Felsen auszuhauchen.«

»Genau. Zu betrunken, um sich erinnern zu können! Aber jedenfalls hat er nicht die Thaler getroffen. Und das sollen wir ihm glauben! Das tät' ihm so passen, dem Schwein.«

»Aber in einem Punkt können wir ihm tatsächlich nicht an«, gab Cerny zu bedenken. »Solange wir den Kopf der Leiche nicht haben, können wir auch nicht beweisen, dass die Tote die Thaler ist.«

»Ja, da hast leider recht. Aber ich werde da jetzt andere Saiten aufziehen. Es wäre doch gelacht, wenn wir diesem sadistischen Schneebrunzer nicht über wären. Jetzt machen wir Generalmobilmachung. Du bestellst alle verfügbaren Kollegen ein. Da müssen wir jetzt generalstabsmäßig vorgehen.«

Kurz nach drei Uhr nachmittags lauschten 15 Beamte Bronsteins Ausführungen. Dieser hatte einen regelrechten Schlachtplan entworfen, der jedem der Männer eine konkrete Aufgabe zuwies. Zwei Kollegen sollten sich noch einmal im Wohnhaus des Wrbik umhören und ein Profil des Mannes erstellen. Fünf Polizisten hatten, gegebenenfalls mit Unterstützung der Uniformierten vor Ort, die ganze Gegend erneut sorgsam nach den fehlenden Körperteilen abzusuchen, und Cerny trug er auf, sich zu erkundigen, wo die Maria Thaler zur Zeit gemeldet war und ob sie sich dort vielleicht aufhielt.

»Ich selbst werde inzwischen die eingelangten Vermisstenanzeigen durchsehen. Vielleicht stimmt es ja, dass die Tote nicht die Thaler ist. Zum gegenwärtigen Zeitpunkt der Ermittlungen müssen wir einfach jeder Spur nachgehen. Meine Herren, Waidmanns Heil.«

In den folgenden drei Stunden mutierte Bronsteins

Büro zu einer Art Nachrichtenzentrale. In einem fort drangen neue Informationen ins Sicherheitsbüro vor, sodass Bronstein um 6 Uhr abends eine erste Bilanz ziehen konnte, als er wieder seine gesamte Gruppe um sich versammelt hatte.

»Also, meine Herren. Eines wissen wir bereits mit Bestimmtheit. Die Tote ist nicht die Mitzi Thaler. Die lebt quietschvergnügt in Linz, wie Kollege Cerny dankenswerterweise herausgefunden hat. Kompliment auch an die Kollegen vom Koat 3, welche die Ehefrau des Wrbik gefunden und einvernommen haben. Aus diesem Gespräch wissen wir nun, dass der Wrbik, ein elender Säufer vor dem Herrn, deshalb so viele Frauengeschichten g'habt hat, weil er die Damen erst mit Geld und dann mit Schlägen gefügig gemacht hat. Die meisten haben sich vor Scham nicht getraut, Anzeige gegen ihn zu erstatten, aber ein paar Fälle haben sich im Archiv gefunden. Vor vier Jahren hat das Gericht sogar die zwangsweise Einweisung des Wrbik auf den Steinhof angeordnet, um dort seine latente Aggression zu kurieren. Ohne Erfolg, wie es scheint«, fügte Bronstein hinzu.

»Den größten Fund machten aber die Kollegen Müller eins und Maier zwo, die die Arme der Toten im Vermählungsbrunnen vor dem Amtshaus Landstraße gefunden haben. Nach Aussage des Amtsarztes ist die Leiche damit bis auf den fehlenden Kopf komplett.«

»Ja«, ergänzte Cerny, »aber ohne den wissen wir immer noch nicht, mit wem wir es zu tun haben, zumal die Vermisstenanzeigen in dieser Hinsicht keinen Ansatz bieten.«

»Das ist leider richtig. Wir werden also dem Wrbik

noch einmal auf den Zahn fühlen müssen. Meine Herren, für Sie ist der Arbeitstag hiermit beendet. Der Kollege Cerny und ich nehmen uns noch einmal den Wrbik vor. Morgen um 9 Uhr Dienstbesprechung wieder hier. Meine Herren, angenehme Nachtruhe.«

Ein drittes Mal kam es an jenem Tag zur Konfrontation zwischen Wrbik und den Ermittlern. Der Kanalräumer hatte sich kaum gesetzt, als Bronstein ihn bereits anbrüllte: »Jetzt pass einmal auf, du faule Frucht! Wir wissen, dass die Tote ned die Thaler ist. Und wir wissen, dass du der Täter bist. Ich garantier' dir, wennst jetzt ned redest, dann sorg' ich höchstpersönlich dafür, dass dir in Stein ein Unfall passiert. Dort gibt's Leut', die nehmen dich genauso auseinander wie du das arme Madl. Also red', oder du bist in drei Monat' hinig.«

Bronsteins drastische Schilderung einer möglichen Gefängnis-Vendetta trieb Wrbik nun doch den Angstschweiß auf die Stirn. Nach einigem Hin und Her entschloss er sich, eine neue Geschichte zum Besten zu geben.

»Im Gasthaus Metzger war's. Auf der Landstraßer Hauptstraße. Dort bin ich am Freitag gegen neune am Abend hin, weil ich mich ansaufen wollt'. Und da is' ein Madl g'sessen, das was ich nicht gekannt hab'. Ich hab's‹ eing'laden auf ein Achterl, und sie hat sich zu mir g'setzt. Und dann hab' ich g'meint, ob s' ned a bisserl freundlich sein könnt' zu mir.«

Monoton schilderte Wrbik, dass sich die junge Frau gegen eine gewisse finanzielle Aufmerksamkeit von seiner Seite dazu bereit erklärt hatte, ihm in sein Quartier zu folgen. Sie habe sich bei ihm auf der Chaiselongue nie-

273

dergelassen, jedoch schnell gemeint, ihr sei kalt. Da habe er sie mit seinem Sakko zugedeckt, im gleichen Atemzug jedoch zärtliche Zuwendung eingefordert. Die Frau habe hingegen darauf bestanden, zuerst bezahlt zu werden, und da sei er eben zornig geworden.

»Immer woll'n diese Hurenmenscher zuerst das Geld. Da vergeht's einem doch. Versteh'n die das nicht?« Wrbik sandte einen nach Zustimmung heischenden Blick an die beiden Polizisten, doch die blieben undurchdringlich abweisend. Zögernd fuhr Wrbik fort: »Na, da ist mir die Hand auskommen. Sie hat g'schrien wie am Spieß und wollt' davon. Da hab' ich die alte Spediteurshack'n g'nommen und ihr eine drübergezogen. Kracht hat's. Wissen S', so knirschend. Die Alte hat die Augen verdreht, und hin war s'.«

Wrbik schwieg wieder.

»Und weiter?«, sagte Cerny mit schneidender Stimme.

»Ang'raucht hab' ich mir eine. Nachdenken hab' ich müssen.«

»Das hättest vorher machen sollen, du Trottel!«, entfuhr es Bronstein. Wrbik fühlte sich offenbar durch diese Anrede nicht beleidigt, sondern zuckte nur mit den Schultern.

»G'raucht hab' ich. Eine nach der anderen. Bis die Tschik gar waren. Da war's dann auch schon beinah' hell. Ich bin aufg'standen und hab' s' aus'zogen. Bis sie ganz nackert dagelegen is'. Das G'wand hab' ich g'nommen und in einen Mistkübel in der Nähe g'stopft. Den Mantel hab' ich in einem Park liegen lassen. Und ihren Hut hab' ich einfach auf der Straße wegg'schmissen.«

»Und was hast du Unmensch mit der Leiche gemacht?«, schnarrte Cerny.

»Mit der? Nix.«

»Was heißt nix«, brauste Bronstein auf, »willst uns weismachen, die hätt' ein anderer tranchiert?«

»Ach so. Nein, das war schon eh ich auch. Aber halt erst später.«

Immer noch völlig unbewegt berichtete Wrbik, dass er am Samstag in das Quartier zurückging, wo er die nackte Frauenleiche über die Treppe in den Keller schleppte und sie anschließend zerstückelte.

»Das war eine Heidenarbeit, das kann ich Ihnen sagen. Man glaubt gar ned, wie zäh so ein Fleisch ist. Na, und erst die Knochen! Stellen S' Ihnen vor, fast wär' mir das Sägenblattl ab'brochen.«

»Halt mich z'rück, Cerny, sonst …«

Bronstein verließ den Verhörraum und kehrte erst nach einer Zigarette wieder zurück, deren Konsum ihn wieder einigermaßen beruhigt hatte. Cerny hatte in der Zwischenzeit in Erfahrung gebracht, dass Wrbik die Arme und Beine 24 Stunden lang zum Abtropfen im Keller gelassen hatte, ehe er sie in der Nacht von Sonntag auf Montag an den jeweiligen Fundorten hinterlegt hatte. »Und den Kopf, sagt er, hat er in den Donaukanal g'schmissen. Der ist jetzt wahrscheinlich schon irgendwo zwischen Neusatz und Belgrad.«

«Und was hat das jetzt alles mit der Mitzi Thaler zu tun?«, fragte Bronstein unvermittelt.

»Das muss mir das Weib g'stohlen haben. Das Kuvert war nämlich in dem Sakko, das ich ihr gegeben hab', damit ihr ned kalt ist.«

»Aha«, schnalzte Bronstein mit der Zunge, »das macht sogar Sinn. Das unglückliche Würstl hat wahrscheinlich geglaubt, der Wrbik heißt Thaler, und die Mitzi ist seine Frau. Wahrscheinlich wollt' sie ihn später damit erpressen, damit sie noch ein paar Schilling extra macht.«

»Na ja, wenigstens hat sie sich auf diese Weise an ihrem Mörder gerächt«, meinte Cerny, »denn ohne das Kuvert wären wir nie so schnell auf die Spur zum Wrbik gekommen.«

»Auch wieder wahr. Eine Art höhere Gerechtigkeit.«

»Und was wird die irdische Gerechtigkeit sagen?«

»Bei so einem Gemütsmenschen? Lebenslänglich. Drunter geht da nix.«

Da Wrbik standhaft dabei blieb, nicht zu wissen, wie sein Opfer geheißen habe, ließen ihn Bronstein und Cerny wieder in seine Zelle führen. Für einen Tag, so fanden sie, hatten sie genug erreicht. Es war Zeit, die Dinge ein wenig zu überschlafen.

Am nächsten Morgen saß Cerny schon ungeduldig am Schreibtisch, als Bronstein endlich das Büro betrat.

»Du, ich hätt' da eine Idee zur Leiche vom Wrbik«, begann er ohne Umschweife.

»Aha«, machte Bronstein und zündete sich eine Zigarette an, »lass hören.«

»Wir haben zwar keinen Kopf, aber wir haben die Finger. Wir könnten sie doch daktyloskopieren und schauen, ob die schon einmal auffällig war. Behördlicherseits, mein' ich.«

»Du«, auf Bronsteins Gesicht zeigte sich ein Strahlen, »das könnt' wirklich funktionieren. Eine, die so am Sand ist, dass sie mit einer Sau wie dem Wrbik mitgeht, die ist entweder sowieso eine Hur' oder sie ist sonst irgendwie ned ganz frank. Du hast recht, irgendwann wird die sicher schon einmal in unsere Gasse gekommen sein.« Beschwingt nahm Bronstein das Telefon in die Hand und veranlasste das Notwendige, um die Fingerabdrücke der Ermordeten zu nehmen. Dann freilich begann das enervierende Vergleichen von Datensätzen, und Bronstein dankte innerlich Gott dafür, dass in der Wienerstadt verhältnismäßig wenige Frauen mit der Exekutive in Konflikt gerieten. Dennoch musste ein gutes Dutzend Beamter mehrere Stunden die entsprechenden Karteien durchforsten, ehe endlich einer von ihnen fündig wurde. »Heureka!«, schrie Bronstein und vertiefte sich sofort in den betreffenden Akt. Was er da zu lesen bekam, ließ ihn einigermaßen erschüttert zurück.

Die Tote war eine gewisse Marie Novacek gewesen, die aus Böhmen nach Wien gekommen war. Bereits mehrmals hatte man sie in die CSR abgeschoben, doch sie war jedes Mal auf's Neue nach Wien zurückgekommen, hatte immer abenteuerlichere Wege gefunden, sich doch in der Stadt festsetzen zu können. Zuletzt freilich hatte sie im Obdachlosenasyl gewohnt. Zumeist jedenfalls. Denn in den letzten 18 Monaten war sie nicht weniger als sechs Mal im Gefängnis gesessen, zumeist wegen öffentlicher Unzucht, mehrmals aber auch wegen Ruhestörung, Randalierens und Beleidigen einer Amtsperson.

»Jetzt hör' dir das an«, sagte er mit matter Stimme zu Cerny, »die arme Maus ist erst am Donnerstag aus der Haft entlassen worden. Und schon einen Tag später läuft sie ihrem Mörder in die Arme. Das muss man sich einmal vorstellen! Sachen gibt's!«

»Na, wundert es dich? Angesichts der Zeiten, in denen wir leben?«

»Was haben die Zeiten damit zu tun?«

»Na hörst, je roher die Zeiten, desto roher die Menschen. Das haben wir ja schon unmittelbar nach dem Krieg gesehen. Und jetzt ist es anscheinend schon wieder so weit.«

»Na, hör' mal. So viel Pessimismus aus so jungem Munde!«

»Na ja, wenn ich alt wäre, könnt' es mir ja vielleicht egal sein, aber so ...«

»Glaub' mir, ich bin alt, und mir ist es auch nicht egal.«

»Apropos«, lenkte Cerny Bronsteins Aufmerksamkeit auf ein neues Faktum, »wir haben die Handtasche von der Novacek g'funden.«

»Und? War was drinnen?«

»Ja, hundert Kronen. Das war ihre gesamte Barschaft.«

Bronstein pfiff durch die Zähne. Die Krone war seit sieben Jahren nicht mehr gültig, und selbst wenn irgendjemand dieses Geldstück noch akzeptiert hätte, die Novacek hätte bestenfalls einen Untersetzer aus Pappendeckel dafür bekommen. »Bist du narrisch, was? Arm wie eine Kirchenmaus, und trotzdem ein Mordopfer. Du, ich glaub', lang halt' ich den Beruf nicht mehr aus.«

»Zum Glück haben wir nicht jeden Tag eine solche G'schicht'. ... Was wird jetzt aus dem Wrbik?«

»Was soll werden mit dem? Der kommt vor's Geschworenengericht, und dort werden s' ihm den Frack geben. Was anderes kommt gar nicht in Frage.«

»Lebenslänglich?«

»Ja, sicher. Mit der Gefühlsrohheit, mit der der agiert hat! Hätt' er sie einfach nur erschlagen, käm' er vielleicht mit Totschlag, vielleicht sogar im Affekt, davon. Bei seinem Vorleben wären das aber auch 10 Jahr'. Aber wenn der die Leiche dann auch noch zerstückelt, als wär's eine Sau bei einer Hausschlachtung, dann kannst gar nichts anderes machen, als den lebenslang einzusperren. Sonst brechen doch alle Dämme, wenn so etwas nicht ordentlich gesühnt wird.«

Cerny dachte eine Weile über Bronsteins Worte nach, dann nickte er langsam. Ja, die Höchststrafe war in einem solchen Fall wohl unabdingbar. Er hätte sich gerne eingeredet, dass auch Wrbik auf seine Art ein Opfer der Umstände, einer kalten Gesellschaft und ihrer menschenverachtenden Prinzipien geworden war. Doch just bei Wrbik griff eine solche Erklärung wohl nicht. Der hatte die Menschenverachtung ganz konkret demonstriert. Und auch danach nicht die geringste Reue gezeigt.

»Hast recht«, sagte Cerny schließlich. »Wir haben es manchmal schon mit einer ordentlichen Mischpoche zu tun.«

1932: WAFFENBRÜDER

»Ah, noch 20 Minuten bis Dienstschluss. Cerny, ich freu mich so.« Bronstein war direkt enthusiastisch ob dieser Perspektive, und das, obwohl es für ihn eigentlich gar keinen Grund zu überschäumender Freude gab. Weihnachten stand vor der Tür, und für ihn würde es ein weiteres trostloses Fest allein in seiner de facto viel zu großen Wohnung in der Walfischgasse werden. Er war beinahe 50 und immer noch Junggeselle. Seine Eltern waren schon lange dahingegangen, Brüder, Schwestern oder sonstige Verwandte besaß er nicht, und von Jelka hatte er auch seit Ewigkeiten nichts mehr gehört, weshalb er, wie schon all die Jahre davor, alleine vor dem aufgeputzten Christbaum sitzen und sich in Selbstmitleid baden würde, das die penetranten Kinderchöre im Sender der RAVAG fraglos noch nachhaltig verstärkten. Irgendwann gegen 9 Uhr abends würde er dann sein einziges Geschenk unter dem Baum hervorholen, das er sich selbst erst am Vortag gekauft hatte, täte gekünstelt überrascht und heuchelte dann Freude über den marineblauen Pullunder, für den er objektiv keine Verwendung hatte, womit wenigstens dieser eine Aspekt von üblichen Weihnachtsfeiern bei ihm gegeben wäre.

Bei Cerny lagen die Dinge naturgemäß völlig anders. Der war jung, hatte Familie, eine wunderhübsche Frau und zwei kleine Kinder. Da machte Weihnachten wirklich Freude. Gemeinsam putzte man am Weihnachtsmorgen den Baum auf, hängte Äpfel, Glaskugeln und Lebkuchen in die Äste, garnierte das Ganze mit Lametta und wartete dann mit roten Backen, dass das Christkind seinen Weg in das festlich geschmückte Zimmer fand. Vielleicht würde man dann noch ›Stille Nacht‹ gemeinsam singen – im Falle der Cernys eventuell ein tschechisches Pendant – , und dann könnten Herr und Frau Cerny mit glückseliger Miene beobachten, wie sich ihre Kinder über die Geschenke hermachten. Der kleine Cerny, so hatte Bronstein in Erfahrung gebracht, bekam eine Spielzeuglokomotive, und für das Fräulein Tochter gab es in diesem Jahr eine Puppe und einen Teddybären von der berühmten Firma Steiff. Es würde Cerny und seine Frau eine Menge Mühe kosten, die beiden Rangen von ihren Spielzeugen wegzubekommen, um gemeinsam den Weihnachtskarpfen essen zu können, doch am Ende kämen alle holdselig in die Betten, wo sie traumlos einschlafen konnten, weil alle Träume bereits während des Tages in Erfüllung gegangen waren.

Dennoch freute sich Bronstein. Und sei es auch nur, weil ihm nun ein beachtlich langer Urlaub bevorstand. Während Cerny am 26. bereits wieder Journaldienst machen musste, konnte er, Bronstein, bis zum 2. Jänner dem süßen Nichtstun frönen. Wenigstens dabei war ihm das Glück hold gewesen, denn der Weihnachtstag fiel auf einen Samstag, womit auch der letzte Tag des Jahres ein Samstag und Neujahr somit ein Sonntag war. Mit lediglich vier Urlaubstagen kam man somit bequem ins Jahr 1933. Die einzige Frage, die es noch zu klären galt, war, welchen Nutzen man aus diesen freien Tagen ziehen sollte.

»David!«

Cernys Ruf riss Bronstein aus seinen Gedanken. Er blickte auf und sah, dass sein Mitarbeiter ein in Geschenkpapier gewickeltes Paket in seiner Hand hielt. »Frohe Weihnachten, David. Das ist von mir und meiner Frau. Aber weißt eh, nicht aufmachen, bevor nicht der Engel durch's Zimmer gegangen ist.« Dabei lächelte Cerny verschmitzt.

Bronstein war unendlich dankbar, und dies gleich aus zwei Gründen. Einerseits dafür, dass es doch jemanden gab, der an ihn dachte, und andererseits darüber, dass er, insgeheim auf eine solche Gunstbezeugung hoffend, selbst auch etwas für die Cernys besorgt hatte. Natürlich hätte er es ihnen in jedem Fall gegeben – wohin sollte er als alleinstehender Hagestolz auch sonst mit seinem Gehalt? –, doch jetzt fiel das Überreichen von Geschenken gleich noch viel schöner aus. Unwillkürlich dachte Bronstein an den Vortag zurück. Für sich selbst hatte er keine fünf Minuten gebraucht, doch der Einkauf der Geschenke für die Cernys war beinahe zu einer Expedition geworden. Gut, für den Kollegen gab es ein Päckchen Zigarren. Das war leicht, denn Cerny paffte immer wieder gerne eine Virginier, auch wenn er sie sich aus Kostengründen oftmals versagte. Dem konnte also rasch abgeholfen werden. Doch was schenkte man einer Frau? Und was erst den Kindern? Ach, glücklich der Kieberer, der keine anderen Sorgen hatte.

Wie froh konnte man sein, dass man im friedlichen Wien lebte! Ein Blick in die Zeitung genügte, um zu erkennen, dass Österreich, aller Probleme zum Trotz, eine wahre Insel der Seligen war. Allein schon, was sich in Berlin in diesen Tagen alles ereignete! Während er sich Gedanken darüber machen konnte, was er wem zu Weihnachten schenkte, ging in Berlin offensichtlich alles den Bach hinunter. Aus lauter Verzweiflung über das unsagbare Elend, das dort herrschte, plünderten aufgebrachte Arbeitslose die Lebensmittelgeschäfte, während sich gleichzeitig Bettler mit Polizisten prügelten, da diese ihnen die allerletzte Einkommensquelle verschließen wollten. Für eine Reihe von Einbrüchen in Kürschnereibetriebe hatten die Berliner Kollegen ein Kopfgeld von 8.000 Mark ausgesetzt, was dazu führte, dass die alteingesessenen Verbrecherbanden an der Spree nun eifrig nach den Dieben fahndeten, da, wie es in der Zeitung hieß, die ausgesetzte Belohnung bei Weitem die gegenwärtigen Verdienstmöglichkeiten der Einbrecher übersteige. Und wenn man dann auch noch bedachte, dass sich im Reich praktisch täglich Kommunisten und Nazis gegenseitig über den Haufen schossen, ohne dass die Exekutive da noch einzugreifen vermochte, dann musste man wahrlich nicht nur an Weihnachten ein Stoßgebet gen Himmel schicken, dass man im gemütlichen Wien und nicht im wilden Norden leben durfte. Und besonders froh war Bronstein, dass sich der Mord an dem amerikanischen Medizinstudenten, der die Abteilung gestern noch beschäftigt hatte, als Selbstmord herausgestellt hatte. So konnte die Akte rasch geschlossen und der Adventkranz wieder angezündet werden.

»Fünfe ist's. Ab sofort wird das Telefon nicht mehr abgehoben! Cerny, wir haben's geschafft. Frohe Weihnachten noch einmal und guten Rutsch!«

Beide standen auf, kramten nach ihren persönlichen

Besitztümern und legten dann ihre Mäntel an. Vor der Bürotür schüttelten sie sich noch einmal fest die Hände, dann schickten sie sich an, das Amtsgebäude zu verlassen.

»David, bist das du?«

Die Stimme kam Bronstein irgendwie bekannt vor. Auch das Gesicht des Mannes, der ihn da eben vor der Polizeidirektion angesprochen hatte, war ihm irgendwie vertraut. Vor allem der markante Schnurrbart rief Erinnerungen wach. Das war doch der …

»András! Ja gibt's denn so etwas? Was machst denn du in Wien?«

András Nemeth räusperte sich umständlich: »Du, das ist eine etwas längere Geschichte. Hast du vielleicht ein wenig Zeit?«

Mein Gott, dachte Bronstein, er hatte alle Zeit der Welt! Auf ihn wartete ja ohnehin kein Mensch, und da war es allemal attraktiver, mit einem ehemaligen Regimentskameraden über alte Zeiten zu schwadronieren, als mit verbitterter Bangigkeit alleine über die kommenden Zeiten zu räsonieren.

»Aber sicher doch. Komm, geh'n wir auf einen Kaffee!«

Es stellte sich heraus, dass Nemeth schon seit dreizehn Jahren in Österreich lebte und sogar Staatsbürger der Republik geworden war. Im 19er Jahr hatte Nemeth in Szombathely auf das falsche Pferd gesetzt und sich der damaligen Räteregierung zur Verfügung gestellt. Als diese dann blutig von den Horthy-Faschisten niedergerungen worden war, floh Nemeth, für den die Luft in seiner Heimatstadt mehr als ungesund zu werden versprochen hatte, eilends über die grüne Grenze nach Österreich, wo er zuerst in Bruck an der Leitha untergetaucht war, ehe er durch alte Freunde eine Anstellung bei den Staatsbahnen im Verschub erhalten hatte, für die er seit nunmehr über zwölf Jahren arbeitete.

»Na, so etwas, der Nemeth Anderl ein waschechter Österreicher! Wer hätt' sich das gedacht!«, lachte Bronstein. »Kannst dich noch erinnern, wie du mir im 18er Jahr die Hölle heißgemacht hast? Da hätten wir uns wohl beide nie träumen lassen, dass du nicht bis ans Ende deiner Tage ungarischer bleibst als Gulyas und Tokajer.«

»Na ja«, zuckte Nemeth nur mit den Schultern, »es kann der Beste nicht in Frieden leben …«

»Schon klar«, schränkte Bronstein ein, »wir haben ja alle mitbekommen, wie es bei euch da drüben …, also wie es in Ungarn zugegangen ist, meine ich. Aber sag', warum hast dich denn all die Jahre nicht gemeldet bei mir?«

»Weißt du«, druckste Nemeth herum, »in Ungarn werde ich immer noch polizeilich gesucht. Es gibt auch ein Auslieferungsbegehren. Und … na ja …«

»Geh, bitte, Anderl, jetzt enttäuschst du mich aber! Glaubst du wirklich, ich hätte dich denen zum Fraß vorgeworfen? Aber echt jetzt! Solange du bei uns nix anstellst, sind wir die besten Freunde. So wie damals in Galizien! Aber, wennst dich vor mir gefürchtet hast, sag, warum besuchst mich dann ausgerechnet jetzt?«

Nemeth sah nach links und rechts, beugte sich dann vor und flüsterte regelrecht: »Ich weiß etwas. Das ist ziemlich heikel und kann recht brenzlig werden. Und mir ist niemand anderer eing'fallen, dem ich davon erzählen könnt'.«

285

»Na, das klingt ja spannend.« Auch Bronstein rutschte auf seiner Sitzfläche nach vorn: »Sag schon, worum geht's?«

»Also, ich bin, wie du jetzt ja weißt, bei der Eisenbahn. Ich fahre auf der Südstrecke. Wien-Kärnten hauptsächlich, aber immer wieder auch einmal für die Beschleunigten und die Eilzüge, die nach Italien gehen. Eigentlich ist das ganz nett. Wir übergeben die Züge entweder in Arnoldstein, oder wir übernehmen sie in Tarvis, und so hat man immer wieder ein bisserl das Gefühl, man hat selber Urlaub.«

»Aha«, machte Bronstein, der seiner Neugier kaum mehr Herr wurde, »und weiter?«

»Auf die Weise kommt man natürlich auch mit den italienischen Kollegen ins Reden. Da gibt's ein paar, die können von früher noch Deutsch, und manchmal spielt man halt in der Zwischenzeit, in der man auf den nächsten Zug wartet, Karten oder erzählt sich was. Na, und so«, lenkte Nemeth, dem Bronsteins Ungeduld nicht entging, ein, »war es auch vorige Woche.«

Er atmete tief durch, ehe er fortfuhr: »Wir sind in der Bahnhofswirtschaft von Tarvis g'sessen, und auf einmal fangt der Luigi, das ist einer von den Italienern, der aus Trient kommt und vor 18 in der kaiserlichen Armee gedient hat, an, dass sich am Bahnhof von Udine seit einigen Tagen Merkwürdiges tue. Aus den verschiedensten Städten kämen Güterwaggons, die dort auf einem Nebengleis gesammelt würden. Alle Verantwortlichen täten mächtig geheimnisvoll, und niemand wisse, was für ein Zug da zusammengestellt werde. Doch es könne keinesfalls etwas Gutes bedeuten, denn er, Luigi, habe durch Zufall gesehen, was in den Güterwaggons gelagert sei.«

»Und was ist dort gelagert?«, kam es atemlos von Bronstein.

»Waffen«, zischte Nemeth, »Maschinengewehre, Karabiner, wahrscheinlich auch Pistolen und anderes Kriegsgerät.«

Bronstein sah sein Gegenüber irritiert an: »Na ja, der Duce wird sich wohl mit irgendjemandem anlegen wollen. Wahrscheinlich mit den Negern da unten in Somaliland. Darum sammeln sie das Zeug in Udine, weil sie's in Triest oder wo verschiffen wollen. Was ist daran jetzt so bemerkenswert?«

»Die Waggons gehen nicht nach Süden, die gehen nach Norden. Und du weißt, was im Norden von Udine liegt!«

Im Norden lag Österreich. So weit reichten seine Geographiekenntnisse noch. Was aber mochte das zu bedeuten haben? Schickte Mussolini seinem Intimfreund Dollfuß eine Ladung Waffen, damit der sein Bundesheer neu ausrüsten konnte?

»Wenn das für unser Bundesheer bestimmt wäre, dann gäbe es schon längst einen entsprechenden Aktenlauf«, schien Nemeth Bronsteins Gedanken erraten zu haben. »Doch wir haben nachgefragt, bei der Bahn weiß niemand irgendwas. Außerdem gehen solche Aktionen im Normalfall immer mit einem mordsmäßigen Brimborium einher. Da kommt zuerst einmal eine Abteilung vom Generalstab an, die bezieht dann großartig Quartier und macht auf großen Bahnhof, und dann kommen die Uniformierten von der Gegenseite und … na ja, das brauche ich dir ja nicht zu erzählen, du kennst das ja noch aus der Zeit vorm Krieg. Da ist aber auf einmal alles ganz anders. Der Luigi hat uns erzählt, dass die Waggons heimlich still und leise über die Weihnachtsfeiertage in der Nacht nach Österreich gebracht werden sollen, weil da jeder mit der Christmette, dem Singen und den Geschenken beschäftigt ist, sodass niemand merkt, wenn da auf einmal eine etwas eigenartige Fracht über die Grenze rollt.«

Nun begann Bronsteins Gehirn wirklich zu arbeiten. Wenn die Informationen von Nemeth stimmten, dann konnte dieses brisante Material keineswegs für die Armee bestimmt sein. Wen aber würde Mussolini sonst mit Waffen bedenken?

Bronstein pfiff durch die Zähne. »Du meinst ...«

»Na sicher, wen sonst?!«

Anscheinend wollte der Duce sein österreichisches Pendant, die Heimwehren, heimlich aufrüsten, damit die endlich die Demokratie in Österreich aushebeln konnten, sodass sich hierorts ein ähnliches Regime wie in Italien etablieren würde. Natürlich! Der Starhemberg, der Chef der Heimwehr, ging ja mittlerweile so oft bei Mussolini aus und ein, dass er in dessen Palast schon beinahe einen Meldezettel ausfüllen konnte. Und wenn der ihm mehrere Waggons mit Gewehren überließ, dann war der Schutzbund der Sozis endgültig geliefert. Eine solche Initiative wäre ein glatter Staatsstreich und würde für die Republik zur Katastrophe werden!

»Du, das müssen wir verhindern!«, entfuhr es Bronstein eine Nuance zu laut.

»Na, was glaubst du, warum ich da bin!« Der alte Hunne hatte sich also an ihn, Bronstein, gewandt, weil er nicht gewusst hatte, wem er sonst von seiner Entdeckung berichten sollte. Er jedoch war nicht minder ratlos.

Gleich darauf aber wich Bronsteins Erregung wieder einer gewissen Nüchternheit. Nein, so weit würde nicht einmal der Großkotz aus Rom gehen. Eine derart offensichtliche Einmischung in die inneren Angelegenheiten eines anderen Landes käme einem beispiellosen Affront gleich, den die Entente niemals hinnehmen würde. Dem Maulhelden der Schwarzhemden war fraglos viel zuzutrauen, aber dass er sich gleich mit Paris und London anlegte, bloß, um einem adeligen Wirrkopf aus Österreich einen Gefallen zu tun, das wagte nicht einmal der Mini-Cäsar aus Predappio. Zumal er damit auch den Kanzler düpieren würde, und der konnte sich eine solche Eskapade gerade jetzt, wo seine Partei eine Wahl nach der anderen verlor, ganz und gar nicht leisten. In Bronstein nahm die Skepsis überhand.

»Bist du dir da ganz sicher? Ich meine, wie vertrauenswürdig ist dieser Luigi? Vielleicht macht sich der mit solchen Sprüchen nur wichtig?«

»Ich kenne den Mann seit 1920. Der ist hundertprozentig glaubwürdig. Wenn der so etwas erzählt, dann stimmt es auch.«

»Man müsste halt Genaueres wissen«, sinnierte Bronstein.

»Ich dachte, du könntest vielleicht über deine Kanäle ..., ich meine, vielleicht gibt es jemanden in Udine, der sich das einmal anschauen könnte.«

Bronstein lachte: »Du glaubst doch nicht im Ernst, dass bei den italienischen Kollegen noch irgendjemand dabei ist, der sich mit dem Mussolini anlegen würde. Nein,

nein, die Zeiten sind vorbei. Und zwar schon lange. Da bräuchten wir schon einen eigenen Agenten. Aber wie du weißt, zählt der Kanzler zu den persönlichen Freunden des Duce. Da ist nichts zu machen! ... Es sei denn ...«

»Es sei denn, was?« Bronsteins letzter Halbsatz hatte Nemeths Neugier erweckt.

Dieser blieb eine kleine Weile ruhig, bis er seine Gedanken geordnet und zu Ende gedacht hatte. »Kann dein Luigi herausfinden, wann die Waggons aus Udine abgehen sollen?«

»Wahrscheinlich schon. Irgendwann nächste Woche, denke ich. Vermutlich an einem der Werktage, da fällt die ganze Sache noch weniger auf. So zwischen Dienstag und Donnerstag, würde ich einmal sagen.«

»Hmm, vielleicht sollte ich ... Urlaub in Italien machen. Was meinst du?«

Nemeth war erstaunt: »Du würdest selbst ...«

»Du, ich habe eine ganze Woche frei, und ich weiß eh nicht, was ich zu Hause machen soll. Da fällt mir als altem Junggesellen ohnehin nur die Decke auf den Kopf. Teuer wär's halt.«

»Wie man's nimmt. Bis zur Grenze könnten wir dich bringen«, beeilte sich Nemeth, Bronsteins Zweifel zu zerstreuen. Und dabei ahnte er nicht, dass es dieser Mühe eigentlich gar nicht mehr bedurfte.

Es war spät geworden an jenem Abend. Das Weihnachtswochenende verbrachte Bronstein in einer merkwürdigen Stimmung gespannter Erwartung. Tatsächlich hatte er mit einem Mal das Gefühl, endlich wieder einmal etwas Besonderes zu tun. Mit jedem Tag, der in der Routine der Schreibtischarbeit im Büro verging, fühlte er sich nutzloser, und jetzt auf einmal tat sich die Möglichkeit auf, aus der nervtötenden Routine auszubrechen. Er, der keine Hobbys und keine Familie hatte, er, der eigentlich auf nichts mehr hoffen konnte und nur mehr Siechtum und Alter entgegensah, er war drauf und dran, erneut in einer brenzligen Situation seinen Mann stehen zu können. Ein Hauch von Rolf Torring wehte ihn an, und der blaue Pulli war mit einem Mal nur noch eine unbedeutende Nebensache. Das Geschenk der Cernys freilich ließ er unangetastet. Damit wollte er sich nach seiner Rückkehr selbst belohnen, denn sonst, so viel war einmal sicher, würde es niemand tun. Im Gegenteil! Wäre er erfolgreich, so hätte er der Schar seiner Gegner neue hinzugefügt, die in ihrer Macht zudem kaum unterschätzt werden konnten, und würde er scheitern, dann stand er vor dem gesamten Präsidium als Trottel da. Aber wenigstens nicht als der alte Trottel, als der er sich selbst immer öfter wahrnahm! Anscheinend, so gestand er sich ein, brauchte er solche Situationen, um sich lebendig zu fühlen. Und die Erwartung eines Abenteuers gab auch seiner Existenz, wie er meinte, wieder Sinn und Weihe.

Wie geplant, erschien Nemeth am Montagmorgen zur genannten Zeit und händigte ihm einen Eisenbahnerausweis, der ironischerweise auf den Namen Volker Hagen lautete, aus. »Um 16 Uhr geht ein Zug nach Arnoldstein ab. Von dort bringen dich die Kollegen dann morgen nach Tarvis. Von dort musst allerdings als Urlauber weiterfahren. Der 9 Uhr 30er bringt dich in einer guten Stunde nach Udine. Natürlich gäb's später auch den Beschleunigten, aber in so einem Pimperlzug wirst niemandem auffallen. Da glaubt ein jeder, du bist einfach nur zur Erholung da.«

»Sag, und was machen wir, wenn die Italiener den Zug heute schon 'raufschicken?«

»Dann wissen die Kollegen in Arnoldstein das. Denn dort muss er auf jeden Fall vorbei, wenn er aus Udine wegfährt. Eine andere Route gibt es nicht.«

»Na dann, schau'n wir uns das einmal aus der Nähe an«, meinte Bronstein und schüttelte Nemeth die Hand.

Den ganzen Tag über war Bronstein wie elektrisiert. Lange vor der Zeit war er am Südbahnhof, ausstaffiert wie ein Wintersportler, dem man eigentlich kaum den Eisenbahner abnehmen würde, wie er sich, als er im Abteil in den Spiegel blickte, eingestand. Doch er verstaute schnell sein Gepäck und sah in seinem abgetragenen Militärmantel und seinem groben Gewand dann doch wieder einem Bahnbediensteten nicht unähnlich. Tatsächlich brauchte er kurz vor Baden dem Schaffner nur den Ausweis hinzuhalten, und der winkte ab, ohne den Karton näher zu betrachten. »Gute Fahrt, Kollege«, murmelte er nur, und schon war Bronstein wieder alleine.

Er hatte sich eigentlich einen Band von Karl May zur Lektüre mitgenommen, doch war er von der schneebedeckten Landschaft so fasziniert, dass er die Augen nicht davon lassen konnte, bis die Dunkelheit die Oberhand gewonnen hatte. Und dann war an Lesen auch nicht mehr wirklich zu denken. Bronstein machte es sich in seinem Sitz so bequem wie möglich, und tatsächlich gelang es ihm, ein wenig zu schlummern. Ein wenig zu schlafen, um genau zu sein, denn als ihn der Schaffner rüttelte, stellte Bronstein fest, dass er bereits in Arnoldstein angekommen war. Ein paar von Nemeths Freunden nahmen ihn im Empfang und wiesen ihm ein Zimmer im Eisenbahnerheim zu, wo er nun endlich doch den Zeilen von Karl May entsprechende Aufmerksamkeit widmen konnte. Doch noch ehe sich Old Shatterhand und Winnetou das erste Mal begegneten, schlief Bronstein bereits den Schlaf des Gerechten.

Die Bahnfahrt von Tarvis nach Udine erwies sich als mühsam. Ein halbes Dutzend Tunnel, mindestens ebenso viele Brücken und unzählige Viadukte zierten die rund 20 Kilometer, die Pontebba von Tarvis trennten, und Bronstein fragte sich ernsthaft, wie lange es dauern würde, bis endlich Udine erreicht war. Noch bis Venzone gestaltete sich die Fahrt ähnlich anstrengend, doch dann änderte sich das Terrain, und der Zug konnte so richtig Fahrt aufnehmen. Tatsächlich stieg Bronstein 40 Minuten später aus seinem Waggon und blickte direkt auf das Schild ›Udine‹.

»Sie müssen der Freund von Andrea sein!«

Bronstein war ehrlich erstaunt, auf diesem verlassenen Perron von jemandem angesprochen zu werden, doch als er sich nach der Stimme umdrehte, wusste er schon, um wen es sich handelte. »Und Sie sind sicher Luigi.«

Der Mann nickte. »Die Waggons stehen dort hinten«, sagte er dann, »jetzt wäre es zu auffällig, sich dort umzusehen. Das machen wir in ein paar Stunden, wenn es dunkel geworden ist. Ich werde Sie hinführen und Ihnen alles zeigen.«

»Ist das nicht gefährlich? Ich meine, werden die Waggons nicht bewacht?«

»Doch, doch. Aber von unseren Leuten. Anscheinend

293

wollen die Faschisten kein Aufsehen erregen, und darum dürfen sich keine Uniformierten dort herumtreiben. Es sei denn, sie tragen Eisenbahneruniformen.«

»Na«, lächelte Bronstein, »dann bin ich ja doch noch zum Urlauber geworden.« Auf Luigis fragende Miene erklärte er ihm die Bedeutung dieses Satzes, worauf auch Luigi lachte. »Ja, Udine hat einige wirkliche Sehenswürdigkeiten. Den Dom zum Beispiel und die Loggia di San Giovanni. Die sollten Sie sich unbedingt ansehen. Haben Sie genug Lire dabei?«

Jetzt erst musste sich Bronstein eingestehen, keine einzige Münze in italienischer Währung bei sich zu haben, doch Luigi winkte nur ab. »Hier haben Sie. Das reicht für ein gutes Essen in einer ordentlichen Gastwirtschaft. Und für einen Espresso doppio. Wir treffen uns in sechs Stunden wieder hier.«

Bronstein kam sich nun endgültig wie ein Geheimagent vor, als er Luigi durch Kälte und Dunkelheit, mehr stolpernd als gehend, über verschneite Nebengleise folgte. Endlich kam eine Laterne in Sicht, die im Wind hin und her schaukelte. Luigi rief etwas, das Bronstein wie »ecco« klang, worauf mehrere Männer zwischen den Waggons hervortraten. Luigi erklärte ihnen wort- und gestenreich irgendeinen Sachverhalt, von dem Bronstein nichts verstand, wobei er allerdings registrierte, dass Luigi mehrmals auf ihn wies. Die Männer musterten ihn und einer gab ihm dann mit einer ruckartigen Kopfbewegung zu verstehen, er möge ihnen folgen. Am hintersten Ende des Zuges öffneten sie eine Schiebetür und halfen Bronstein ins Innere des Waggons. Tatsächlich waren dort zahlreiche Holzkisten gestapelt. Ein bärtiger Eisenbahner öffnete eine davon, langte hinein und reichte Bronstein wortlos ein Gewehr. Trotz der Dunkelheit erkannte dieser sofort, dass es sich um einen Karabiner österreichischer Fabrikation handelte. Ein Mannlicher-Repetiergewehr, Modell 1895, so wie sie es im großen Krieg verwendet hatten. Der Bärtige erklärte etwas, und Luigi übersetzte dessen Ausführungen. »Er sagt, die stammen aus den Beständen, welche die italienische Armee 1918 von den Österreichern erbeutet haben. Die sollen jetzt zurückgeschickt werden, damit die Österreicher gegen sich selbst Krieg führen können.«

»Weiß er, wann und wohin der Zug fahren soll?«

»Er und seine Kollegen haben die Order erhalten, übermorgen mit diesem Zug über die Grenze zu fahren. Sie werden aber erst nach Abfahrt des Zuges den genauen Zielbahnhof erfahren, sagt er. Und er sagt weiter, dass man ihnen eine ordentliche Prämie versprochen hat, wenn sie sofort vergessen, dass sie jemals auf diesem Zug gewesen sind.«

Wieder pfiff Bronstein durch die Zähne. Offenbar hatte Nemeth doch recht. Er trat ganz nahe an die Öffnung des Waggons und betrachtete den Karabiner im fahlen Licht der Laterne. Er sah zwar gepflegt, aber doch ein wenig ramponiert aus. Die Zeit war nicht spurlos an dem Gewehr vorübergegangen, aber für die Zwecke, für die es nunmehr eingesetzt werden sollte, mochte es allemal reichen.

»Übermorgen, sagt er?«

Luigi nickte.

Bronstein reichte dem Mann die Waffe wieder. »Wie viele Waggons mit dieser Fracht haben sie?«

»Derzeit zehn. Aber angeblich sollen morgen noch weitere kommen, heißt es.«

Bronstein jonglierte mit ein paar Zahlen. Nein, das konnte nicht sein. Wenn man hochrechnete, wie viele Gewehre man in einem Waggon auf diese Weise unterbrachte, dann konnte die Ladung eigentlich nicht für die Heimwehren bestimmt sein. Wäre dem tatsächlich so, dann hätte jeder Hahnenschwanzler gleich drei Stutzen, und die meisten von ihnen konnten nicht einmal mit einem wirklich umgehen. Bronstein streifte der Gedanke, hier etwas weitaus Größerem auf der Spur zu sein, als er bislang angenommen hatte.

Doch ein Detail dämpfte seine Euphorie gleich wieder. Übermorgen! Er konnte unmöglich drei Tage in Italien bleiben. Dazu hatte er weder die Mittel noch die erforderlichen Nerven. »Ich kann unmöglich so lange hier bleiben«, sagte er zu Luigi.

»Das dachte ich mir schon. Aber das ist kein Problem. Wir bringen dich zurück nach Arnoldstein. Dort muss der Zug auf jeden Fall vorbei. Und Achille hier«, dabei deutete er auf den Bärtigen, »ist sich sicher, dass er dich unterwegs auflesen kann. Dann fährst du quasi auf der Lok mit und erfährst ganz genau, wohin der Zug fährt.«

Unwillkürlich musste Bronstein lachen. »Ein Bubentraum wird wahr«, erklärte er, »schon als kleiner Junge wollte ich immer einmal auf einer Lokomotive mitfahren.« Die anderen fielen in sein Lachen ein.

Der Mittwoch erlebte eine bemerkenswerte Premiere. Wenige Monate vor seinem 50. Geburtstag stand Bronstein erstmals auf Schiern. Wenn er schon mitten im tiefs-

ten Winter in Kärnten war, so hatte er sich nach seiner
Rückkehr aus Italien gedacht, so konnte er die Wartezeit auf Achilles Zug mit etwas Nützlichem zubringen.
Er hatte sich in einer Pension einquartiert und sich Lang-
laufschier aushändigen lassen, die man dort tageweise
verlieh. Seit der Weltmeisterschaft im deutschen Ober-
hof, die im Vorjahr stattgefunden hatte, war auch diese
Form des Schilaufs, nicht zuletzt durch den schneidi-
gen Baldi Niederkofler, populär geworden, und Bronstein erschien es ob seines Alters allemal sicherer, über
eine Loipe zu marschieren, als sich waghalsig wie Gustl
Lantschner über einen Berghang zu werfen. Nach reichlich drei Stunden fiel Bronstein völlig entkräftet in sein
Pensionsbett und war eingeschlafen, noch ehe er darüber hätte nachdenken können, wie anstrengend es war,
sich ein paar lächerliche Kilometer durch eine Schnee-
landschaft zu schieben.

Den Donnerstag verbrachte er in diesem Lichte bei
Glühwein und Karl May, ehe er wie vereinbart den Bahnhof von Arnoldstein aufsuchte, wo er im Aufenthalts-
raum der Eisenbahner Stellung beziehen durfte. Er ver-
trieb sich die Zeit mit Patiencen und registrierte dabei,
wie er mit jeder Minute nervöser wurde. Die Patiencen
gingen nicht auf, und er war sich sicher, mit seinen hoch-
fahrenden Plänen würde es nicht anders sein. Was war er
doch für ein eitler Narr? Glaubte er wirklich, er konnte
im Alleingang irgendwelche Machinationen aufdecken?
Die ganze Sache war doch für ihn einfach eine Nummer
zu groß. Im besten Falle machte er sich lächerlich – und
im schlimmsten Fall sank er unbeweint in ein kühles
Grab. Just in dem Augenblick, da er sich bereits dazu

297

entschlossen hatte, auszubüchsen und die ganze Angelegenheit auf sich beruhen zu lassen, wurde die Tür geöffnet und ein Bahnbediensteter erklärte ihm, am Bahnsteig warte ein Italiener auf ihn. Bronstein blickte auf die Uhr. Es war kurz vor 10 Uhr abends. Er trat ins Freie und erkannte Achille. Nun, das musste wohl ein Zeichen sein. Er verabschiedete sich von den Arnoldsteinern und kletterte umständlich auf den Tender.

»Wohin geht die Fahrt?«, fragte er Achille und vergaß dabei, dass der nicht Deutsch konnte. Dieser antwortete etwas auf Italienisch, was wiederum Bronstein nicht verstand. Achille schien eine Weile zu überlegen, was Bronstein ihn wohl gefragt haben könnte, und ließ dann eine Wortkaskade los, innert derer Bronstein nur das Wort »Vienna« verstand. Na, wenigstens ging es wieder nach Hause, dachte er und machte es sich, so gut es ging, hinter Achille auf dem Führerstand der Lok bequem.

Der Zug ratterte durch das nächtliche Villach, passierte den Wörther See und später Klagenfurt, St. Veit und Friesach. Nach einer guten Weile überquerten sie die Grenze zur Steiermark und fuhren nun durch die unbeleuchteten und völlig verwaisten Bahnhöfe von Unzmarkt, Zeltweg und Knittelfeld. Bronstein spürte, wie er immer müder wurde, und es verwunderte ihn nicht, denn es ging schon hart auf Mitternacht. Insgeheim bewunderte er Achille, der immer noch aussah, als wäre es erst früher Vormittag. Aber vielleicht, so mutmaßte Bronstein, waren Leute wie Achille die Nachtarbeit gewohnt und schliefen dafür untertags.

Langsam näherte sich der Zug nun Leoben, von wo

aus es nur noch ein Katzensprung nach Bruck an der Mur war. Bronstein deutete auf die Uhr und machte eine fragende Geste. Achille hob zwei Finger hoch. In zwei Stunden würde man also am Ziel sein. Bronstein hockte sich auf den Boden und versuchte, ein wenig zu schlafen.

Ein Rütteln an seiner Schulter ließ ihn hochfahren. Der Zug fuhr nicht mehr. Krampfhaft suchte er nach seiner Uhr und hielt sie so, dass er ihr Zifferblatt ablesen konnte. Halb drei Uhr früh, registrierte er. Er kam auf die Beine und sah sich um. Wo waren sie?

Rund 50 Kilometer hinter Bruck hatten sie den Semmering überwunden und waren dann in rascher Fahrt weitere 50 Kilometer nach Wiener Neustadt gefahren. Doch diese Einöde konnte unmöglich die Umgebung von Wien sein. Bronstein versuchte, sich den Streckenverlauf zu vergegenwärtigen. Demnach hätten sie weiter nach Baden gelangen müssen, um von dort via Mödling nach Wien zu kommen. Wieder bemühte er die hochgezogenen Schultern mit ratloser Miene als Italienisch-Dolmetscher. »Leoberdorf«, radebrechte Achille.

Leobersdorf? Was machten sie just hier?

»David!«, zischte eine Stimme. Bronstein beugte sich über die metallene Reling und erkannte Nemeth.

»Was machst du da?«, fragte er mit ehrlichem Erstaunen.

»Es ist alles ganz anders! Die Waffen sind gar nicht für die Heimwehr! Die gehen nach Ungarn«, erklärte Nemeth atemlos. »Fünf Kilometer von hier ist die Hirtenberger Waffenfabrik. Da sollen die Gewehre überholt werden, und dann geht die Fracht mit Duldung der österreichischen Regierung Richtung Budapest, damit die Waffen dort gegen meine Landsleute eingesetzt werden können.«

»Woher weißt du das?«

»Ich habe immer noch Kontakte nach drüben. Der Zug soll just in der Neujahrsnacht über die Grenze rollen. Der Starhemberg hat das eingefädelt, und sein Spezi, der Mandl, macht die Feinarbeit dabei.«

Bronstein gab zu, dass diese Variante Sinn machte, denn Fritz Mandl, der Chef der Hirtenberger Fabrik, war ein bekannter Förderer der rechten Paramilitärs.

»Aber damit ist auch klar, dass du da eilig weg musst. Wenn die dich in Hirtenberg entdecken, dann wissen die sofort, dass da etwas faul ist. Du musst nach Wien und irgendwie schauen, dass du das verhindern kannst.«

»Ach ja! Und wie, bitteschön?«

Bronsteins Antwort ließ offen, ob er nun danach fragte, wie er um drei Uhr früh nach Wien komme oder ob er wissen wolle, wie er eine derartige Waffenschieberei verhindern sollte. »Wir müssen die Alliierten warnen«, resümierte Nemeth, »du musst irgendwie zur französischen oder zur britischen Botschaft. Das ist unsere letzte Chance.«

»Leichter gesagt als getan«, seufzte Bronstein und registrierte, dass er entsetzlich fror. Als ob er irgendwelche Kontakte zur hohen Diplomatie hätte! Sicher, dachte er mit einem Anflug von galliger Ironie, er ging da einfach auf den Schwarzenbergplatz und flötete dem Portier der französischen Botschaft vor, er habe eine wichtige Nachricht für Monsieur le Ambassadeur, und schon würden ihm, dem kleinen Kieberer, alle Pforten geöffnet. Noch dazu an einem Freitag, wenige Stunden vor einem Jahreswechsel! An einem 30. Dezember weilte ein Botschafter sicher zu Hause in seinem Heimatland, und selbst wenn er irgendjemanden bei den Franzosen erreichte, wer würde ihm diese abenteuerliche Geschichte glauben? Das war ja in der Tat alles an den Haaren herbeigezogen! Das würde ihm nicht einmal jemand, der ihn so gut kannte wie Cerny, abnehmen.

Cerny!

War der nicht vor etwa einem Jahr vor einer ähnlich kniffligen Situation gestanden? Damals, als der steirische Heimwehrführer partout hatte putschen wollen! Damals hatte sich Cerny einfach an die Roten gewandt, weil er gewusst hatte, die würden als Einzige reagieren. Und die Roten waren es doch auch, die über entsprechende Kontakte ins Ausland verfügten. Er brauchte gar nicht zu irgendeiner Botschaft zu pilgern, es genügte, wenn es ihm gelang, einen der Sozis zu alarmieren. Den Abgeordneten Forstner zum Beispiel, der gleich ihm Stammgast im Café ›Herrenhof‹ war. Der würde ihm auch sofort glauben, wenn er ihm von dieser hinterhältigen Aktion berichtete.

»Anderl, ich glaub', mir fällt da was ein«, sagte er mit neuem Optimismus in der Stimme. »Jetzt musst du mir nur noch sagen, wie ich von da nach Wien komme.«

»Wir haben da eine Verschublok, mit der könnte es gehen. Irgendwie«, entgegnete Nemeth, »es müsst‹ halt sehr schnell sein, damit nicht auffällt, dass sie nicht da ist.«

»Ich hab' nix gegen schnell. Ist eh saukalt da.«

Bronstein kletterte aus der einen in die andere Lok, die rasch Fahrt aufnahm. Zehn Minuten später fuhr sie bereits durch den ruhig daliegenden Bahnhof von Baden, wieder zehn Minuten später passierte sie Mödling und gleich darauf Liesing. Wenige Minuten nach halb vier erreichte das Gefährt den Bahnhof von Meidling.

»Ich muss dich da rauslassen, Kollege«, sagte der Lokführer, »ich muss spätestens um vier wieder in Leobersdorf sein.«

»Keine Sorge! Das geht schon. Von da kann ich mir ein Taxi nehmen.«

Bronsteins Kuckucksuhr schlug viertel fünf, als er endlich wieder in sein eigenes Bett fallen konnte, um erst einmal sein Schlafdefizit aufzuholen. Vor elf Uhr würde Forstner ohnehin nicht im Kaffeehaus erscheinen.

Schlag 12 betrat Bronstein, frisch ausgeruht und neu eingekleidet, das ›Herrenhof‹ und erspähte sofort das markante Haupt des wortgewaltigen Gewerkschaftsführers und Rhetors, der an seinem angestammten Platz in die Lektüre einer Zeitung vertieft war. Ohne Umschweife trat Bronstein an Forstner heran.

»Herr Abgeordneter, ich bitte die Störung zu entschuldigen, aber ob Sie vielleicht kurz Zeit für mich hätten?«

Der Mandatar ließ das Blatt sinken und lächelte Bronstein freundlich an. »Dafür bin ich ja da! Setzen Sie sich doch! Wo drückt der Schuh?«

Bronstein wusste selbst nicht weshalb, aber plötzlich sprudelte die ganze Geschichte aus ihm heraus. Er berichtete von dem ersten Treffen mit Nemeth vor einer Woche, von seinem Abstecher nach Udine, der abenteuerlichen Lokfahrt nach Leobersdorf und von den vielen Waffen, die dort offenbar still und heimlich für die ungarische

Armee justiert werden sollten. Forstner hörte mit immer erstaunterer Miene zu und gab danach zu, zum ersten Mal in seinem Leben sprachlos zu sein.

»Ich hätt' diesem Renegaten ja vieles zugetraut. Aber das nicht«, meinte er endlich. Dann versicherte er Bronstein, ihm unendlich zu Dank verpflichtet zu sein und dass er sofort die nötigen Maßnahmen ergreifen würde. Er, Bronstein, solle unbesorgt sein, das werde alles in Ordnung kommen. Dank seiner Hilfe natürlich!

»Nur dank Ihnen, Herr Oberst. Ich weiß das sehr zu schätzen.«

Bronstein war erstaunt: »Sie wissen, wer ich bin?«

»Natürlich, Herr Bronstein. Und ich weiß auch, was Sie im Vorjahr geleistet haben. Und im 27er Jahr! Darum habe ich Ihnen auch auf's Wort geglaubt. Aber nun können Sie mir glauben: damit kommt er nicht durch, der Mussolini. Ihre Entdeckung wird europaweit Wellen schlagen und an denen wird er sich verschlucken, der feine Herr Diktator.«

Forstner rief eilig nach dem Zahlkellner, entrichtete seine Zeche, verabschiedete sich in aller Form von Bronstein und entschwand.

In Bronstein machte sich eine gewisse Leere breit. Alles, was nun folgte, fiel nicht mehr in sein Ressort. Für ihn war die Geschichte beendet. Und er stand wieder dort, wo er vor einer Woche gestanden war. Nur, dass er nun einem einsamen Silvester statt einem einsamen Weihnachten entgegensah.

»Servus, David, wusst' ich's doch, dass ich dich hier finde. Immerhin ist das dein Stammcafé! Na, wie geht's dir so in deinem Urlaub?«

Wie auf's Stichwort war Cerny aus dem Boden gewachsen. Er erklärte, seinen alten Freund und Vorgesetzten nicht verkommen lassen zu können, weshalb er ihn in aller Freundschaft einladen wolle, mit ihm und seinen Freunden Silvester zu feiern. Bronstein musste sich zusammenreißen, um zu verhindern, dass Tränen über seine Wangen kullerten. Nun hatte also eine glückliche Fügung auch diese Last von ihm genommen.

Tag um Tag verging, ohne dass Bronstein etwas von Forstner oder von den Waffen in Hirtenberg hörte. Beinahe war ihm, als müsse er platzen. Gut, er hatte natürlich in der Neujahrsnacht Cerny sub rosa von der Sache erzählt, und der hatte ihm umgehend bestätigt, dass er völlig richtig gehandelt habe. Derlei Schiebern müsse man das Handwerk legen, hatte Cerny gemeint, und wenn es dabei an der gesetzlichen Handhabe fehle, dann müsse man eben nach anderen Wegen suchen, um dem Verbrechen Einhalt zu gebieten. Eben so, wie Bronstein es getan habe. Doch anscheinend standen die beiden mit ihrer Meinung alleine da, denn in Sachen Waffentransport blieb alles beängstigend ruhig. Kein Rumoren im Ausland, keine wütenden Parlamentsreden, ja, nicht einmal ein kleines Artikelchen in irgendeinem Provinzblatt. Fast schien es, als hätte Bronstein die ganze Sache nur geträumt.

Vor allem, wie lange konnte es dauern, bis die Waffen überholt waren? Mit jedem Tag, der so verging, musste damit gerechnet werden, dass sie wieder auf Transport gingen. Und dann gab es nicht einmal mehr einen Beweis für seine Behauptungen. Bronstein schalt sich einen Trottel.

»Das wird dich interessieren.« Mit einem breiten Grinser ließ Cerny die neue Ausgabe der ›Arbeiter Zeitung‹ auf Bronsteins Tisch fallen. Endlich hatten die Roten reagiert. Und wie! Der Artikel zur ›Hirtenberger Waffenaffäre‹, wie die Angelegenheit nun genannt wurde, war an Schärfe kaum zu überbieten. Nicht weniger als 84.000 Karabiner und 980 Maschinengewehre waren über die Tage in Hirtenberg eingetroffen, hieß es in der Zeitung. Volle 40 Waggonladungen, von denen Horthys Banden ebenso wie Starhembergs Heimwehren profitieren sollten. Nun also war die Katze aus dem Sack, dachte Bronstein erleichtert. Damit war der Plan ja wohl gescheitert, denn nun war es unmöglich, die Aktion noch durchzuführen. Anscheinend hatte er schließlich doch noch die Republik gerettet. Auch wenn es mehr als zweifelhaft war, dass ihm dies irgendjemand danken würde.

»Jetzt hat s' einen ordentlichen Erklärungsnotstand, die Mischpoche, die«, statuierte Cerny. »Einmal wenigstens«, fügte er nach einer kleinen Pause hinzu.

»Ob der Starhemberg jetzt zurücktreten muss?«, sinnierte Bronstein.

»Du, sicher ned. Weißt eh, wie's ist. Diese Leute haben einfach keinen Genierer. Die machen weiter wie bisher. Und klappt's dermalen nicht, dann klappt's ein anderes Mal. Die machen uns einfach mürbe, so lange, bis wir innerlich kapitulieren. Und dann wachen wir auf in diesem Sumpf und wundern uns nicht einmal mehr, weil das alles so peu à peu gegangen ist.« »Na ja, so heiß wird's schon nicht gegessen werden, wie's gekocht wird. Wenn sich der Starhemberg jetzt nicht dersteßt, dann halt ein anderes Mal. Irgendwann sind sie alle Geschichte. Die

Politiker kommen und gehen, die Beamtenschaft bleibt bestehen.«

»Ich liebe deinen Optimismus, David.«

ANHANG

Historische Erläuterungen:

1933:

Am 4. März 1933 kam es zur so genannten »Selbstausschaltung« des österreichischen Parlaments. Real handelte es sich um eine Geschäftsordnungskrise, da die Geschäftsordnung des österreichischen Nationalrates für den Fall des Rücktritts aller drei Präsidenten keine Maßnahmen vorgesehen hatte. Bundeskanzler Dollfuß nutzte den Eintritt dieses Falls dazu, ab diesem Zeitpunkt autoritär zu regieren.

Im Zuge einer impulsiven Debatte über die kurz zuvor wegen der Hirtenberger Waffenaffäre (siehe 1932) durchgeführten Streiks der Eisenbahner gelang es der Opposition, die aus Großdeutschen und Sozialdemokraten bestand, die christlich-soziale Regierung zu überstimmen. Die Regierungsparteien bestanden jedoch darauf, die Abstimmung für ungültig zu erklären, da der sozialdemokratische Abgeordnete Scheibein irrtümlich mit einem falschen Stimmzettel (nämlich einem seines Fraktionskollegen Abram) abgestimmt hatte, und trat für eine Wiederholung der Abstimmung ein. Da bei Abstimmungen der Präsident nicht mitstimmen durfte, trat der sozialdemokratische Erste Präsident des Nationalrates, Karl Renner, von seinem Amt zurück, um seiner Fraktion im Falle der Wiederholung des Votums eine zusätzliche

Stimme zu garantieren. Die Christlich-Sozialen durchschauten diesen Trick, ihr Vertreter im Präsidium schloss sich daher Renners Vorgehen an, und auch der Dritte Präsident aus den Reihen der Großdeutschen legte seine Funktion nieder. Dadurch konnte die Sitzung nicht ordnungsgemäß zu Ende gebracht werden.

Die Regierung Dollfuß beeilte sich, allgemein zu behaupten, das Parlament habe sich »selbst ausgeschaltet«, weshalb die Regierung nun angesichts eines drohenden Staatsnotstandes berechtigt sei, ohne Hinzuziehung der Volksvertretung ihres Amtes zu walten. Der Versuch der Opposition, das Parlament wieder handlungsfähig zu machen, wurde am 15. März 1933 unter Aufbietung nennenswerter Polizeikontingente de facto unterdrückt. Elf Monate später mündete die Herrschaft von Engelbert Dollfuß in der austrofaschistischen Diktatur auf der Basis einer neuen, ›ständestaatlichen‹ Verfassung.

Historische Persönlichkeiten: Engelbert Dollfuß (1892 – 1934), 1932 – 1934 Bundeskanzler von Österreich. Fiel einem nationalsozialistischen Putschversuch zum Opfer (siehe Roman »Tacheles«, Wien 2008); Franz Brandl (1875 – 1953), 1932/33 Wiener Polizeipräsident; Otto Steinhäusl (1879 – 1940), 1938 – 1940 Wiener Polizeipräsident; Ignaz Pamer (1866 – 1957), 1945/46 Wiener Polizeipräsident; Karl Seitz (1869 – 1950), 1918 – 1920 Staatspräsident, 1923 – 1934 Wiener Bürgermeister; August Forstner (1876 – 1941), 1907 – 1934 Parlamentsabgeordneter; Gabriele Proft (1879 – 1971), 1919 – 1934 und 1945 – 1953 Abgeordnete zum Nationalrat.

Quellen: Kleines Blatt, 5.3.1933, 10.3.1933, 11.3.1933, 15.3.1933, 16.3.1933; Wiener Zeitung, 7.3.1933, 16.3.1933;

Reichspost, 5.3.1933, 16.3.1933; Neue Freie Presse, 6.3.1933, 16.3.1933; Andreas Pittler: Die Bürgermeister Wiens. Wien 2003, S. 79 f.; Emmerich Talos (Hg.): »Austrofaschismus«. Münster 2005, Adolf Schärf: Erinnerungen. Wien 1963, S. 117 f.

1919:

Nach der Ausrufung der Republik im November 1918 herrschte in Österreich, ähnlich wie im Deutschen Reich, eine nachhaltig revolutionäre Stimmung. Arbeiter- und Soldatenräte spielten eine bestimmende Rolle in der Tagespolitik, jedoch unterblieb in Österreich de facto die Spaltung der Arbeiterbewegung in mehrere Parteien. Die bereits am 3. November 1918 gegründete Kommunistische Partei fiel politisch kaum ins Gewicht, versuchte aber dessen ungeachtet, durch politische Aktionen den Gang der Ereignisse zu beeinflussen. Dies umso mehr nach der Ausrufung der Räterepubliken in Bayern und in Ungarn. Schon im April 1919 hatte die KP sich an den Aufmärschen von Arbeitslosen beteiligt, die jedoch von der sozialdemokratischen Staatsspitze zusammengeschossen wurden. Ob die KP im Juni 1919 tatsächlich versuchte, durch einen Putsch doch noch die ›Österreichische Räterepublik‹ auszurufen, ist unter Historikern umstritten. Unumstritten ist jedoch das harte Vorgehen der Polizei und der Wiener Stadtschutzwache gegen die kommunistischen Demonstranten, denn wie schon am Gründonnerstag gab es auf Seiten der Demonstranten zahlreiche Tote.

Quellen: Neues Acht Uhr Blatt, 16.6.1919; Die neue Zeitung, 16.6.1919; Pester Lloyd, 16.6.1919; Otto Bauer:

Die österreichische Revolution. Wien 1923, S. 152 – 155; Andreas Pittler: Bruno Kreisky. Reinbek b. Hamburg 1996, S. 19 f.

1920:

Am 18. Mai 1920 versuchten die 20jährige Rosa Pichler und ihr 22jähriger Geliebter Karl Matauschek, die Vermieterin Pichlers zu berauben. Als diese früher als erwartet nach Hause zurückkehrte, fiel Matauschek mit einem Beil über die Frau her. Das Liebespaar entkam mit einer nennenswerten Anzahl an Schmuckgegenständen, welche sie zwei Tage später über einen Hehler zu Geld zu machen versuchte. Durch einen Tipp aus der Unterwelt konnte die Wiener Polizei die beiden jedoch stellen und verhaften. Beim Prozess im November 1920 zeigten sich beide geständig, gleichwohl wurden beide zu langjährigen Haftstrafen verurteilt.

Quellen: Wiener Zeitung, 19.5.1920; Neues Acht Uhr Blatt, 5.11.1920

1921:

Seit 1921 gehört das ›Burgenland‹ als Bundesland zu Österreich (es war damals das achte, 1922 kam Wien als neuntes Bundesland hinzu, nachdem es von Niederösterreich verwaltungstechnisch abgetrennt worden war). In der Monarchie hingegen gehörte das Burgenland als ›Westungarn‹ zur transleithanischen, also ungarischen Reichshälfte. Erste Vorschläge zur verwaltungstechnischen Vereinigung des vorwiegend deutschsprachigen Westungarn mit den angrenzenden österreichischen Kronländern tauchten Anfang des 20. Jahrhunderts auf, doch nach dem Ende des Krieges erhob Österreich in einer eigenen, am 22. November 1918 verfassten Note Anspruch auf das Gebiet. Im Dezember 1918 kam es zu mehreren pro-österreichischen Demonstrationen in der Region, die auf die Alliierten nicht ohne Wirkung blieben. So wurde ›Deutsch-Westungarn‹ im September 1919 im Zuge des Vertrags von St. Germain Österreich zugesprochen. Dieser Rechtsstandpunkt wurde auch im Vertrag von Trianon (den die Alliierten 1920 mit Ungarn abschlossen) bestätigt. In den Venediger Protokollen verpflichtete sich Ungarn schließlich im Oktober 1921, das strittige Gebiet zu räumen, was Anfang Dezember 1921 auch geschah. Allerdings war über die Vermittlung Italiens vereinbart worden, den endgültigen Status der Stadt Ödenburg durch eine Volksabstimmung nach dem Vorbild Kärntens (wo im Oktober 1920 eine Mehrheit für den Verbleib bei Österreich votiert hatte) zu klären. Die Abstimmung am 14. und 16. Dezember 1921 ergab eine Mehrheit von 65,1 zu 34,9 Prozent für Ungarn, weshalb die als Hauptstadt des neuen Bundeslandes vorgesehene Stadt schließlich bei Ungarn verblieb. Die Österreicher zogen nach zwei Wochen wieder ab.

Quellen: Norbert Leser: Vom Sinn der burgenländischen Geschichte. Wien 1975, S. 11-71; Karl Renner: Wie es zur Befreiung des Burgenlandes kam. Wien 1931, S. 9 – 11; August Ernst: Geschichte des Burgenlandes, Wien 1991.

1922:

Fußball wurde in Österreich bereits seit dem Ende des 19. Jahrhunderts gespielt. In den 1890er Jahren gründeten

sich die ersten Fußballklubs, darunter die ›Vienna‹ (1894),
der ›Wiener Sportclub‹ (1898) und ›Rapid Wien‹ (1899).
Im Jahr 1900 kam es zur Gründung des ersten österreichischen Fußballverbandes, der auch rasch begann, Wettbe-
werbe auszurichten. Besonders populär wurde der Challenge-Cup, in dessen Rahmen sich die besten Teams aus
Österreich, Böhmen, Mähren und Ungarn maßen. Der
Wiener Sportclub konnte diese Trophäe zweimal (1905
und 1911) erringen und zählte daher auch zu den Favoriten der 1911/12 erstmals ausgetragenen Fußballmeisterschaft, bei der er jedoch hinter Rapid nur auf Rang 2
landete. Nach dem ersten Weltkrieg wurde die Mannschaft des Sportclub vor allem durch die Erfindung der
Abseitsfalle international berühmt. Der Titel 1922 und
der Cupsieg 1923 waren der Lohn für eine überaus erfolg-
reiche Mannschaft.

Quellen: Michael Almasi-Szabo: Von Dornbach in
die ganze Welt. Die Geschichte des Wiener Sport-Clubs.
Wien 2010.

1923:

Seit 1916 hatte die Sprachlehrerin Edith Kadivec
(1879 – 1953) in der Wiener Innenstadt einen geheimen
Salon geführt, in dem Herren gegen entsprechendes Ent-
gelt dabei zusehen konnten, wie Schülerinnen wegen
vermeintlicher Fehler gezüchtigt wurden. Was als blo-
ßer Sadismus begann, entwickelte sich bis 1923 zu einer
durchorganisierten und stark erotisierten ›Sado-Show‹,
für die bis zu 300.000 Kronen (was etwa dem Wochen-
lohn eines Bediensteten entsprach) entrichtet werden
mussten. Zu den ›Kunden‹ der Kadivec zählten zahlrei-

che Vertreter der sogenannten feinen Gesellschaft, die jedoch, nachdem die Sache aufgeflogen war, im Gegensatz zur Kadivec allesamt unbehelligt blieben. Ruchbar wurden die Machinationen der Kadivec schließlich, weil sich eines der gepeinigten Mädchen einer Jugendfürsorgerin anvertraute, welche umgehend die Polizei einschaltete. Angeklagt wegen Schändung, Verführung zur Unzucht sowie ›Unzucht wider die Natur‹ (worunter das Strafgesetzbuch lesbische und homosexuelle Liebe verstand), wurde Kadivec am 1. März 1924 zu sieben Jahren Haft verurteilt. In der Haft schrieb Kadivec ein fragwürdiges Bekenntnisbuch mit dem Titel ›Unter der Peitsche der Leidenschaft‹, welches 1931 in Deutschland veröffentlicht wurde. Ihr weiteres Leben widmete Kadivec ihrer Rehabilitation, die jedoch unterblieb. Kadivec endete schließlich in der Irrenanstalt am Wiener Steinhof.

Quellen: Ilse Reiter: Gustav Harpner. Wien 2008; Anna Lindner, Thomas Gassner: Wiener Kriminalschauplätze, Wien 2009, S. 24 f.;

1924:

Im Gefolge des nationalsozialistischen Putschversuchs im November 1923 musste sich Adolf Hitler Anfang 1924 vor Gericht verantworten. Durch die Verurteilung wegen Hochverrats wurde die Frage seiner Abschiebung aus Deutschland virulent, da Hitler, wiewohl seit 1913 in München lebend, keine deutsche Staatsbürgerschaft besaß. Paragraph 9 Absatz 2 des Reichsgesetzes zum Schutz der Republik schrieb die Abschiebung verurteilter Hochverräter zwingend vor, und so erging an die

Linzer Polizeidirektion eine diesbezügliche Anfrage, die von oberösterreichischer Seite nicht negativ beantwortet wurde. Doch die Wiener Behörden konterkarierten diesen Wunsch mit dem Hinweis auf die Fragwürdigkeit von Hitlers österreichischer Staatsbürgerschaft. Schließlich vermochte Bundeskanzler Ignaz Seipel nach entsprechender Beratung durch Beamte des Innenministeriums darauf zu verweisen, dass Hitler durch seinen Dienst im Deutschen Heer Deutscher geworden sei, jedenfalls aber die österreichische Staatsbürgerschaft durch sein Eintreten in ein fremdes Heer verwirkt habe. Die Abschiebung nach Österreich unterblieb daher.

Quellen: Walter Ziegler: Die Ausweisung Adolf Hitlers aus Bayern. In: Historisches Lexikon Bayerns. (www.historisches-lexikon-bayerns.de, 5.5.2009); Othmar Plöckinger: Geschichte eines Buches. München 2006, S. 56 ff.; Donald Watt: Die bayrischen Bemühungen um eine Ausweisung Hitlers 1924. In: Vierteljahreshefte für Zeitgeschichte Nr. 6, S. 270-280.

1925:

Hugo Bettauer (1872 – 1925) war in den ersten Jahren der Republik einer der bekanntesten und erfolgreichsten Schriftsteller Österreichs. Sämtliche seiner Romane wurden Bestseller mit Verkaufszahlen weit jenseits der 100.000 Stück. Die meisten wurden promt verfilmt, wobei ›Die Stadt ohne Juden‹ (1924) und ›Die freudlose Gasse‹ (1925) insofern herausragten, als in ersterem Hans Moser, in letzterem Greta Garbo auf der Leinwand debüttierten. Ab 1924 gab Bettauer zudem die Wochenschrift ›Er und Sie‹ heraus, welche die höchste Auflage unter den damaligen Wochenzeitungen in Österreich erreichte. Vor allem mit seinem Programm einer sexuell aufgeschlossenen Lebensführung erregte Bettauer den Hass reaktionärer Kreise, die gegen ihn wüste Kampagnen führten. Es fehlte nicht an Morddrohungen und offenen Aufrufen, Bettauer zum Schweigen zu bringen, und am 10. März 1925 wurde er von dem Nationalsozialisten Otto Rothstock in den Redaktionsräumen der Zeitschrift niedergeschossen, woran Bettauer am 26. März 1925 starb. Rothstocks Anwalt, der Anführer der österreichischen NSDAP, erwirkte im Prozess die Einweisung Rothstocks in eine psychiatrische Klinik – sei er doch zum Tatzeitpunkt temporär unzurechnungsfähig gewesen –, die Rothstock 18 Monate später als freier Mann verlassen konnte.

Quellen: Murray Hall: Der Fall Bettauer. Wien 1978; Neues Acht Uhr Blatt, 11.3.1925; Wiener Bilder, 15.3.1925; Wiener Zeitung, 11.3.1925.

1926:

Julius Moransky eröffnete 1926 einen Juwelierladen in der Praterstraße im 2. Wiener Gemeindebezirk, der rasch Verdacht erregte ob der extrem billigen Preise, die Moransky für seine Waren verlangte. Genährt wurde dieser Verdacht durch Hinweise, die direkt aus der Unterwelt kamen, sodass die Wiener Polizei zu recherchieren begann. Es stellte sich heraus, dass Moransky in Ungarn wegen Einbruchs und in Italien wegen Rauschgiftschmuggels gesucht wurde. Wenig später konnte ihm überdies ein Einbruch in ein Juweliergeschäft in Graz nachgewiesen werden, aus dem auch das Gros der von ihm feilge-

botenen Ware stammte. Moransky wurde verhaftet und in der Folge zu sieben Jahren Kerker verurteilt.

Quellen: Anna Lindner, Thomas Gasser: Wiener Kriminalschauplätze. Wien 2009, S. 51 f.

1928:

Am 3. November 1928 gab Vasa Prihoda (1900 – 1960) im Wiener Konzerthaus einen Soloabend mit Werken von Paganini und Tschaikowsky. Während des Konzerts wurde die Tochter eines ägyptischen Politikers von ihrem Verehrer mit mehreren Schüssen getötet. Der Täter, der noch versuchte, unter Verweis auf einen angeblichen flüchtigen Mörder zu entkommen, wurde von einem Bediensteten des Hauses jedoch überwältigt und der Polizei übergeben. Gartners Lebenslauf sprach zusätzlich gegen ihn, und so wurde er im Prozess vor dem Geschworenengericht wegen Mordes aus niederen Beweggründen zu 20 Jahren Haft verurteilt.

Quellen: Anna Lindner, Thomas Gasser: Wiener Kriminalschauplätze. Wien 2009, S. 57 f.; Das Kleine Blatt, 5.11.1928; Die Neue Zeitung, 5.11.1928; Neue Freie Presse, 5.11.1928.

1929:

1910 wurde Rudolf Sieghart (1866 – 1934, geboren eigentlich als Rudolf Singer) von Kaiser Franz Josef zum Gouverneur der 1863 gegründeten «k.k. privilegierte Allgemeine Österreichische Boden-Creditanstalt« bestellt. Die Bank war ursprünglich zur Finanzierung des Eisenbahnbaus gegründet worden und widmete sich vor dem Ersten Weltkrieg primär dem Geschäft mit Hypothekarkrediten. Unter Siegharts Leitung ging die Boden-Credit jedoch vermehrt in Richtung industrieller Beteiligungen, was ihr im Zuge der Weltwirtschaftskrise zum Verhängnis werden sollte. Vor allem die existenzielle Krise der Steyr-Werke brachte auch die Bank ins Taumeln, die sich vorerst nur mit Notverkäufen vor dem Konkurs retten konnte. Im Oktober 1929 wurde das Bankhaus durch eine auf politischen Druck erfolgte Fusion mit der ›Creditanstalt‹ kurzfristig vor dem endgültigen Ende bewahrt, doch war just diese Fusion mitverantwortlich für die – dann weit größere – finanzielle Pleite der ›Creditanstalt‹, die 1931 zusammenbrach. Die Steyr-Werke, ursprünglich ein Waffenkonzern, stiegen nach dem Ersten Weltkrieg verstärkt in das Automobilgeschäft ein, wobei der sogenannte ›Austro-Daimler‹ zur Zierde der Produktion avancierte. Parallel dazu hatte die ›Steyr AG‹ den ›Austria‹ als Luxuslimousine konstruiert, dessen Fabrikation jedoch nicht aufgenommen wurde, um nicht die eigene Marke ›Austro Daimler‹ zu beschädigen. Die an der Produktion des ›Austria‹ beteiligten Mechaniker und Techniker wurden daraufhin arbeitslos.

Quellen: Hans Seper: Österreichische Automobilgeschichte. Klosterneuburg 1999; Franz Pinczolits: Austro Daimler. Wiener Neustadt 1986; Eduard März: Österreichische Bankpolitik. Wien 1981; Fritz Weber: Vor dem großen Krach. Salzburg 1991.

1930:

Am 10. März 1930 kam es in der mährischen Landeshauptstadt Brünn zu einem spektakulären Einbruch. In der Goldwarenfabrik ›Sequens‹ wurden Uhren, Ringe und sonstige Pretiosen im Wert von 115.000 tschechischen Kronen entwendet. Vorerst fehlte von den Tätern jede Spur, wenngleich frühzeitig Vermutungen geäußert wurden, diese könnten aus Österreich stammen. Dementsprechend sandte die tschechische Polizeibehörde auch ein Amtshilfeersuchen an die österreichischen Kollegen. Geklärt werden konnte der Fall letztlich durch ›Kriminalist Zufall‹ (Kleines Blatt), wodurch Johann Eisen und Martin Schimmerl der Tat überführt werden konnten. Beide wurden 1931 zu einer mehrjährigen Haftstrafe verurteilt.

Quellen: Prager Tagblatt, 11.11.1930, 12.11.1930; Kleines Blatt, 21.11.1930

1931:

Am 9. März 1931 entdeckte der Hilfsarbeiter Eduard Fuchs in der Nähe seines Wohnhauses zwei Frauenbeine, welche er ins nächstgelegene Kommissariat brachte. Durch ein bei diesen Beinen gefundenes Kuvert kam die Polizei alsbald dem Täter auf die Spur, und bereits nach einem Tag konnte der Fall als aufgeklärt betrachtet werden. Der 50jährige Kanalräumer Josef Wrbik gestand, die Frau, deren Namen er wohl tatsächlich nicht gewusst hatte, erschlagen zu haben, als diese sich geweigert hatte, ihm ohne finanzielle Zuwendungen sexuell gefällig zu sein. Um die Tat zu vertuschen, hatte er die Tote zerlegt und ihre Teile dann an verschiedenen Plätzen seines Heimatbezirks deponiert. Durch die damals verhältnismäßig neue Methode, Fingerabdrücke zu nehmen und zu speichern, konnte die Identität des Opfers jedoch rasch geklärt werden. Wrbik wurde dem Gericht übergeben, das ihn zu 12 Jahren schweren Kerkers verurteilte.

Quellen: Kleines Blatt, 10.3.31 und 11.3.31; Neue Zeitung, 10.3.31; Neue Freie Presse, 10.3.31; Wiener Zeitung, 10.3.31; Wiener Kriminalschauplätze, S. 59f.

1932:

Am 8. Januar 1933 enthüllte die ›Arbeiter-Zeitung‹, dass seit Ende Dezember 1932 insgesamt 84.000 Gewehre und 980 Maschinengewehre in rund 40 Eisenbahnwaggons auf das Gelände der Hirtenberger Patronenfabrik dirigiert worden waren. Dort sollten sie modernisiert und nach Ungarn weitertransportiert werden. Eingefädelt hatte die Aktion der Anführer der Heimwehren, Ernst Rüdiger Graf Starhemberg (1899 – 1956), der, gleichsam als Provision, einen Teil der Waffen für seine Organisation bekommen hätte sollen. Nach Verhandlungen, die Starhemberg seit dem Sommer 1932 geführt hatte, wurde die Angelegenheit über Fritz Mandl, den Chef der genannten Fabrik, über die Weihnachtsfeiertage 1932/33 abgewickelt.

Am 22. Februar 1933 wurde bekannt, dass der Generaldirektor der Österreichischen Bundesbahnen dem Vorsitzenden der Eisenbahnergewerkschaft 150.000 Schilling für den Fall angeboten hatte, dass die Eisenbahner die Waffen doch noch nach Ungarn weiterverschickten. Nach der Weigerung der Eisenbahner, auf dieses Geschäft einzusteigen, verkündete die Direktion der Bahn eine reale Gehaltskürzung. In Reaktion auf diese Maßnahme traten die Eisenbahner in den Streik. Über die Rechtmäßigkeit dieses Streiks sollte am 4. März 1933 im Parlament verhandelt werden. Im Zuge dieser Sitzung kam es zu einer Geschäftsordnungskrise, welche die Regierung zu einem kalten Putsch nutzte (siehe 1933).

Quellen: Arbeiter-Zeitung, 8.1.1933; Wiener Zeitung, 10.1.1933; Wiener Zeitung, 12.1.1933; Otto Leichter: Zwischen zwei Diktaturen. Wien 1968, S. 67

GLOSSAR

(den) *Aufdrehten* (haben): mit dem unvorteilhaften Ausgang einer Geschichte konfrontiert sein, verloren haben

(den) *Frack* (geben): jemanden ermorden (nach dem Gewand, mit dem man in den Sarg gelegt wird)

(den) *Weisel* (geben oder bekommen): ablehnen bzw. abgelehnt werden

Abmarkieren: abtreten, die Szene verlassen (können oder müssen)

Achter: Handschellen (welche in der Form der 8 ähneln)

Ausbanelte Badhur: wörtlich: knochenlose (also sehr dünne) Prostituierte, die in öffentlichen Badeanstalten ihrem Geschäft nachgeht.

Balthasar Niederkofler (1906–1989), Pionier des nordischen Schilaufs in Österreich. Siegte 1930 als erster Mitteleuropäer bei einem Langlaufwettbewerb und holte bei den Weltmeisterschaften 1933 die erste nordische Medaille für Österreich.

Gustav Lantschner (geb. 1910), einer der ersten Stars des alpinen Schilaufs. Wurde bei den Weltmeisterschaften 1932 Weltmeister in der Abfahrt und holte Bronze in der Kombination. 1933 wurde er Vizeweltmeister im Slalom, 1936 holte er Olympia-Silber in der Kombination. Nach seiner aktiven Karriere ging er zum Film. Er lebt heute 100jährig in München.

Bankl reißen: euphemistische Umschreibung für sterben

Bazi: Kumpel, Zeitgenosse

Betroppetzt: betroffen, (unangenehm) überrascht oder berührt

Blank: ohne Barmittel, pleite

Bruch: Einbruch

Credat Iudaeus Appella, non ego: frei übersetzt: das glaubt dir niemand

Derrisch: taub

Dunsten: jemanden enervierend lange warten lassen

Ecclesia triumphans: einen Sieg in den Augen anderer enervierend penetrant feiern (wörtlich: triumphierende – katholische – Kirche)

Einfahren: hier: Quartier beziehen; auch: sich täuschen, unterliegen

Einserlandl (auch Landl): Landesgericht (hier LG Wien I)

Fels (am Felsen): Umschreibung für »Stein an der Donau«, ein berüchtigtes Gefängnis für Schwerstverbrecher

Frotzeln: jemanden auf den Arm nehmen, veräppeln

Fuchsen: ärgern (das fuchst mich=das ärgert mich)

Fünfhaus: 15. Wiener Gemeindebezirk

Gach: schnell

Galerie: (brancheninterner Ausdruck für) »Unterwelt«, »Gesamtheit der Gesetzesbrecher«

Gerstl: Geld

Giften: sich über etwas ärgern

Grabennymphe: euphemistische Umschreibung für Prostituierte, die vor 1945 am »Graben« (Straße in der Wiener Innenstadt) ihrem Geschäft nachgingen (vgl. Reeperbahn in Hamburg)

Grantscherm: Miesepeter, Spielverderber

Greta Schröder (1891–1967): deutscher Stummfilmstar, bekannt aus Filmen wie »Golem« (1920) und »Nosferatu« (1922)

Griasler: Tippelbruder, Obdachloser (auch: Sandler)

Gschamsterer: Liebhaber, intimer Freund

Gschrapp(erl): kleines Kind (Gschrappen=Kinder)

Hahnenschwanzler: Ausdruck für Angehörige der faschistischen »Heimwehr« (nach dem Hahnenschwanz am Uniformhut)

Interludium (lateinisch): Zwischenspiel

Jedlesee: Ortsteil im Wiener Bezirk Floridsdorf am Rande der Stadt

Karl Schäfer (1909–1976): mehrfacher Welt- und Europameister im Eiskunstlauf, Olympiasieger 1932 und 1936

Kisch, Egon Erwin (1885–1948): österreichisch-tschechischer Journalist, politisch betont links eingestellt, zeitweilig in der KP aktiv, seinerzeit bekannt als der »rasende Reporter«

Köszenem szepen (ungarisch): Danke schön

Krad (Abk.): Kraftfahrrad, Motorrad

Liesl: Strafgefangenenhaus an der Elisabethpromenade

Lucy Doraine (1898–1989): österreichischer Stummfilmstar, bekannt vor allem aus dem Monumentalfilm »Sodom und Gomorrha« (1922), Ehefrau von Michael Curtiz (»Casablanca«)

Marie: Geld

Marqueur: Zahlkellner in einem Kaffeehaus (auch: Oberkellner)

Massl (auch »Masl«, »Masel«; jiddisch): Glück

Palessieren: flüchten

Pallawatsch: Chaos, unübersichtliche Situation

Pharisäer: österreichische Kaffeespezialität. Mokka mit Rum und Sahne

Pomali (tschechisch): gemütlich

Powidl: Unsinn, uninteressanter Kram (eigentl.: Pflaumenmus)

Rappel (rapplert): Ärger, Zorn, zornig werden oder sein

Rolf Torring: Held einer 1930 bis 1939 erscheinenden Heftromanserie

Schupfn: Schuppen, Lagerstätte

Sirkecke: Treffpunkt der mondänen Gesellschaft im alten Wien (gegenüber der Staatsoper)

Sore (jiddisch): Diebesware

Speisekarte: Strafregister eines (Ex-)Häftlings

Spinaterer: Polizist (nach der grünen Uniform)

Steher: hier: jemand, der gegenüber der Polizei zu keiner Aussage bereit ist

Strizzi (auch: Stritzi): eigentlich Zuhälter, auch: liederlicher Mensch

Teschek (ungarisch): der Dumme sein, den schwarzen Peter haben

Tramhappert: traumverloren

Tschari (gehen): verloren gehen

Vilho Tuulos (1895–1967): finnischer Leichtathlet, 1920 Olympiasieger im Dreisprung, zahlreiche Medaillen im Drei- und Weitsprung

Vogeldoktor vom Alsergrund: Synonym für Sigmund Freud

Wegbüseln: einschlafen

Wiener Neustadt/Mittersteig: Zwei Strafanstalten in Österreich

*Weitere Krimis finden Sie auf den
folgenden Seiten und im Internet:
www.gmeiner-verlag.de*

MANFRED BAUMANN
Wasserspiele
....

322 Seiten, Paperback.
ISBN 978-3-8392-1200-4.

HELLBRUNNGEHEIMNIS Salzburg zu Pfingsten. Einheimische und tausende Touristen freuen sich auf die Salzburger Pfingstfestspiele und die Attraktionen der berühmten Wasserspiele im Lustschloss Hellbrunn. Dort feiert auch der Magistratsbeamte und Societylöwe Wolfgang Rilling ein rauschendes Fest ganz im Stil der lebenslustigen Fürsterzbischöfe aus früheren Tagen. Am nächsten Morgen liegt Rilling tot im Römischen Theater der Hellbrunner Wasserspiele. Erschlagen. Kommissar Martin Merana tastet sich durch den Fall, im Umfeld barocker Lebensfreude und privater Krisen.

CHRISTIANE TRAMITZ
Himmelsspitz
....

274 Seiten, Paperback.
ISBN 978-3-8392-1182-3.

SCHICKSALSBERG Hamburg, Mitte der 60er. Isabel macht sich Sorgen um ihre achtjährige Tochter Lea, die schlafwandelt und von heftigen Alpträumen geplagt wird. Die Ärzte raten zu einem Urlaub in den Bergen. Zusammen mit Isabels Lebenspartner Horst machen sich Mutter und Tochter auf den Weg nach Fuchsbichl, einem kleinen Dorf in den Ötztaler Alpen, das am Himmelsspitz gelegen ist. Diesen Berg hat Lea im Fotoalbum ihrer Mutter entdeckt. Doch die Reise wird für die Familie zu einer harten Auseinandersetzung mit der Vergangenheit, die auf mystische Weise mit dem Schicksal der Fuchsbichler Berghauern verwoben ist. Sie stoßen auf Missgunst, dunkle Geheimnisse, zerbrochene Beziehungen – und tödliche Gewalt.

Wir machen's spannend

HERMANN BAUER
Philosophenpunsch
....

270 Seiten, Paperback.
ISBN 978-3-8392-1192-2.

SCHÖNE BESCHERUNG Weihnachtszeit in Wien. Im Café Heller finden zeitgleich die Weihnachtsfeier der Bekleidungsfirma Frick und die Debatte eines Philosophenzirkels statt. Die ganze Aufmerksamkeit gilt der offenherzigen Veronika Plank, die mit mehreren Männern auf die eine oder andere Weise verbandelt zu sein scheint. Nach einigen Gläsern Punsch kommt es zum Streit und Veronika verlässt das Kaffeehaus. Kurz darauf wird ihre Leiche im frischen Schnee entdeckt, offenbar wurde sie mit einem Schal erwürgt.

Ganz klar, dass dieser delikate Fall auch Chefober Leopold nicht kalt lässt …

PIERRE EMME
Zwanzig/11
....

323 Seiten, Paperback.
ISBN 978-3-8392-1174-8.

WELT IN ANGST Wien, im November 2011. Max Petrark wacht am Krankenbett seines Bruders Maurice. Dieser hat einen schweren Autounfall nur knapp überlebt und liegt im Koma. Während die Polizei von einem Selbstmordversuch ausgeht, macht sich Max auf die Suche nach der Wahrheit. Doch diese scheint unbequem, ja sogar tödlich zu sein. Und allmählich begreift er das ganze Ausmaß der Ereignisse: Zehn Jahre nach den Terroranschlägen von New York zeichnet sich eine neue Tragödie von weltpolitischer Bedeutung ab – in einem Zug zwischen Salzburg und Wien.

Wir machen's spannend

Unsere Lesermagazine
2 x jährlich das Neueste aus der Gmeiner-Bibliothek

DIN A6, 20 S., farbig   *10 x 18 cm, 16 S., farbig*   *24 x 35 cm, 20 S., farbig*

GmeinerNewsletter
Neues aus der Welt der Gmeiner-Romane

Haben Sie schon unsere GmeinerNewsletter abonniert?
Monatlich erhalten Sie per E-Mail aktuelle Informationen aus der Welt der Krimis, der historischen Romane und der Frauenromane: Buchtipps, Berichte über Autoren und ihre Arbeit, Veranstaltungshinweise, neue Literaturseiten im Internet und interessante Neuigkeiten.

Die Anmeldung zu den GmeinerNewslettern ist ganz einfach. Direkt auf der Homepage des Gmeiner-Verlags (www.gmeiner-verlag.de) finden Sie das entsprechende Anmeldeformular.

Ihre Meinung ist gefragt!
Mitmachen und gewinnen

Wir möchten Ihnen mit unseren Romanen immer beste Unterhaltung bieten. Sie können uns dabei unterstützen, indem Sie uns Ihre Meinung zu den Gmeiner-Romanen sagen! Senden Sie eine E-Mail an gewinnspiel@gmeiner-verlag.de und teilen Sie uns mit, welches Buch Sie gelesen haben und wie es Ihnen gefallen hat. Alle Einsendungen nehmen automatisch am großen Jahresgewinnspiel mit attraktiven Buchpreisen teil.

Wir machen's spannend

Alle Gmeiner-Autoren und ihre Romane auf einen Blick

ANTHOLOGIEN: Tod am Tegernsee • Drei Tagesritte vom Bodensee • Nichts ist so fein gesponnen • Zürich: Ausfahrt Mord • Mörderischer Erfindergeist • Secret Service 2011 • Tod am Starnberger See • Mords-Sachsen 4 • Sterbenslust • Tödliche Wasser • Gefährliche Nachbarn • Mords-Sachsen 3 • Tatort Ammersee • Campusmord • Mords-Sachsen 2 • Tod am Bodensee • Mords-Sachsen 1 • Grenzfälle • Spekulatius **ABE, REBECCA:** Im Labyrinth der Fugger **ARTMEIER, HILDEGUNDE:** Feuerross • Drachenfrau **BAUER, HERMANN:** Philosophenpunsch • Verschwörungsmelange • Karambolage • Fernwehträume **BAUM, BEATE:** Weltverloren • Ruchlos • Häuserkampf **BAUMANN, MANFRED:** Wasserspiele • Jedermanntod **BECK, SINJE:** Totenklang • Duftspur • Einzelkämpfer **BECKER, OLIVER:** Das Geheimnis der Krähentochter **BECKMANN, HERBERT:** Die Nacht von Berlin • Mark Twain unter den Linden • Die indiskreten Briefe des Giacomo Casanova **BEINSSEN, JAN:** Todesfrauen • Goldfrauen • Feuerfrauen **BLANKENBURG, ELKE MASCHA** Tastenfieber und Liebeslust **BLATTER, ULRIKE:** Vogelfrau **BODE-HOFFMANN, GRIT / HOFFMANN, MATTHIAS:** Infantizid **BODENMANN, MONA:** Mondmilchgubel **BÖCKER, BÄRBEL:** Mit 50 hat man noch Träume • Henkersmahl **BOENKE, MICHAEL:** Riedripp • Gott'sacker **BOMM, MANFRED:** Blutsauger • Kurzschluss • Glasklar • Notbremse • Schattennetz • Beweislast • Schusslinie • Mordloch • Trugschluss • Irrflug • Himmelsfelsen **BONN, SUSANNE:** Die Schule der Spielleute • Der Jahrmarkt zu Jakobi **BOSETZKY, HORST (-KY):** Promijagd • Unterm Kirschbaum **BRÖMME, BETTINA:** Weißwurst für Elfen **BUEHRIG, DIETER:** Der Klang der Erde • Schattengold **BÜRKL, ANNI:** Ausgetanzt • Schwarztee **BUTTLER, MONIKA:** Dunkelzeit • Abendfrieden • Herzraub **CLAUSEN, ANKE:** Dinnerparty • Ostseegrab **CRÖNERT, CLAUDIUS:** Das Kreuz der Hugenotten **DANZ, ELLA:** Ballaststoff • Schatz, schmeckt's dir nicht? • Rosenwahn • Kochwut • Nebelschleier • Steilufer • Osterfeuer **DETERING, MONIKA:** Puppenmann • Herzfrauen **DIECHLER, GABRIELE:** Glutnester • Glaub mir, es muss Liebe sein • Engpass **DÜNSCHEDE, SANDRA:** Todeswatt • Friesenrache • Solomord • Nordmord • Deichgrab **EMME, PIERRE:** Zwanzig/11 • Diamantenschmaus • Pizza Letale • Pasta Mortale • Schneenockerleklat • Florentinerpakt • Ballsaison • Tortenkomplott • Killerspiele • Würstelmassaker • Heurigenpassion • Schnitzelfarce • Pastetenlust **ENDERLE, MANFRED:** Nachtwanderer **ERFMEYER, KLAUS:** Irrliebe • Endstadium • Tribunal • Geldmarie • Todeserklärung • Karrieresprung **ERWIN, BIRGIT / BUCHHORN, ULRICH:** Die Reliquie von Buchhorn • Die Gauklerin von Buchhorn • Die Herren von Buchhorn **FINK, SABINE:** Kainszeichen **FOHL, DAGMAR:** Der Duft von Bittermandel • Die Insel der Witwen • Das Mädchen und sein Henker **FRANZINGER, BERND:** Familiengrab • Zehnkampf • Leidenstour • Kindspech • Jammerhalde • Bombenstimmung • Wolfsfalle • Dinotod • Ohnmacht • Goldrausch • Pilzsaison **GARDEIN, UWE:** Das Mysterium des Himmels • Die Stunde des Königs

Wir machen's spannend

Alle Gmeiner-Autoren und ihre Romane auf einen Blick

GARDENER, EVA B.: Lebenshunger **GEISLER, KURT**: Friesenschnee • Bädersterben **GERWIEN, MICHAEL**: Alpengrollen **GIBERT, MATTHIAS P.**: Zeitbombe • Rechtsdruck • Schmuddelkinder • Bullenhitze • Eiszeit • Zirkusluft • Kammerflimmern • Nervenflattern **GORA, AXEL**: Das Duell der Astronomen **GRAF, EDI**: Bombenspiel • Leopardenjagd • Elefantengold • Löwenriss • Nashornfieber **GUDE, CHRISTIAN**: Kontrollverlust • Homunculus • Binärcode • Mosquito **HAENNI, STEFAN**: Scherbenhaufen • Brahmsrösi • Narrentod **HAUG, GUNTER**: Gössenjagd • Hüttenzauber • Tauberschwarz • Höllenfahrt • Sturmwarnung • Riffhaie • Tiefenrausch **HEIM, UTA-MARIA**: Feierabend • Totenkuss • Wespennest • Das Rattenprinzip • Totschweigen • Dreckskind **HENSCHEL, REGINE C.**: Fünf sind keiner zu viel **HERELD, PETER**: Das Geheimnis des Goldmachers **HOHLFELD, KERSTIN**: Glückskekssommer **HUNOLD-REIME, SIGRID**: Janssenhaus • Schattenmorellen • Frühstückspension **IMBSWEILER, MARCUS**: Die Erstürmung des Himmels • Butenschön • Altstadtfest • Schlussakt • Bergfriedhof **JOSWIG, VOLKMAR / MELLE, HENNING VON**: Stahlhart **KARNANI, FRITJOF**: Notlandung • Turnaround • Takeover **KAST-RIEDLINGER, ANNETTE**: Liebling, ich kann auch anders **KEISER, GABRIELE**: Engelskraut • Gartenschläfer • Apollofalter **KEISER, GABRIELE / POLIFKA, WOLFGANG**: Puppenjäger **KELLER, STEFAN**: Totenkarneval • Kölner Kreuzigung **KINSKOFER, LOTTE / BAHR, ANKE**: Hermann für Frau Mann **KLAUSNER, UWE**: Kennedy-Syndrom • Bernstein-Connection • Die Bräute des Satans • Odessa-Komplott • Pilger des Zorns • Walhalla-Code • Die Kiliansverschwörung • Die Pforten der Hölle **KLEWE, SABINE**: Die schwarzseidene Dame • Blutsonne • Wintermärchen • Kinderspiel • Schattenriss **KLÖSEL, MATTHIAS**: Tourneekoller **KLUGMANN, NORBERT**: Die Adler von Lübeck • Die Nacht des Narren • Die Tochter des Salzhändlers • Kabinettstück • Schlüsselgewalt • Rebenblut **KÖHLER, MANFRED**: Tiefpunkt • Schreckensgletscher **KÖSTERING, BERND**: Goetheglut • Goetheruh **KOHL, ERWIN**: Flatline • Grabtanz • Zugzwang **KOPPITZ, RAINER C.**: Machtrausch **KRAMER, VERONIKA**: Todesgeheimnis • Rachesommer **KRONENBERG, SUSANNE**: Kunstgriff • Rheingrund • Weinrache • Kultopfer • Flammenpferd **KRUG, MICHAEL**: Bahnhofsmission **KRUSE, MARGIT**: Eisaugen **KURELLA, FRANK**: Der Kodex des Bösen • Das Pergament des Todes **LASCAUX, PAUL**: Mordswein • Gnadenbrot • Feuerwasser • Wursthimmel • Salztränen **LEBEK, HANS**: Karteileichen • Todesschläger **LEHMKUHL, KURT**: Dreiländermord • Nürburghölle • Raffgier **LEIMBACH, ALIDA**: Wintergruft **LEIX, BERND**: Fächergrün • Fächertraum • Waldstadt • Hackschnitzel • Zuckerblut • Bucheckern **LETSCHE, JULIAN**: Auf der Walz **LICHT, EMILIA**: Hotel Blaues Wunder **LIEBSCH, SONJA / MESTROVIC, NIVES**: Muttertier @n Rabenmutter **LIFKA, RICHARD**: Sonnenkönig **LOIBELSBERGER, GERHARD**: Mord und Brand • Reigen des Todes • Die Naschmarkt-Morde **MADER, RAIMUND A.**: Schindlerjüdin • Glasberg

Wir machen's spannend

Alle Gmeiner-Autoren und ihre Romane auf einen Blick

MAINKA, MARTINA: Satanszeichen **MISKO, MONA:** Winzertochter • Kindsblut **MORF, ISABEL:** Satzfetzen • Schrottreif **MOTHWURF, ONO:** Werbevoodoo • Taubendreck **MUCHA, MARTIN:** Seelenschacher • Papierkrieg **NAUMANN, STEPHAN:** Das Werk der Bücher **NEEB, URSULA:** Madame empfängt **ÖHRI, ARMIN/TSCHIRKY, VANESSA:** Sinfonie des Todes **OSWALD, SUSANNE:** Liebe wie gemalt **OTT, PAUL:** Bodensee-Blues **PARADEISER, PETER:** Himmelreich und Höllental **PARK, KAROLIN:** Stilettoholic **PELTE, REINHARD:** Inselbeichte • Kielwasser • Inselkoller **PFLUG, HARALD:** Tschoklet **PITTLER, ANDREAS:** Mischpoche **PORATH, SILKE / BRAUN, ANDREAS:** Klostergeist **PORATH, SILKE:** Nicht ohne meinen Mops **PUHLFÜRST, CLAUDIA:** Dunkelhaft • Eiseskälte • Leichenstarre **PUNDT, HARDY:** Friesenwut • Deichbruch **PUSCHMANN, DOROTHEA:** Zwickmühle **ROSSBACHER, CLAUDIA:** Steirerblut **RUSCH, HANS-JÜRGEN:** Neptunopfer • Gegenwende **SCHAEWEN, OLIVER VON:** Räuberblut • Schillerhöhe **SCHMID, CLAUDIA:** Die brennenden Lettern **SCHMITZ, INGRID:** Mordsdeal • Sündenfälle **SCHMÖE, FRIEDERIKE:** Lasst uns froh und grausig sein • Wasdunkelbleibt • Wernievergibt • Wieweitdugehst • Bisduvergisst • Fliehganzleis • Schweigfeinstill • Spinnefeind • Pfeilgift • Januskopf • Schockstarre • Käfersterben • Fratzenmond • Kirchweihmord • Maskenspiel **SCHNEIDER, BERNWARD:** Flammenteufel • Spittelmarkt **SCHNEIDER, HARALD:** Räuberbier • Wassergeld • Erfindergeist • Schwarzkittel • Ernteopfer **SCHNYDER, MARIJKE:** Matrjoschka-Jagd **SCHÖTTLE, RUPERT:** Damenschneider **SCHRÖDER, ANGELIKA:** Mordsgier • Mordswut • Mordsliebe **SCHÜTZ, ERICH:** Doktormacher-Mafia • Bombenbrut • Judengold **SCHUKER, KLAUS:** Brudernacht **SCHULZE, GINA:** Sintflut **SCHWAB, ELKE:** Angstfalle • Großeinsatz **SCHWARZ, MAREN:** Zwiespalt • Maienfrost • Dämonenspiel • Grabeskälte **SENF, JOCHEN:** Kindswut • Knochenspiel • Nichtwisser **SPATZ, WILLIBALD:** Alpenkasper • Alpenlust • Alpendöner **STAMMKÖTTER, ANDREAS:** Messewalzer **STEINHAUER, FRANZISKA:** Sturm über Branitz • Spielwiese • Gurkensaat • Wortlos • Menschenfänger • Narrenspiel • Seelenqual • Racheakt **STRENG, WILDIS:** Ohrenzeugen **SYLVESTER, CHRISTINE:** Sachsen-Sushi **SZRAMA, BETTINA:** Die Hure und der Meisterdieb • Die Konkubine des Mörders • Die Giftmischerin **THIEL, SEBASTIAN:** Die Hexe vom Niederrhein **THADEWALDT, ASTRID / BAUER, CARSTEN:** Blutblume • Kreuzkönig **THÖMMES, GÜNTHER:** Malz und Totschlag • Der Fluch des Bierzauberers • Das Erbe des Bierzauberers • Der Bierzauberer **TRAMITZ, CHRISTIANE:** Himmelsspitz **ULLRICH, SONJA:** Fummelbunker • Teppichporsche **VALDORF, LEO:** Großstadtsumpf **VERTACNIK, HANS-PETER:** Ultimo • Abfangjäger **WARK, PETER:** Epizentrum • Ballonglühen • Albtraum **WERNLI, TAMARA:** Blind Date mit Folgen **WICKENHÄUSER, RUBEN PHILLIP:** Die Magie des Falken • Die Seele des Wolfes **WILKENLOH, WIMMER:** Eidernebel • Poppenspäl • Feuermal • Hätschelkind **WÖLM, DIETER:** Mainfall **WYSS, VERENA:** Blutrunen • Todesformel **ZANDER, WOLFGANG:** Hundeleben

GMEINER

Wir machen's spannend